KB213944

✝

너희가
'바른 믿음' 안에
있는가

너희가 '바른 믿음' 안에 있는가

| 4영리의 '변질된 믿음'의 문제점과, '바른 믿음'의 길을 걸어간 성도들 |

하창길 지음

도서출판
세컨리폼
second reform

서문

주님을 만난 충격적인 체험을 한 후, 직장 생활을 하면서 또, 목회를 하면서 하나님의 성령으로 거듭남에 대한 피상적인 견해를 가지고 있는 많은 분들을 보았습니다. 실제로 거듭난 흔적이 보이지 않는데도 자신의 구원을 확신하고 있는 사람들을 보면서, 그분들에게 성경 말씀을 통해서, 그리고 교회사의 위대한 성도들이 체험한 거듭남이 어떠한 것인가를 소개함으로 성경에서 말하는 참된 거듭남이 어떤 것인가를 알리고 싶었습니다. 그러다 보니, 오늘날 교회에서 하나님을 믿는다고는 하지만, 실제로 거듭남의 열매도, 그리스도와의 친밀함도, 자신의 '죄인 됨'에 대한 깨달음도 없는 성도들을 보면서, 그 원인 중의 하나가 4영리가 제시하는 '잘못된 믿음'과 같은 것에 있음을 알고, 4영리의 문제점을 먼저 논하게 되었습니다.

그런데 이 글은 4영리의 문제점을 지적하는 것에만 그 목적이 있는 것은 아닙니다. 성도로 하여금 그리스도를 인격적으로 만나는데 조금이나마 도움이 되길 바라는 것이 이 글의 주된 목적입니다. 그래서 4영리와 같은 '잘못된 믿음'의 가르침을 받아, 잘못된 믿음의 길을 가고 있는 분들이 예수님이 말씀하신 '바른 믿음'의 길로 돌아서게 하는데, 주님께서 이 글을 조금이나마 사용하여 주시기만을 바랄 뿐입니다.

그리고 바른 믿음의 길을 가고 있는 거듭난 성도들조차도 하나님을 더 깊이 체험하는데 방해가 되는 것들을 깨뜨리는데 등한합니다. 하나님은 우리를 더 깊이 만나고 싶어 하시는데, 그래서 성도들을 통

해서 그리스도를 이 세상에 드러내고 싶어 하시는데, 우리는 큰 희생의 대가를 치르지 않고, 천국에 가고 싶어 합니다. 그래서 더 깊이 자아를 깨뜨리며 그리스도의 장성한 분량까지 자라는 것은, 특별한 성도들의 일로 치부합니다. 그러나 '내가 거룩하니 너희도 거룩할지어다'(레19:2, 벧전1:16)는 것은 하나님의 명령입니다. 그래서 하나님과 우리 사이의 깊은 만남을 방해하는 죄 죽이기, 자기 부인과 같은 점을 논하고 그리고 하나님의 은혜로 올바른 믿음의 길을 걸었던 성도들의 이야기도 담았습니다. 그들 중에 한 사람인 요한 아른트는 이렇게 기도했습니다. "주여, 내가 두 가지 일을 구하옵나니, 나로 하여금 자아에 대하여 죽게 하시며 세상에 대하여도 죽게 하소서."

그래서 이 글이 성도의 '죄인 됨'을 지적하는 면으로 조금 치우친 면이 있음을 미리 말씀을 드립니다. 인간이 죄성에 대한 피상성은 항상 은혜의 피상성을 가져왔기에, 그리고 오늘날 교회가 세상의 복을 강조하고 성도의 죄성을 간과하고 있기에, 성도의 '죄인 됨'을 여기에서 많이 다루었습니다. 그리고 성도의 '죄인 됨'에 대한 깨달음과 자기 부인을 강조하다 보니, 성도의 영적인 성장의 단계에까지 주제넘게 제시하는 데까지 이르렀습니다. 저 역시 믿음이 자라는 중에 있으며, 지금도 넘어지는 연약한 사람입니다. 그래서 하나님께서 이 글을 읽는 모든 분들과 저에게 큰 은혜를 베푸사, 우리의 보잘것없는 회개와 믿음에도 불구하고 우리를 더 깊이 만나주시고, 그리고 회개에 회개를 더하시고, 믿음에 믿음을 더하시고, 교만한 자아를 더욱 깊이 깨

뜨려, 늘 '상(傷)한 심령, 깨어진 심령'으로 하나님 앞에 설 수 있기만을
기도합니다.

그리고 앞서 자신의 신앙 체험을 성경으로 남기고, 또 기록으로 남
긴 신실한 신앙의 선배들이 없었더라면 이 글은 쓰여 지지 않았을
것입니다. 저는 거인들의 어깨 위에 앉은 난쟁이일 뿐입니다. 그리고
무엇보다 주님의 사랑이 없었다면 이 글은 아예 존재하지도 않았을
것입니다. 그래서 이 글의 모든 영광은 모두 주님의 몫입니다. 그리고
이 글을 꼼꼼히 읽고, 아무 불평 없이 교정을 보아준 사랑하는 아내
에게도 이 자리를 빌려 작은 감사를 전합니다.

차례 _ contents

차례 _ contents

제1부

예수,
천국의 성령을
보내주시다

사랑

조지 허버트

사랑은 말한다, 어서 오라고. 하지만 내 영혼은
더러움과 죄를 부끄러워하며 뒷걸음질 친다.
그러나 눈치 빠른 사랑은
내가 들어서려다 망설이는 것을 보고,
내게 더욱 다가와 부드럽게 묻는다.
내가 무엇이 부족해서 그러느냐고.

나는 대답했다. 저는 여기 있을 만한 손님이 못 됩니다.
사랑은 말한다. 네가 바로 그 손님이다.
저같이 매정하고 감사할 줄 모르는 사람이 말입니까?
아 사랑하는 이여, 저는 당신을 쳐다볼 수도 없습니다.
사랑은 내 손을 잡고 미소 지으며 대답했다.
나 말고 누가 그 눈을 만들었는가?

그렇습니다. 주여 그러나 저는 이미 그것을 더럽혔습니다.

저의 부끄러움에 걸맞은 곳으로 가게 해 주십시오.

사랑은 말한다.

그리고 누가 너의 멍에를 졌는지 모르겠다는 말인가?

사랑하는 이여, 그러면 제가 섬기겠습니다.

앉으라, 사랑은 말한다. 그리고 나의 살을 맛보라.

나는 앉았다. 그리고 먹었다.

내가 아버지께 구하겠으니 그가 또 다른 보혜사를 너희에게 주사 영원토록 너희와 함께 있게 하리니 그는 진리의 영이라 세상은 능히 받지 못하나니 이는 그를 보지도 못하고 알지도 못함이라 그러나 너희는 그를 아나니 그는 너희와 함께 거하심이요 또 너희 속에 계시겠음이라.

• 요14:16, 17

✝

1장

나는 정말로 거듭났는가?

나는 예수님이 보내 주신
성령을 받았는가?

예수님이 말씀하시는 '믿음'과 다르게 선포되는 '믿음'이 있다

오늘날 일부 교회에서 우려할 일들이 일어나고 있습니다. 교회에서 선포되고 있는 구원을 얻는 믿음이 성경과 다르다는 것입니다. 특히 예수님이 친히 말씀하신 믿음과 많이 다릅니다. 샤프츠베리 백작이란 분이 있습니다. 그는 독실한 늙은 한 노 간호사가 전하는 복음을 듣고 믿었고, 세상과 타협하지 않고 믿음을 지켰습니다. 그는 예수 그리스도를 인격적으로 만나서 친밀하게 교제했기에 정통 신앙을 지킬 수 있었습니다. 그는 지나치게 감상적인 믿음이 판을 치는 시대를 고통스럽게 목격했습니다. 그의 일기에서 그는 다음과 같이 말합니다.

잘못된 믿음으로 빠르게 추락하고 있다. 목사의 설교는 매우 유창했다. 하나님의 자비와 용서에 대해 오랫동안 설교했는데 죄에 대해 말한 것은 단 한 번뿐이었다. 그는 설교를 마치면서 하나님의 은혜를 강조하려고 "오늘 이 예배에 찾아오신 여러분은 모두 하나님 앞에서 의로운 자입니다."라고 말했다. 옳은 말이다. 하지만 옳게 말했을까? 믿음은? 믿음이 요구하는 것은? 죄를 깨닫고 고백하고 회개하고 믿으라고 말해야 하지 않을까?

요즘에는 믿음 외에는 모두 사라진 듯하다. 그리스도를 구주로 영접하고 마음으로 하나님을 믿기만 하면 구원을 받는다고 말할 뿐이다. 죄를 깨닫고 애통해 하는 것도, 하나님의 의로운 진노를 받아 마땅하다는 고백도, 나면서부터 타락했다는 인식도 없다. 죄와 심판에 대한 두려움도 없다. 그리스도를 영접하고 하나님을 믿는 일은 편리할 때 언제든 흔쾌히 초청에 응할 수 있는 하찮은 일에 지나지 않는다. 도덕률 초월론이 발아하는 씨앗이 여기 있다.[1]

참된 믿음이란 애통하는 회개를 동반하는 믿음이요, 예수 그리스도를 나의 주로 영접하여 예수님과 인격적인 만남이 있는 믿음을 말하는 것입니다. '믿음'은 그리스도 없이 단독으로 존재하는 어떤 것이 아닙니다. 믿음은 그리스도에 대한 단순한 지적 동의도 아닙니다.

사도행전 19장에 보면, 예수를 믿는다고 하는 사람들 중에 성령을 모르는 사람들이 있었습니다. 아볼로가 고린도에 있을 때, 사도 바울이 에베소에서 어떤 제자들을 만났습니다. 그런데 사도 바울이 볼 때, 그들은 뭔가 빠진 것이 있었습니다. 그래서 이렇게 묻습니다. "너희가 믿을 때에 성령을 받았느냐?" 그러자 그들은 "아니라, 우리는 성령이 계심도 듣지 못하였다"고 대답합니다. 그래서 사도 바울이 또 묻습니다. "너희가 무슨 세례를 받았느냐?" 그들은 요한의 세례를 받았다고 대답합니다. 그래서 바울이 예수님을 소개하고 그들은 바울의 말을 듣고, 예수 이름으로 세례를 받고, 바울이 안수하자 성령이 그들에게 임하여 그들이 방언도 하고 예언도 하는 일이 일어났습니다.

---

1) 이 엠 바운즈, 최요한 역, 『순수 영성』 (서울: 두란노, 2011), p.259에서 재인용.

이를 보면, 믿기는 하는데, 잘 알지 못해서 뭔가 빠진 믿음이 있을 수도 있다는 것을 알 수 있습니다. 물론 오늘날에는 교회 안에 예수 이름을 모르는 성도는 없을 것입니다. 그런데 오늘날은 예수 이름을 다 아는데도 위의 샤프츠베리 백작과 같이 오늘날 교회에 대하여, 뭔가 잘못된 것이 있다는 생각을 하고 있는 분들이 더러 있습니다. 물론 저도 그 중의 한 사람입니다. 다시 샤프츠베리 백작의 말을 살펴보겠습니다.

> 요즘에는 믿음 외에는 모두 사라진 듯하다. 그리스도를 구주로 영접하고 마음으로 하나님을 믿기만 하면 구원을 받는다고 말할 뿐이다. 죄를 깨닫고 애통하는 것도, 하나님의 의로운 진노를 받아 마땅하다는 고백도, 나면서부터 타락했다는 인식도 없다. 죄와 심판에 대한 두려움도 없다. 그리스도를 영접하고 하나님을 믿는 일은 편리할 때 언제든 흔쾌히 초청에 응할 수 있는 하찮은 일에 지나지 않는다.

그의 견해가 잘못된 것일까요? 오늘날, 모든 교회가 다 그런 것은 아니지만, 샤프츠베리 백작이 염려하는 것과 같은 일이 일부 교회에서 일어나고 있는 것은 사실입니다. 그러면 뭐가 잘못되었을까요?

오늘날 교회는 믿음을 강조합니다. 종교개혁의 5대 '솔라'가 있는데, 그중에 하나가 '오직 믿음'입니다.[2] 그런데 그 믿음이라는 뜻이 성경에

---

2) 종교개혁의 5대 솔라('오직'이란 뜻)은 '오직 성경. 오직 그리스도. 오직 은혜. 오직 믿음. 오직 하나님께 영광'입니다.

24

서 말씀하는 것과 그 뜻이 다르게 변질 되었다면 어떻게 될까요? '성경에서 말씀하고 있는 믿음'과 '오늘날 선포되고 있는 믿음'과 다르다면 이는 심각한 문제가 있는 것입니다. 성도는 예수 그리스도를 믿음으로 구원을 받는데, 그 믿음이 성경에서 말씀하는 것과 달리 교묘하게 변질된 것이라면, 그 변질된 믿음을 믿는 사람의 영혼을 구원하는 것이 아니라, 오히려 그 변질된 믿음 때문에 멸망에 빠질 것이기 때문입니다. 한 영혼을 실족하게 하는 일에 대하여 예수님은 이렇게 말씀하셨습니다.

> 누구든지 나를 믿는 이 작은 자 중 하나를 실족하게 하면 차라리 연자 맷돌이 그 목에 달려서 깊은 바다에 빠뜨려지는 것이 나으니라 실족하게 하는 일들이 있으므로 말미암아 세상에 화가 있도다 실족하게 하는 일이 없을 수는 없으나 실족하게 하는 그 사람에게는 화가 있도다 • 마18:6, 7

구원을 얻게 하는 믿음이 변질되어서 선포된다면, 이것은 애초에 구원을 막고 있는 것과 같다고 할 것입니다. 그래서 오늘날 선포되고 있는 '변질된 믿음'에 대하여 살펴보겠습니다. 그중에 대표적인 것이 한국 대학생 선교회(CCC)의 4영리(四靈理)입니다.

🕊 4영리의 진술

4영리는 다음과 같은 진술로 되어 있습니다.

✝ 제1원리: 하나님은 당신을 사랑하시며, 당신을 향한 놀라운 계획을 가지고 있습니다.

하나님의 사랑: "하나님이 세상을 이처럼 사랑하사 독생자(예수 그리스도)를 주셨으니 이는 그를 믿는 자마다 멸망하지 않고 영생을 얻게 하려 하심이라"(요3:16)고 했습니다. 하나님의 계획: 예수 그리스도께서 말씀하시기를 "내가 온 것은 양(당신)으로 생명을 얻게 하고 더 풍성히 얻게 하려는 것이라"(요10:10)고 하셨습니다.

✝ 제2원리: 사람은 죄에 빠져 하나님으로부터 떠나 있습니다. 그러므로 하나님의 사랑과 계획을 알 수 없고, 또 그것을 체험할 수 없습니다.

사람은 죄에 빠져 있습니다. "모든 사람이 죄를 범했으매 하나님의 영광에 이르지 못하더니"(롬3:23)라고 했습니다. 본래 사람은 하나님과 사귀며 살도록 창조되었습니다. 그런데 사람은 자기 마음대로 살려고 했기 때문에 마침내 하나님과의 사귐이 끊어지고 말았습니다. 하나님 없이 제 마음대로 사는 사람은 적극적일 때는 하나님께 반항하게 되며, 소극적일 때는 하나님에 대하여 무관심하게 되는데 이것이 바로 성경이 말하는 죄의 증거입니다. 사람은 하나님으로부터 떠나 있습니다. "죄의 삯은 사망"(롬6:23)이라고 했습니다(여기서 사망이란 하나님으로부터 떠나 있는 상태를 말합니다).

하나님은 거룩하시며 사람은 죄에 빠져 있습니다. 그리하여 둘 사이에는 커다란 간격이 생겼습니다. 사람들은 끊임없이 선행, 철학, 종교 등의 자기 힘으로 하나님께 도달하여 풍성한 삶을 누려 보려고 애쓰고 있습니다.

♱ 제3원리: 예수 그리스도만이 사람의 죄를 해결할 수 있는 하나님의 유일한 길입니다.

당신은 그를 통하여 당신에 대한 하나님의 사랑과 계획을 알게 되며, 또 그것을 체험하게 됩니다. 그는 우리를 대신하여 돌아가셨습니다. "우리가 아직 죄인 되었을 때에 그리스도께서 우리를 위하여 죽으심으로 하나님께서 우리에 대한 자기의 사랑을 확증하셨느니라"(롬 5:8)고 했습니다. 그는 또한 죽음에서 살아나셨습니다. "그리스도께서 우리 죄를 위하여 죽으시고 장사 지낸 바 되셨다가 성경대로 사흘 만에 다시 살아나사 게바에게 보이시고 후에 열두 제자에게 와 그 후에 오백여 형제에게 일시에 보이셨나니…"(고전15:3-6)라고 했습니다. 예수 그리스도만이 하나님께 이르는 유일한 길입니다. 예수그리스도께서는 말씀하시기를 "내가 곧 길이요 진리요 생명이니 나로 말미암지 않고는 아버지께로 올 자가 없느니라"(요14:6)고 하셨습니다. 하나님은 그의 아들이신 예수 그리스도를 이 세상에 보내어 우리를 대신하여 죽게 하심으로 우리의 죗값을 담당케 하시고 하나님과 우리 사이에 다리를 놓아주셨습니다.

♱ 제4원리: 우리는 개인적으로 예수 그리스도를 '나의 구주, 나의, 하나님'으로 영접해야 합니다. 그러면 우리는 우리 각 사람에 대한 하나님의 사랑과 계획을 알게 되며, 또 그것을 체험하게 됩니다.

우리는 예수 그리스도를 영접해야 합니다. "영접하는 자 곧 그 이름을 믿는 자들에게는 하나님의 자녀가 되는 권세를 주셨으니"(요1:12)라고 약속했습니다. 우리는 믿음으로 예수 그리스도를 영접합니다.

"너희는 그 은혜에 의하여 믿음으로 말미암아 구원을 받았으니 이것은 너희에게서 난 것이 아니요, 하나님의 선물이라 행위에서 난 것이 아니니 이는 누구든지 자랑하지 못하게 함이라"(엡2:8, 9).

우리는 각자의 초청으로 예수 그리스도를 영접합니다. 예수 그리스도께서 말씀하시기를 "볼지어다 내가 문밖에 서서 두드리노니 누구든지 내 음성을 듣고 문을 열면 내가 그에게로 들어가 그와 더불어 먹고 그는 나와 더불어 먹으리라"(계3:20)고 하셨습니다.

이러한 말씀을 진술한 후, 예수님을 마음에 영접하도록 간절한 마음으로 기도하기를 권면합니다. 다음은 그 기도입니다,

"주 예수님, 나는 주님을 믿고 싶습니다. 십자가에 죽으심으로 내 죗값을 담당하시니 감사합니다. 지금 나는 마음의 문을 열고 예수님을 나의 구주, 나의 하나님으로 영접합니다, 나의 죄를 용서하시고 영생을 주심을 감사합니다, 나를 다스려 주시고, 나를 주님이 원하는 사람으로 만들어 주옵소서. 예수님의 이름으로 기도합니다. 아멘."

이 기도를 따라 하게 하고는 약속대로 당신 안에 들어오실 것이다. 그가 약속했으니 거짓말을 할 리가 없다. 성경 말씀이 그 증거다. 그러면서 감정이나 느낌이 있을 수도 있지만, 없을 수도 있으니 결코 감정에 의존하지 말라고 합니다. 믿음은 말씀에 근거하는 것이므로 아무 감정이 없더라도 이상하게 생각하지 말고 감정에 의존하지 말라고 권면합니다. 그리고 기차 그림을 보여 주며, 사실(하나님과 그의 말씀)과

믿음(말씀에 대한 우리의 신뢰)과 감정(믿음과 순종의 결과)의 관계를 설명해 줍니다. 그리고는 구원받았다고 확증해 줍니다.

여기에 무엇이 문제가 있느냐고 생각하는 분이 있을 것입니다. 1, 2, 3원리 자체는 문제가 없습니다. 정확하게 성경의 진리를 가르치고 있습니다. 4원리에서 예수님을 영접하라는 것도 문제가 안 됩니다. 그러면 뭐가 문제냐? 하고 생각하실 것입니다.

그럼에도 4영리가 가르치고 있는 '믿음'은 예수님이 '말씀하신 믿음'과 다르다는 것입니다. 믿음은 회개와 그리고 거듭남과 연관되어 있습니다. 자신에게서 돌이켜서 예수님을 구세주로 믿고, 나의 하나님이요, 나의 구주로 영접했는데도 아무런 감동이나 회개가 없다는 것은 예수님의 가르침과는 아주 교묘하게 다른 것입니다. 그래서 4영리에서 가르치고 있는 '믿음'의 문제점을 구체적으로 살펴보겠습니다.

02

4영리(四靈理)에서 제시하는
'믿음'의 문제점

🕊 **첫째, 4영리에서 말하는 '믿음'은 예수님이 말씀하신 '믿음'과 다르다**

예수님은 자신을 믿는다는 것을 다음과 같이 말씀하셨습니다.

> 나는 생명의 떡이니 네게 오는 자는 결코 주리지 아니할 터이요 나를 믿는 자는 영원히 목마르지 아니하리라 ·요6:35

예수님을 믿는 것은 그 내용이 있는데, 곧 성도가 믿는 예수님 때문에 '결코 영원히 주리지도 않고 영원히 목마르지도 않다'는 것입니다.

그리고 요6:51에서도 예수님은 "나는 하늘에서 내려온 살아 있는 떡이니 사람이 이 떡을 먹으면 영생하리라. 내가 줄 떡은 곧 세상의 생명을 위한 내 살이니라"고 말씀하셨습니다. 그리고 요6:53-56에서 "내가 진실로 진실로 너희에게 이르노니 인자의 살을 먹지 아니하고 인자의 피를 마시지 아니하면 너희 속에 생명이 없느니라. 내 살을 먹고 내 피를 마시는 자는 영생을 가졌고 마지막 날에 내가 그를 다시 살리리니 내 살은 참된 양식이요 내 피는 참된 음료로다. 내 살을 먹고 내 피를 마시는 자는 내 안에 거하고 나도 그의 안에 거하나니"라고 말씀하셨습니다.

그러니까 예수님은 '나를 믿으면 영생한다'고 말씀하신 것입니다(물론 이때의 생명은 '조에'입니다. 육신의 생물학적 생명은 '비오스'입니다. '조에'는 하나님이 주시는 영적 생명, 즉 성령님이 주시는 생명을 의미합니다).

그리고 예수님은 자신을 믿는다는 것은, 예수님의 피와 살을 먹고 마시는 것인데, 그런 사람에게는 '내가 그 안에 거하고 나도 그 사람 안에 거하게 되는 일이 있다'고 말씀하셨습니다. 신학자들은 이것을 '그리스도와 성도의 신비적인 연합'이라고 불렀습니다. 예수 그리스도를 믿는 자는 곧 그리스도와 신비적인 연합을 함으로, 그리스도로 인하여 그리스도와 연합된 성도의 심령에는 하나님의 생명, 즉 영생('조에')을 누리는 일이 일어나는 것입니다. 요한복음 7장에도 보면, 이런 말씀이 있습니다.

> 명절 끝날 곧 큰 날에 예수께서 서서 외쳐 이르시되 누구든지 목마르거든 내게로 와서 마시라 나를 믿는 자는 성경에 이름과 같이 그 배에서 생수의 강이 흘러나오리라 하시니 이는 그를 믿는 자들이 받을 성령을 가리켜 말씀하신 것이라[예수께서 아직 영광(십자가를 지시고 부활하신 것을 가리킴: 역자주)을 받지 않으셨으므로 성령이 아직 그들에게 계시지 아니하시더라] •요7:37-39

여기서 '예수님을 믿는 것'과 '성령을 받는 것'이 '동일한 것'임을 말씀하고 있는 것을 볼 수 있습니다. 예수님을 믿는 성도는 성령을 받아 곧 그 심령에서 '생수의 강'이 흐르는 체험을 한다는 것입니다.

여기서 명절은 초막절을 가리킵니다. 그러므로 명절 끝 날은 초막절의 끝날 즉 8일째 되는 성회로 모이는 날을 말합니다. 그런데 초막절

날 제사장들이 실로암 못가에서 물을 길어 제단에 붓는 의식은, 출애굽 후, 광야 생활을 할 때, 하나님께서 반석에서 물을 내신 사건을 기념하는 의식입니다. 이 물 붓는 의식은 구약 성경에는 기록된 바가 없지만, B.C. 200년경부터 시작하여 A.D. 70년 성전이 파괴될 때까지 행해진 것으로 보인다고 합니다. 그리고 적절한 때 비를 내려주신 하나님의 선하심을 기억하며 감사하는 상징적인 행위로도 행하여졌다고 합니다.[3]

그러므로 이날 예수님은 반석을 깨뜨려 생수를 주신 출애굽의 그 사건을 염두에 두고 말씀하신 것을 알 수 있습니다. 이제 참 반석이신 예수님을 믿는 자에게는 실로암의 생수가 아닌, 하늘의 생수 곧 성령을 부어주실 것이라는 예수님의 선포인 것입니다. 물론 이것은 오순절 날 성령의 강림으로 성취가 되었습니다. 그래서 오순절 날 예수님을 믿은 제자들은 하늘로부터 불의 혀같이 갈라지며 임하시는 성령을 받았던 것입니다. 그래서 사도 요한은 "'예수께서 아직 영광'을 받지 않으셨으므로 성령이 아직 그들에게 계시지 아니하시더라"(요 7:39)고 말씀하고 있는 것을 볼 수 있습니다. 예수님이 영광을 받으셨다는 말은, 사도 요한이 예수님의 죽음을 가리키는 독특한 표현입니다(요11:4, 12:16, 23, 13:31). 이것은 십자가의 죽음이 곧 하나님으로부터 영광을 받는 것이라는 것을 보여주는 것입니다. 예수님은 반석이신 자신의 육체를 깨뜨려 그를 믿는 성도들에게 성령을 부어주셨던 것입니다(오늘날 높아지려고만 하고, 자아를 십자가에 못 박아 죽으려 하지 않는 오늘날의 교회의 모습과는 얼마나 많이 다른지요! 주님의 부르심은 우리도 성령을 충만히 받고, 그리고 자아를 깨뜨려서 다른 사람들에게 성령의 생수이신 예수 그리스도

---

3) 제자원, 『옥스포드원어 성경대전 요한복음 제7장-12장』 (서울: 제자원, 2000), p.99.

를 드러내라는 부르심인 것입니다. 이 문제는 뒤에 제2부 성화의 부분에서 다루었습니다). 어쨌든 예수님을 믿는 성도는 성령을 받으며, 그래서 그 배에서 생수의 강이 흐르는 것입니다.

구약 성경에도 성령의 임하심을 물의 이미지로 표현한 곳이 있습니다.

그날에 생수가 예루살렘에서 솟아나서 절반은 동해로, 절반은 서해로 흐를 것이라 여름에도 겨울에도 그러하리라 •슥14:8

이 강물이 이르는 곳마다 번성하는 모든 생물이 살고 또 고기가 심히 많으리니 이 물이 흘러들어 가므로 바닷물이 되살아나겠고 이 강이 이르는 각처에 모든 것이 살 것이며 •에스겔47:9

그날에 산들이 단 포도주를 떨어뜨릴 것이며 작은 산들이 젖을 흘릴 것이며 유다 모든 시내가 물을 흘릴 것이며 여호와의 성전에서 샘이 흘러나와서 싯딤 골짜기에 대리라 •욜3:18

나는 목마른 자에게 물을 주며 마른 땅에 시내가 흐르게 하며 나의 영을 네 자손에게, 나의 복을 네 후손에게 부어 주리니 •사44:3

구약에서는 예수님의 구원 사역으로 온 세상으로 생명을 살리는 물 (강물)이 흐를 것임을 예표로 말씀하셨습니다. 신약 시대에 오순절 이후로 생명을 살리는 주님의 역사는 도도히 흘렀습니다. 이런 역사는 성도의 심령을 성령으로 거듭나게 함으로 이루어지는 것입니다. 예수님의 십자가에서 죄를 사하므로 흘린 피의 용서를 믿음으로–받아들임으로, 그래서 예수님이 보내주신 성령으로 거듭남으로–예수님의 생명(천국의 생명인 성령)이 그 믿는 성도의 마음 안에 들어와 하나님과의 관계가 화목하게 되는 것입니다. 그 결과 하나님의 임재 가운데 하나님의 영이신 성령님과 친밀한 교제를 누리게 되어 성도들이 심령이 살아나는 것입니다. 이렇게 성도를 거듭나게 하는 성령의 역사를 통해서, 자신을 믿는 성도의 생명을 살리는 주님의 역사는 이루어져 왔던 것입니다. 이것이 친히 '나를 믿는 사람에게는 이런 일이 일어난다'고 예수님이 말씀하신 것입니다.

그런데 오늘날 교회 안에, 예수를 믿을 때, 생명을 살리는 성령의 역사를 도외시하고, 성령으로 거듭나는 것과는 상관없이, '단순한 믿음의 고백만으로 충분하다'는 가르침이 있는데, 그 대표적인 것이 4영리입니다. 예수님의 성령으로 거듭나야 한다는 가르침은 어디로 간 것일까요? 예수님을 믿고 영접하여도 아무런 감동도 없고, 자신이 죄인이라는 각성도 없고 회개도 없는 믿음을 왜 믿음이라고 가르치는 것일까요? 그렇게 가르치는 사람은 예수님이 말씀하신 믿음과 자신의 말을 비교해 보기나 했을까요? 그 사람 자신은 예수님이 '나를 믿을 때' 일어나는 그런 체험, 즉

"나를 믿는 자는 영원히 목마르지 아니하리라"
"나를 믿는 자는 배에서 생수의 강이 흘러나오리라"

와 같은 예수님이 친히 말씀하신 체험을 왜 애써 외면하는 것일까요? 그러면서도 성경적이라고 말할까요?

예수님은 죄가 없는 거룩한 분이십니다. 그런 분이 죄인의 심령에

들어오실 때, 아무런 감정이 없어도 상관이 없다는 것은, 예수 그리스도 그분을 믿음이라는 동전을 넣으면 커피가 나오는 커피 자판기같이 아무 인격도 없는 분으로 만드는 것과 같은 것입니다. 물론, 4영리를 믿고, 간절히 기도할 때, 예수님이 친히 만나주시고 그를 성령으로 거듭나게 하는 일이 일어날 수도 있습니다. 그것은 주님의 주권인 것이니, 주님은 4영리를 믿고 고백할 때 그를 거듭나게 하실 수 있습니다. 그리고 4영리를 고백했으나 그때는 거듭나지 못했으나 신앙생활을 하면서 뒤에 다시 주님을 만나 거듭나는 체험을 할 수도 있습니다. 성령으로 거듭나게 하는 것은 주님의 주권인 것이지, '죄인의 기도'를 따라 했기에 그가 구원받았다고 선포해 주는 것은, 주님의 주권을 침해하는 것이며, 주님만이 하실 수 있는 구원을 사람이 교묘한 말로, 도둑질하는 하는 것과 같은 것입니다.

그리고 예수님은 자신과 하나님을 친밀하게 아는 것을 영생이라고 말씀하셨습니다.

> 영생은 곧 유일하신 참 하나님과 그가 보내신 자 예수 그리스도를 아는 것이니이다 •사44:3

여기서 '안다'는 말은 '인격적으로 친밀하게' 아는 것을 말합니다. 구약에서는 '야다'로 표현했습니다. 이 표현의 대표적인 보기는 부부간의 성적인 연합을 할 때 사용됩니다.

> 그러므로 사람이 부모를 떠나 그의 아내와 합하여 그 둘이 한 육체가 될지니 이 비밀이 크도다 나는 그리스도와 교회에 대하여 말하노라 •엡5:31, 32

성도와 그리스도가 신비적으로 연합하는 것은, 마치 부부가 성적(性的)으로 연합하는 것과 같이 신비하면서도 거룩한 친밀함이 있다는 사도 바울의 말씀인 것입니다. 그러나 이 부부 간의 연합도 그리스도와 교회(성도)의 연합에 비하면 그림자(예표)일 뿐입니다. 그리고 예수님은, 자신을 믿는 자에게는 '나(예수님)의 기쁨'이 그들 안에 충만히 가지게 될 것을 말씀하셨습니다.

> 지금은 너희가 근심하나 내가 다시 너희를 보리니 너희 마음이 기쁠 것이요 너희 기쁨을 빼앗을 자가 없으리라 •요16:22

> 지금 내가 아버지께로 가오니 내가 세상에서 이 말을 하옵는 것은 그들로 내 기쁨을 그들 안에 충만히 가지게 하려 함이니이다 •요17:13

그리고 또, 예수님은 성령이 임하시면, 일어날 일을 이렇게 말씀하셨습니다.

> 그가 와서 죄에 대하여, 의에 대하여, 심판에 대하여 세상을 책망하시리라 •요16:8

> 그가 내 영광을 나타내리니 내 것을 가지고 너희에게 알리시겠음이라 •요16:14

이렇게 지금도 부활하사 살아계신 예수를 믿으면, 이 세상이 주는 것과는 다른 기쁨이 있는 것입니다. 그리고 자신이 죄인이라는 깨달음도 있는 것입니다. 그리고 예수님의 영광을 알게 되는 것입니다. 그러므로 예수님을 믿는 성도, 즉 성령으로 거듭난 성도에게는 주님이 말씀하신 '이런 기쁨'이 충만하게 있는 것입니다.

그러므로 말로만 영접기도를 했다고 구원받는 것이 아니며 반드시 살아계신 주님과의 인격적인 만남과 그리고 예수님과의 친밀한 사랑의 교제가 있어야 하는 것입니다. 그리고 이 교제 중에 자신이 얼마나 끔찍한 죄인인가를 깨닫는 일도 일어나는 것입니다. 그러므로 그리스도를 참으로 만나고, 그분의 놀라운 거룩한 성품과 교제를 나누는 믿음만이 참된 믿음인 것입니다. 예수님은 '그 믿음'을 말씀하신 것입니다.

변질된 믿음들 - 샌디먼이즘의 아류

그런데 예수님이 말씀하신 믿음과는 다른 변질된 믿음에 대한 주장들이 있어 왔습니다. 사실 이런 변질은 어제오늘의 일이 아닙니다. 믿음을 단순한 '지적 동의'라고 주장하는 이단이 있었습니다. 이것은 영국의 글래스라는 사람과 그의 사위인 샌디먼이라는 사람이 주장한 것입니다. 특히 샌디먼이 이 주장을 극단적으로 밀어붙였기에 '샌디먼이즘'이라고 합니다. 그는 이렇게 주장합니다.

> "이 사건(그리스도의 죽으심과 부활을 뜻함: 역자주)의 모든 결과는 이 사건에 대한 사도들의 보고를 통해서 사람들에게 전달됩니다. 또한, 그 보고가 참이라고 이해하거나, 사도들이 증거한 이 사건이 실제로 일어났다고 확신하는 사람마다 의롭다함을 얻고 죄책감에서 구원받게 됩니다. 그가 죄책감을 덜게 되는 것은 그가 좋은 징후를 발견해서가 아니라, 그 사도들의 보고가 참임을 발견함을 통해서 오는 것입니다."

그러나 로이드 존스 목사는, 샌디먼 같이 자신이 그리스도의 사역을 지적으로 믿기에 구원받았다고 주장하는 것을, '믿음주의 이단'이라고 불렀습니다.[4]

그리고 웨스트민스터 신앙고백에도 단순히 사실들을 이지적, 관념적으로만 받아들이는 것만이 아닌 '마음의 신뢰'를 믿음이라고 정의합니다. 오늘날 미국에서 들어와 우리나라 교회를 병들게 한 4영리를 통한 '지적인 동의만으로도 구원받는다'는 주장도 이런 샌디먼이즘의 아류입니다. 물론 4영리는 샌디먼보다는 '좀 더 진지하게' 죄인의 기도를 드릴 것과 영접할 것을 권면하고 있습니다. 그러나 좀 더 진지하게 고백하고 결단했다고 그 결단이 그를 구원받게 한다는 믿음은 예수님이 가르치는 믿음이 아닌 것입니다. 그래서 그가 그렇게 고백한다고 해서 그가 성령으로 거듭나는 것도 아닙니다. 물론, 그중에는 주님이 인정하여 주님이 그를 만나주는 일이 일어날 수는 있습니다. 그러나 내가 결단했다고 다 주님을 만나는 것은 아닙니다.

『주님은 나의 최고봉』이라는 책으로 유명한 오스왈드 챔버스 목사는 '진지하게 결단했다'는 것이 곧 구원이 아니라는 것을 다음과 같이 경고하고 있습니다.

"예수님을 위해 결단하십시오"라는 말을 우리는 너무 자주 듣지만, 주께서는 그들이 그렇게 살아갈 수 있다고 절대로 믿지 않으신다.

---

4) 로이드 존스, 서문강 역, 『청교도 신앙, 그 기원과 계승자들』 (서울: 생명의 말씀사, 2012), pp.247-271.

우리 주님은 우리에게 "주를 위해 결단하라"고 당부하신 적이 없다. 다만 주님은 우리에게 "주께 항복하라"고 당부하신다. 이 두 가지는 전혀 다른 것이다.[5]

예수 그리스도 나라의 바탕은 사람의 진심도 아니고 예수 그리스도를 도우려는 결단도 아니며, 주님을 섬기겠다는 다짐도 아니다. 오직 주를 위해 아무것도 할 수 없다는 철저한 자기 인식이 예수 그리스도 나라의 바탕이다. 그때 예수님께서는 "네가 복이 있도다"라고 말씀하신다…. 예수 그리스도를 위하여 자신이 어떻게 해 보겠다는 결단은 반드시 실패한다. 그 이유는 그들의 진심이 가짜이기 때문이 아니라 그들이 기독교의 바탕을 무시하였기 때문이다. 기독교의 바탕은 사람의 맹세나 의지의 힘에 있지 않다. 그것은 윤리적인 것이 아니라, 내 안에는 내가 원하는 바를 행할 수 없다는 철저한 인식에 있다. 따라서 예수께서는 "내게로 오라"고 하셨지 "나를 위하여 결단하라"고 하지 않으셨다. 성경이 요구하는 그러한 존재가 될 수 없는 무능을 깨달을 때마다 나는 '내 모습 이대로' 예수께 나가야 한다.[6]

인간이 스스로 행하는 결단주의는 반드시 실패하게 되어 있습니다. 그런데 이런 잘못된 믿음의 뿌리는 오래되었습니다. 해 아래 새 것이 없습니다. 예수님 당시의 바리새인과 서기관에게서도 이런 것을 찾아볼 수 있습니다. 그들의 머릿속은 하나님에 관한 지식으로 가득 차 있었습니다. 그러나 그들은 하나님을 개인적으로 인격적으로 친밀하

---

5) 오스왈드 챔버스, 스데반 황 역, 『놀라운 하나님의 사랑』 (서울: 토기장이, 2011), p.46.
6) 오스왈드 챔버스, 앞의 책, pp. 133-134.

게 알지 못했습니다. 마치 이와 비슷합니다. 우리가 대통령을 뉴스를 통해서 그를 압니다. 그러나 개인적으로 대통령의 부인처럼 그렇게 친밀하게 알지는 못합니다. 성경에서 말씀하는 하나님을 안다는 말은, 이미 언급했듯이 부부가 서로 개인적으로 친밀하게 알 듯이 아는 그런 앎을 말하는 것입니다. 예수님께서 바리새인과 서기관들과 많은 논쟁을 하셨습니다. 그리고 그들에게 이런 말씀을 하셨습니다.

다만 하나님을 사랑하는 것이 너희 속에 없음을 알았노라 ·요5:42

화 있을진저 외식하는 서기관들과 바리새인들이여 너희는 천국 문을 사람들 앞에서 닫고 너희도 들어가지 않고 들어가려는 자도 들어가지 못하게 하는도다 ·마23:13

바리새인들은 마음으로 하나님을 사랑하지 않았으며, 그러면서도 그들은 하나님에 대한 머릿속의 지식을 가지고 있는 것과 또 율법을 지키고 있으므로 그들은 하나님을 사랑한다고 생각했고, 하나님을 믿고 있으며 그들이 구원받은 백성이라고 생각했던 것입니다. 그러나 예수님은 바리새인들의 이런 생각을 단호히 거부하셨습니다. 예수님은 그런 그들에게 "화 있을진저!"라고 저주하며 질책하셨습니다.

그래서 이런 영을 가진 사람을 두고, '종교의 영'을 가졌다고 말합니다. 참된 믿음은 바리새인 같은 사람들을 지배했던 '종교의 영'이 주는 것이 아니라, 거룩하신 하나님의 영이요, 예수님의 영이신 '성령 하나님'이 주시는 것입니다.

물론 하나님에 대한 지적인 지식도 필요는 합니다. 그러나 그것으로 충분한 것은 절대로 아닙니다. 참된 믿음은 전 인격적으로 예수 그리스도를 알고 하나님을 사랑하는 데까지 이르는 믿음만이 참된 믿음인 것입니다. 이런 믿음만이 하나님이 인정하시는 믿음이요, 이런 믿음만이 의롭다—이신칭의(以信稱義)—함을 받는 믿음인 것입니다. 예수님이 자신을 믿는 사람에게 일어날 것이라고 친히 말씀하신 것과 같은 일이, 그 심령에 일어나는 믿음만이 예수님이 인정하는 참된 믿음인 것입니다.

다음은 중국의 선교사인 허드슨 테일러가 예수님을 만나 참된 믿음을 깨닫고 자기의 여동생에게 쓴 편지입니다.

> 노력하고 애쓰는 것이 아니라 주님 안에 머무는 것, 자기로부터 눈을 떼서 주님만을 바라보는 것, 현재의 필요한 능력을 받기 위해서 끊임없이 주님을 의뢰하는 것, 전능하신 구세주의 사랑 안에, 완전한 구원의 즐거움 안에 안식하는 것···. 나는 지금 끝도 없는 바다의 한 부분만을 조금 경험한 것 같구나. 나를 완전히 만족시켜 주는 어떤 것의 일부만 살짝 맛본 것 같은 느낌이다. 그리스도는 말 그대로 나의 모든 것이 되시는 기쁨의 유일한 근거이시다···. 믿음을 가지려고 노력하는 것이 아니라··· 나를 바라보는 것이 아니라, 우리가 필요로 하는 모든 것이 되시는 신실하신 분을 바라보는 것, 임시적인 세상과 영원한 곳에서 우리가 사랑하는 그분 안에서 안식하는 것···. 이것이 믿음이란다.[7]

예수님의 말씀처럼, 마음으로 하나님을 친밀하게 사랑하는 것, 그것이 믿음이요 영생인 것입니다(요17:3). 허드슨 테일러의 말처럼 내가

---

7) 폰 페리쉬, 채수범 역, 『올인 예수』 (서울: 요단출판사, 2008), p.140에서 재인용.

믿음을 가지려고 노력하는 것도 아니고, 나를 바라보는 것이 아니라, 저 천국에서 내려와, 우리가 필요로 하는 모든 것이 되시는 신실하신 분 예수 그리스도를 바라보는 것, 임시적인 세상과 영원한 곳에서 우리를 사랑하는 그분을 만나, 그분 안에서 안식하는 것, 그것이 믿음인 것입니다.

믿음은 자동사가 아니라 타동사입니다. 즉, 믿음은 대상이 있습니다. 우리의 믿음의 대상은 예수 그리스도이십니다. 그러므로 지금도 살아계신 예수 그리스도와 친밀한 교제가 없는 믿음은 예수님이 인정하는 믿음이 아닌 것입니다. 예수님의 말씀과는 '다른 믿음'인 것입니다. 그런 믿음은 자신은 믿는다고 착각을 하고 있는 것에 지나지 않습니다. 예수님을 믿는 참된 믿음은 예수님의 말씀처럼, 예수님이 주시는 은혜로 그 배에서 생수의 강이 흘러나오는 것입니다. 그리고 예수님이 주시는 은혜로 믿게 되었으니, 그래서 믿음을 선물이라고도 하는 것입니다.

> 너희는 그 은혜에 의하여 믿음으로 말미암아 구원을 받았으니 이것은 너희에게 난 것이 아니요 하나님의 선물이라 •엡2:8

이제 예수님이 말씀하신 거듭남과 믿음의 관계를 잠시 살펴보겠습니다. 요한복음 3장에 보면, 예수님을 찾아온 니고데모의 이야기가 있습니다. 예수님과 니고데모와의 대화 중에 예수님은 니고데모에게 '물과 성령으로 거듭나지 않으면 하나님의 나라를 볼 수 없고, 들어가지도 못 한다'(요3:3-8)고 말씀하셨습니다.

그러면 예수님을 믿는 것과 거듭나는 것은 무슨 관계가 있을까요? 예수님께서 천국을 가려는 사람들에게 하신 말씀 중에서 강력하게 요구한 말씀 중의 하나가 '성령으로 거듭나야 한다'라는 말씀이었습니다. 거듭남은 원어가 '아노텐'이라는 말로, 크게 3가지 뜻이 있습니다.

① '처음부터 완전하게, 근본적으로'
② '다시'
③ '위로부터, 하늘로부터'라는 세 가지 뜻이 있습니다.

그런데 '아노텐'이라는 말은 '다시'라는 의미보다 문자적으로는 '위로부터'라는 의미가 더 정확합니다. 그러니까 주님의 말씀은 '위로부터' 즉 '하나님으로부터' 태어나야 한다는 뜻입니다. 이것을 종합하면 천국에 가려는 사람은 반드시 '하나님으로부터 근본적으로 다시 새롭게 태어나야 한다'는 것을 알 수 있습니다. 이것을 거듭남(중생: 重生)이라고 하는데, 바리새인이요, 산헤드린 공의회 회원이었던 니고데모라는 사람과의 대화중에 예수님이 친히 말씀하신 것입니다.

그가 밤에 예수께 와서 이르되 랍비여 우리가 당신은 하나님께로부터 오신 선생인 줄 아나이다 하나님이 함께하시지 아니하시면 당신이 행하시는 이 표적을 아무도 할 수 없음이니이다 예수께서 대답하여 이르시되 진실로 진실로 네게 이르노니 사람이 거듭나지 아니하면 하나님의 나라를 볼 수 없느니라 니고데모가 이르되 사람이 늙으면 어떻게 날 수 있사옵나이까 두 번째 모태에 들어갔다가 날 수 있사옵나이까 예수께서 대답하시되 진실로 진실로 네게 이르노니 사람이 물과 성령으로 나지 아니하면 하나님의 나라에 들어갈 수 없느니라 육으로 난 것은 육이요 영으로 난 것은 영이니 내가 네게 거듭나야 하겠다 하는 말을 놀랍게 여기지 말라 바람이 임으로 불매 네가 그 소리는 들어도 어디서 와서 어디로 가는 예수님은 반드시 물과 성령으로 거듭나야 하나님의 나라를 볼 수 있으며 하나님의 나라에 들어갈 수 있다고 강력하게 말씀하셨습니다. 여기서 '물'이 무엇을 가리키는가? 하는 의문이 있습니다. 어떤 분들은 '물'을 '하나님의 말씀'으로 보기도 하고, 또는 '성령의 씻음'의 사역 등으로 보기도 합니다. 즉 세례 요한의 '물세례'를 의미하여, '회개의 물세례'를 말한다는 것입니다. 모두 다 일리가 있습니다.

그런데 이 물은 구약 성경에서 새 언약의 약속이 있는 에스겔36:25의 '맑은 물'을 예수님이 염두에 두고 하신 말씀임에 분명합니다. 말씀이든, 성령의 씻음이든, 세례든, 어쨌든 성도를 정결케 하는 것이 분명합니다.

맑은 물을 너희에게 뿌려서 너희로 정결하게 하되 곧 너희 모든 더러운 것에서와 모든 우상 숭배에서 너희를 정결하게 할 것이며 또 새 영을 너희 속에 두고 새 마음을 너희에게 주되 너희 육신에서 굳은 마음을 제거하고 부드러운 마음을 줄 것이며 또 내 영을 너희 속에 두어 너희로 내 율례를 행하게 하리니 너희가 내 규례를 지켜 행할지라 내가 너희 조상들에게 준 땅에서 너희가 거주하면서 내 백성이 되고 나는 너희 하나님이 되리라 내가 너희를 모든 더러운 데에서 구원하고 곡식이 풍성하게 하여 기근이 너희에게 닥치지 아니하게 할 것이며 또 나무의 열매와 밭의 소산을 풍성하게 하여 너희가 다시는 기근의 욕을 여러 나라에게 당하지 아니하게 하리니 그때에 너희가 너희 악한 길과 너희 좋지 못한 행위를 기억하고 너희 모든 죄악과 가증한 일로 말미암아 스스로 밉게 보리라 ·겔36:25-31

그런데 처음에는 물과 성령으로 말씀하셨다가 뒤에는 오직 성령만을 말씀하고 있는 것으로 보아, 거듭나는 것은 전적으로 성령님의 사역이라고 할 수 있습니다. 하나님께서는 에스겔 선지자의 예언을 통해, 언젠가 예수님을 통하여 성도에게 부어줄 성령님을 '새 영, 새 마음, 부드러운 마음' 등으로 부르고 있는 것을 알 수 있습니다. 그러므로 성령을 받은 마음의 상태가 곧 성령으로 거듭난 것임을 알 수 있습니다.

그리고 예수님도 자신을 믿고 거듭난 상태가 어떤 것인가를 말씀하셨습니다. 수가 성의 여인을 만난 예수님은 요한복음 4:14에서

> 내가 주는 물을 마시는 자는 영원히 목마르지 아니하리니 내가 주는 물은 그 속에서 영생하도록 솟아나는 샘물이 되리라 •요4:14

고 말씀하셨습니다. 이 말씀도 예수님께서 성령으로 거듭나게 한 사람의 마음의 상태를 말씀하신 것입니다. 성령으로 거듭난 성도에게는 '영생의 기쁨이 마음에서부터 샘물이 솟아나듯 솟구친다'는 뜻입니다. 그리고 이미 살펴보았듯이 요한복음 6:35에서는 "나는 생명의 떡이니 네게 오는 자는 결코 주리지 아니할 터이요 나를 믿는 자는 영원히 목마르지 아니하리라"고 말씀하셨던 것도 같은 뜻입니다. 표현만 다르게 말씀하신 것입니다.

그러므로 여기서 '예수님을 믿는 것'과 '성령으로 거듭나는 것'을 동일하게 말씀하신 것을 알 수 있습니다. 즉 예수를 믿으면, 생명의 떡인 예수를 누리며 영원히 목마르지 않는 체험을 한다고 예수님은 말씀하신 것입니다. 또 역으로 성령으로 거듭나야, 예수님이 영생을 주시는 분임을 믿어진다는 뜻이기도 합니다(여기서는 구원의 순서를 따지는 것이 목적이 아닙니다만, 참고로 말씀을 드립니다. 우리는 믿어야 합니다. 그러나 주

님이 믿음을 주시지 않으면 참된 믿음은 생기지 않습니다. 우리는 회개해야 합니다. 그러나 진정한 회개는 성령으로 거듭난 성도만이 가능한 것입니다).

그리고 요한복음 6:51에서는 "나는 하늘에서 내려온 살아 있는 떡이니 사람이 이 떡을 먹으면 영생하리라. 내가 줄 떡은 곧 세상의 생명을 위한 내 살이니라"고 말씀하셨습니다. 그리고 요6:53-56에서 "내가 진실로 진실로 너희에게 이르노니 인자의 살을 먹지 아니하고 인자의 피를 마시지 아니하면 너희 속에 생명이 없느니라. 내 살을 먹고 내 피를 마시는 자는 영생을 가졌고 마지막 날에 내가 그를 다시 살리리니 내 살은 참된 양식이요 내 피는 참된 음료로다. 내 살을 먹고 내 피를 마시는 자는 내 안에 거하고 나도 그의 안에 거하나니"라고 말씀하셨습니다. 곧 예수님이 십자가에서 흘리신 죄 사함의 피의 용서를 믿음으로-받아들임으로, 그래서 그 심령이 성령으로 거듭나서-예수님의 생명, 곧 천국의 생명인 성령님이 그 믿는 성도의 마음 안에 들어와 하나님으로부터 용서받음으로 하나님과의 관계가 화목하게 되어, 그 결과 하나님의 임재 가운데 하나님과 친밀한 교제를 누리게 된다는 말씀입니다. 그리고 예수님은 니고데모와의 대화 중에 다음과 같이 말씀하셨습니다.

모세가 광야에서 뱀을 든 것같이 인자도 들려야 하리니 이는 그를 믿는 자마다 영생을 얻게 하심이니라 •요3:14, 15

예수님이 지신 십자가를 바라보고 그 십자가에 달린 예수를 구세주요, 주(主)로 '믿는 사람'은 멸망하지 않고 영생을 얻는다는 말씀입니다. 그러므로 '예수님을 믿는 것'과 '성령으로 거듭남'을 동일하게 말씀하신 것을 알 수 있습니다. 그러므로 예수님을 '믿는 성도'는 곧 '성령으로 거듭나는 체험을 한다는' 것을 말씀하신 것을 알 수 있습니다.

그러면 과연 인간은 다시 태어나야-거듭나야- 하는가 하는 문제가 있습니다. 오늘날 현대 자유주의 신학자들은 거듭남의 필요성을 부인합니다. 물론 인간이 본성이 선하다면 다시 거듭날 필요가 없을 것입니다. 선한 인간의 본성을 다시 태어나게 한다는 것은 그 본성을 개악(改惡)하는 것이 될 것입니다. 그래서 자유주의자들이 거듭남, 즉 중생(重生)을 말한다고 해도, 그것은 예수님이나 사도들, 그리고 교회사의 위대한 성도들의 견해와 다른 것입니다(오늘날의 이 세상 사람들도 '거듭났다' '거듭나야 한다'는 말들을 쓰고 있으나 그 뜻은 예수님이 말씀하신 거듭남의 의미와는 다른 것입니다. 같은 단어를 사용한다고 그 뜻이 다 같은 것은 아닙니다. 마찬가지로 '믿음, 회개, 회심' 등의 단어를 쓴다고 그 의미가 같은 것은 아닙니다).

그러므로 성경에서 예수님이 말씀하신 믿음과 사도들이 증거하는 '믿음'과 오늘날 교회에서 사용되거나, 성도들이 생각하고 있는 '믿음'이 다를 수 있는 것입니다. 그래서 자유주의자들이 거듭남을 말하고, 믿음을 말한다고 해도, 그것은 예수님이 말씀하시는 거듭남이나 믿음과 다를 수 있습니다. 그러므로 성경에서 예수님이 말씀하신 거듭남, 즉 중생이 무엇을 말하는 것인지, 그래서 그 중생이 왜 필요한가를 아는 것은 매우 중요합니다. 예수님이 말씀하시는 중생은 위에서 살펴보았듯이, '성령으로 다시 태어나는 것'을 의미합니다. 그리고 예수님은 그것을 '믿음'이라고 말씀하셨고, 그렇게 '성령으로의 거듭남과 믿음이 있는 성도는 영생을 누린다'고 말씀하셨던 것입니다(요3:16)

그런데 만약 사람이 거듭날 필요가 없는데, 다시 태어나야 한다고 말씀하셨고, 그리고 그것을 위하여 예수님이 십자가에서 죽으셨다면, 예수님은 십자가에서 헛되이 죽으신 것입니다. 그리고 교회의 믿음도 헛될 것입니다. 그러나 성경은 명백하게 거듭남의 필요성을 말씀하고 있습니다. 이미 살펴 보았지만, 먼저 예수님의 천명(闡明)입니다.

진실로 진실로 네게 이르노니 사람이 거듭나지 아니하면 하나님의 나라를 볼 수 없느니라 •요3:3

예수께서 대답하시되 진실로 진실로 네게 이르노니 사람이 물과 성령으로 나지 아니하면 하나님의 나라에 들어갈 수 없느니라 육으로 난 것은 육이요 영으로 난 것은 영이니 내가 네게 거듭나야 하겠다 하는 말을 놀랍게 여기지 말라 •요3:5-7

예수님은 명백하게 사람은 다시 태어나야 한다, 그래야만 하나님의 나라에 들어갈 수 있다고 말씀하셨습니다. 그것이 성령으로 나는(요 3:8) 것입니다. 사실, 예수님의 이 말씀만으로도 사람은 반드시 거듭 나야만, 하나님의 나라에 들어간다는 것을 확증할 수 있습니다. 그리고 사도 바울도 분명하게 말씀하셨습니다.

육에 속한 사람은 하나님의 성령의 일들을 받지 아니하나니 이는 그것들이 그에게는 어리석게 보임이요, 또 그는 그것들을 알 수도 없나니 그러한 일은 영적으로 분별되기 때문이라 •고전2:14

만일 너희 속에 하나님의 영이 거하시면 너희가 육신에 있지 아니하고 영에 있나니 누구든지 그리스도의 영이 없으면 그리스도의 사람이 아니라 •롬8:9

그러므로 그 심령이 성령으로 거듭난 믿음만이 예수님이 말씀하신 믿음인 것을 알 수 있습니다. 그리고 그 거듭나게 하는 것은 주님과 그 사람과의 개인적인 관계 속에서 신비스럽게 이루어지는 것입니다.

> 바람이 임으로 불매 네가 그 소리는 들어도 어디서 와서 어디로 가는지 알지 못하나니 성령으로 난 사람도 다 그러하니라 •요3:8

그러므로 사람이 진지하게 죄인의 기도를 드렸다고 해서 반드시 그가 거듭나는 것은 아닙니다. 물론 이미 언급했듯이 그가 죄인의 기도를 드리는 순간, 성령께서 그를 거듭나게 하실 수도 있습니다. 그러나 거듭나지 않을 수도 있습니다. 오히려 거듭나지 않은 일이 훨씬 더 많을 것입니다. 거듭남은 전적으로 주님의 주권에 속한 것입니다. 그래서 '죄인의 기도'를 진지하게 드렸다고 해서 무조건 그의 구원을 선포해주는 것은, 주님의 공로를 도둑질하는 것일 뿐 아니라, 성령님만이 하시는 일을 마치 인간이 나서서 "당신은 구원받았다!"고 선포하는 주제넘은 짓인 것입니다. 마치 중매쟁이가 주님과 사람 사이에 중매를 섰는데, 정작 주님의 뜻은 물어보지도 않고, 사람이 주님을 믿는다고 고백했으니, 이제 이 결혼이 이루어졌다고 선포하는 것과 같이 주제넘은 짓입니다. 여기에 주님의 주권은 어디에 있습니까?

그러나 성령으로 거듭나면, 주님이 말씀하시는 것과 같이, 그 배에서 생수의 강이 흐르는 것입니다. 그는 이제 그리스도가 주시는 생명(이미 말씀드렸듯이 하나님의 생명을 '조에'라고 하고, 생물학적 생명은 '비오스'라고 합니다), 즉 영생(조에)을 누리게 되는 것입니다. 그는 이제 주님이 주시는 기쁨을 누립니다. 이렇게 예수를 믿으면, 생명의 떡인 예수를 누리며 영원히 배고프지도 목마르지 않는 것입니다. 그는 이제 천국을 바라보며, 이 세상 것들에는 연연하지 않게 되는 것입니다.

그러면 성령으로 거듭나지 않으면 어떻게 되는가? 하는 것입니다. 그 답은 이미 예수님과 니고데모와 대화한 예수님의 말씀 속에 나와 있습니다. 그 답은 천국을 보지도 못하고 천국에 들어가지도 못한다는 것입니다. 다시 말해 지옥에 간다는 뜻입니다.

J. C. 라일 목사는 중생(重生: 거듭남)이 없이는 구원이 없다고 말했습니다.

> 중생 없이 구원도 없다. 신생(새롭게 태어남, 중생의 다른 말: 역자주) 영적인 생명도 없다. 새 마음이 없이는 천국도 없다. 기독교의 위대한 원리를 잊어서는 안 된다. 거듭남은 영원한 운명을 결정짓는 중대한 사안이다. 거듭남은 구원받기 원하는 사람이라면 누구든지 스스로 느끼고, 스스로 알고, 스스로 경험해야 할 문제이다. 남녀노소를 불문하고 거듭나지 않으면 천국에 들어갈 수 없다… 성경이 말하는 대로 칭의와 성화와 중생을 경험하지 못하고 죽는 사람은 마지막 날에는 영생을 얻을 수 없다.[8]

그러므로 한 영혼의 영원한 운명을 결정짓는 거듭남의 문제를 가지고 장난을 쳐서는 결코 안 될 것입니다. 그래서 성령으로 거듭난 성

---

8) 존 라일 목사는 영국의 청교도 후예이며 개혁주의 신앙과 신학의 대표자입니다. 옥스퍼드대학교에서 교육을 받았으며, 한 작은 교구에서 그의 첫 목회생활을 시작하여 리버풀의 첫 번째 주교로 임명받았습니다. 그는 많은 저서를 출판하였는데 특히 『4복음서 강해』와 『새 생명』, 그리고 『실천적 신앙』은 그의 대표작들입니다. 그는 청교도 후예로서 스펄전 목사와 쌍벽을 이룬 동시대의 설교자로서 정평을 받고 있으며, 아더 핑크 목사와 로이드 존스 목사는 라일 목사를 스펄전과 쌍두마차를 이끌며 영국과 세계에 복음을 설교한 청교도 목사로서 존경과 찬사를 받아야 한다고 말했습니다. 규장출판사 편집부, 『하나님의 사람에게 주는 하나님의 음성』(서울: 규장출판사, 2013), p.47에서 재인용.

도는 에스겔 선지자에게 보내주시겠다고 하나님이 언약했던 하나님이 주시는 '새 영, 새 마음, 부드러운 마음'을 가지게 되는 것입니다. 그는 주님의 영광을 보며, 또한 성령의 감동으로 죄에 대한 책망도 받게 되는 것입니다. 자신이 죄인임을 깨닫게 되는 일이 일어나는 것입니다. 그러나 동시에 자신이 하나님의 긍휼로 죄 사함을 받아 하나님의 자녀가 된 것을 알게 되는 것입니다. 그리고 만약 거듭나지 않았다면 지옥에 떨어질 수밖에 없는 운명이라는 것을 깨닫고, 자신이 구원받은 것에 감사와 찬양이 넘치는 삶을 사는 것은 두말할 필요도 없는 것입니다. 그리고 이 귀한 주님의 복음을 전하고 싶은 마음으로 불타오르게 되는 등등의 일이 그 심령에서 일어나는 것입니다.

거듭나지 못한 세상 사람과 성령으로 거듭난 성도, 그리고 4영리에서 제시하는 구원을 간단하게 도식화하면 다음과 같습니다.

1) 세상 사람들
(하나님과의 관계가 끊어진) 옛사람 ➤ 회개 거부, 구세주 거부(거듭남으로 하나님과의 친밀함 거부) ➤ 사망 ➤ 심판과 지옥

2) 성령으로 거듭난 성도
(하나님과의 관계가 끊어진) 옛사람 ➤ (회개와 믿음으로 구세주를 받아들이고, 성령으로 거듭난 새사람이 되어 하나님과 친밀한 관계가 회복됨) ➤ (성령의 도움으로) 성화의 길을 걸음 ➤ 천국

3) 사영리가 제시하는 구원받은 사람

(하나님과 관계가 끊어진) 옛사람 ➜ 믿음의 결단의 고백 ➜ 거듭남이 없어도, 마음의 변화가 없어도 상관없다. 하나님과 친밀함이 없어도 상관이 없다 ➜ 구원(?)

4영리는 다른 성경적인 진리는 바르게 제시하면서, 마지막에 거듭남의 문제, 믿음의 문제 즉 하나님과 성도의 두 인격 간의 문제를, 단지 사람의 진지한 고백에만 의하여 구원을 확증함으로, '결정적인 오류'를 범하고 있는 것입니다. 4영리는 예수님이 말씀하신 '거듭남과 회개와 믿음'을 '단순하고도 진지한 인간의 결단'으로 대치함으로, 한 영혼을 거듭나야 할 필요성을 애써 외면하고, 주님과의 올바른 친밀한 관계로 인도하지 못하고 있는 것입니다. 물론 어떤 지혜로운(?) 목사님은 이런 것을 다 알고 있으면서, 고백은 했으나 거듭나지 않은 사람들을 교회에 붙잡아 두고 계속해서 복음을 전하다 보면, 이들도 거듭나는 일이 있다는 것을 알고, 그런 상태를 알면서도 그들이 언젠가 구원받기를 기도하며 기다리는 분들도 있기는 합니다. 그러나 정말로 죄인의 기도를 진지하게 따라 하면 구원받은 것으로 확신하고, 그렇게 가르치는 분도 있고, 또 그런 가르침을 받아 그것을 그대로 믿고 있는 분들도 있습니다.

그러나 구원은 그리스도의 흠이라고는 하나 없는 거룩한 한 인격과 지옥에 합당한 타락한 한 죄인 사이에 개별적으로 일어나는 일입니다.

그리스도의 인격 (나, I) VS 죄인인 (나, i)

거듭나기 전에는 나(i, 자아)는 그리스도라는 거룩한 한 인격(나, I)에 대하여 적대적입니다(4영리에서도 그렇게 바르게 가르치고 있습니다). 그러다가 복음을 듣고, 하나님의 은혜로 회개하고 믿어 거듭나는 것입니다. 이것은 거룩한 하나님의 아들의 한 인격과 죄인인 한 인격 사이의 일입니다. 그런데 4영리의 죄인의 기도와 영접을 통한 구원은, 마치 그리스도의 거룩한 한 인격을, '그것(IT)'처럼 취급하고 있는 것을 볼 수 있습니다. 물론 4영리의 책자에는 그리스도를 왕으로 내 안에 모시어 들인다는 그림도 있습니다. 이런 가르침은 바릅니다. 그런데도, 그 그리스도가 실제로 죄인의 마음 안에 들어오시는 것과 그분이 실제로 들어올 때의 놀라운 체험은 무시하고 있습니다. 그것은 그리스도의 거룩한 인격을 교묘하게 무시하고 있는 것과 같습니다. 그리스도는 거룩한 하나님의 인격(나, I)이지, 그것(IT)이 아닌 것입니다. 그리고 기차 그림을 통해서 4영리는 이렇게 제시합니다.

사실(하나님과 그 말씀)- **믿음**(하나님과 그 말씀에 대한 우리의 신뢰)- **감정**
(믿음과 순종의 결과)

4영리는 '사실'을 '하나님과 그 말씀'으로 제시합니다. 그리고 '믿음'을 '하나님과 그 말씀에 대한 우리의 신뢰'라고 합니다. 그리고 '감정'을 '믿음과 순종의 결과'라고 제시합니다. 그리고 '사실'은 기관차로, '믿음'을 연료차로, '감정'을 객차로 제시하면서, 기관차는 감정이 있으나 없으나 달릴 수 있다고 하면서, 객차인 감정으로 기관차나 연료차를 끌려고 하는 일은 어리석은 일이라고 합니다. 그러므로 그리스도인도 느낌이나 감정에 의존하는 것이 아니라, 하나님과 그의 말씀의 신실성에 믿음의 근거를 두어야 한다고 가르칩니다. 그리고는 이제 당신은 그리스도를 영접했으니, 몇 가지 일들이 일어났다고 말합니다.

첫째, 예수 그리스도께서 당신 안에 들어와 계신다(계3:20. 골1:27).

둘째, 당신의 모든 죄는 사함을 받았다(골1:14).

셋째, 당신은 하나님의 자녀가 되었다(요1:12).

넷째, 당신은 영원한 생명을 얻었다(요5:24).

다섯째, 하나님께서 예비하신 풍성한 새 삶이 시작되었다(요10:10, 고후 5:17).

그리고 감사 기도를 드리자고 합니다. 그리고 성장을 위한 권면도 합니다.

4영리는 하나님이라는 '거룩한 한 인격'을, '사실'이라고 가르칩니다(물론 하나님이 존재하신다는 것은 사실입니다). 그럼에도 거룩한 한 인격을 만나는 것과 그냥 어떤 한 가지 '사실'을 대하는 것과는 다른 것입니다. 4영리는 이것을 구별하지 않습니다. 그래서 말로는 '하나님'이라고 제시하면서 거룩하신 하나님을, 교묘하게 '그것(사실, IT)'으로 폄하하여 제시하면서, 죄인이 하나님을 만나고, 죄인이 거룩하신 하나님을 심령에 모시어 들이는 거듭남과 믿음에 대하여, 객관적인 사실이 이끄니, 영접기도를 드렸을 때, 아무런 감정이 생기지 않더라도 상관없으니, 감정은 무시해도 좋다고 제시합니다. 물론 감정도 하나님의 임재로 인한 감정인가 아니면 순전히 인간적인 감정인가는 구별할 필요가 있습니다. 예수님이 말씀하신, 예수님을 믿을 때 일어난다고 말씀하신 '기쁨'과 같은 감정은 하나님이 부어주시는 은혜로 인한 감동(감정)인 것이지, 우리가 무시해도 될 그런 인간적인 감정은 아닌 것입니다. 물론 믿음 생활 중에 감정이나 느낌이 없는 경우도 있습니다. 우리가 성경 내용을 감정과 상관없이 지성적인 믿음으로 받아들이는 것도 필요는 합니다.

그러나 한 죄인이 돌이켜 구원받는 것은 다른 것입니다. 4영리가 제시하듯이, 구원은 하나님을 떠났던 죄인이 다시 살아계시고 거룩하신 하나님을 만나는 것입니다. 하나님과 원수가 되었던 죄인이 살아계시고 거룩하신 하나님과 친밀해지는 것입니다. 그래서 하나님의 사랑을 받고 하나님을 사랑하게 되는 것입니다. 그래서 죄인이 구원을 받을 때, 지정의(知情意)의 전인격적인 반응이 일어나는 것은 너무도 당연한 것입니다. 사탄과 귀신들도 하나님의 존재하심을 '머리'로는 '믿는다'는 것을 기억하면 도움이 될 것입니다. 그러나 사탄과 귀신들은 하나님과 친밀하게 교제하지 않습니다. 하나님을 즐거워하지도 않습니다.[9]

---

9) 조나단 에드워드는 그의 저서 『신앙과 정서』에서 참된 종교의 대단히 큰 부분이 정서들(affections)로 이루어져 있다고 합니다. 그래서 인간의 본성은 사랑이나 미움, 소원과 희망, 그리고 두려움이나 다른 어떤 정서에 의해 영향을 받지 않으면 전혀 활동하지 않는다고 하면서, 그런 정서를 제거하면, 이 세상은 죽어 있는 것과 같을 것이라고 말합니다. 그리고 그는 다음과 같이 말합니다. "저는 담대히 주장하렵니다. 사람의 정서가 움직이지 않는다면, 그가 읽거나 듣거나 본, 종교적인 유(類)의 일을 통해서 마음이나 행실의 변화는 결코, 일어나지 않는다고 말입니다. 거듭나지 않은 사람은 자기의 구원을 찾아 부지런히 애쓰지 않습니다…. 거듭나지 않은 사람은 결코 자기가 들었던 것을 통해서 겸손히 하나님의 발 앞에 엎드리지 않을 것입니다. 또한, 자기의 무가치함을 깨달아 하나님께서 불쾌히 여기시지는 않으실까 염려하지도 않을 것입니다. 그 사람의 마음이 감동되지 않은 상태에 머물러 있는 한, 그리스도를 피난처로 삼으려는 마음도 생기지 않을 것입니다. 마음이 감동되지 않은 경우에는, 그 성도가 차갑고 생명 없는 구조에서 각성받거나, 침체된 신앙에서 회복되지 못할 것이며, 하나님에게서 떨어져 있는 상황에서 다시 돌아오는 일은 결코 없을 것입니다. 한마디로 마음속 깊이 감동 받지 않는다면, 종교에 속한 것들로 말미암아 살아 있는 사람의 마음과 삶 속에 주목할 만한 일이 결코, 일어나지 않습니다." 그리고 그는 성경 어느 곳에나 종교의 많은 부분을 '정서'에 두고 있다고 예를 들어 보이고 있습니다. 그중에 대표적인 정서를 예를 들면, 그것은 성도를 향한 하나님의 사랑과 성도의 하나님에 대한 사랑입니다. 조나단 에드워드, 서문강 역, 『신앙과 정서』 (서울: 지평서원, 1998), pp. 23-37.

물론 하나님은 객관적으로 존재하십니다. 하나님은 영원한 타자(他者)이십니다. 하나님은 실제로 영광 가운데 존재하십니다. 죄인이 거룩하신 하나님을 만나는 것은 두려운 일이기도 한 것입니다. 그리고 하나님은 예수 그리스도를 믿는 성도를 만나주시며, 하늘의 영원한 생명을 주셔서 성도는 그 생명을 받아 누리는 하나님의 자녀가 되는 것입니다.

4영리 자체의 모순

4영리는 1, 2, 3원리를 통해서 복음을 정확하게 제시하고 있습니다. 2원리에 보면, "사람은 죄에 빠져 하나님으로부터 떠나 있습니다. 그러므로 하나님의 사랑과 계획을 알 수 없고, 또 그것을 체험할 수 없습니다"라고 정확하게 제시하고 있으며 더 자세하게 다음과 같이 말합니다.

> "사람은 죄에 빠져 있습니다. '모든 사람이 죄를 범했으매 하나님의 영광에 이르지 못하더니'(롬3:23)라고 했습니다. 본래 사람은 하나님과 사귀며 살도록 창조되었습니다. 그런데 사람은 자기 마음대로 살려고 했기 때문에 마침내 하나님과의 사귐이 끊어지고 말았습니다. 하나님 없이 제 마음대로 사는 사람은 적극적일 때는 하나님께 반항하게 되며, 소극적일 때는 하나님에 대하여 무관심하게 되는데 이것이 바로 성경이 말하는 죄의 증거입니다. 사람은 하나님으로부터 떠나 있습니다. '죄의 삯은 사망'(롬6:23)이라고 했습니다(여기서 사망이란 하나님으로부터 떠나 있는 상태를 말합니다). 하나님은 거룩하시며

사람은 죄에 빠져 있습니다, 그리하여 둘 사이에는 커다란 간격이 생겼습니다. 사람들은 끊임없이 선행, 철학, 종교 등의 자기 힘으로 하나님께 도달하여 풍성한 삶을 누려 보려고 애쓰고 있습니다."

이렇게 제2원리는 "죄인이 하나님의 사랑을 체험할 수 없다"고 정확하게 제시하고 있습니다. '죄인과 하나님과의 사귐이 끊어졌다'고 정확하게 가르치고 있습니다.

그리고 제3원리에서는 "그리스도를 영접하면, 그를 통하여 당신을 위한 하나님의 사랑과 계획을 알게 되며, 또 그것을 체험하게 된다"고 정확하게 말하고 있습니다. 물론 4원리에서도 그런 체험을 할 것을 정확하게 가르치고 있습니다. 이것은 성경적인 말이요, 정확한 말입니다.

그렇다면, '죄인의 기도'를 통해 그리스도를 영접했으면, 3, 4원리에서 말한 것처럼, "하나님의 사랑과 나를 위한 계획을 체험하게 된다", '하나님과의 끊어진 사귐이 시작된다'라고 가르쳐야 하는 것입니다. 그래야, 논리 자체에 모순이 없는 것입니다.

제2원리에서는 사람은 죄에 빠져 있으므로, '죄인과 하나님과의 사귐이 끊어졌다.' 그래서 '하나님의 사랑과 계획을 알 수 없다'고 제시해 놓고, 죄인의 기도를 드리고 영접기도를 드려도 하나님의 사랑과 계획을 체험하지 않아도 상관이 없다고 가르친다면, 앞의 원리들에게 문제가 있거나, 4영리에서 말하는 '믿음'에 문제가 있는 것입니다.

그러므로 4영리는 복음을 바르게 제시하고서도 그 복음을 받아들이는 '믿음'의 문제에 들어가서는, 자체 모순을 보이고 있는 것입니다. '하나님의 사랑과 계획을 아는 체험'을 은근히 '감정'으로 격하시키고, 심지어 '그런 체험(감정)은 일어나지 않아도 상관없다'고 가르치고 있는 것입니다. 그러므로 4영리는 그 자체의 진술에서 모순을 보이고 있는 것입니다. 그것은 이미 살펴보았듯이 4영리가 말하는 '믿음'과 예수님이 말씀하신 '믿음'을 다르게 제시했기 때문입니다.

이것은 하나님이시라는 그 실제가 '그것'이 아니라 '거룩한 인격이신 하나님'이시라는 것을 4영리는 교묘하게 무시하고 있기 때문에 생긴 일입니다. 말로는 예수님이 마음에 들어와 계신다, 영원한 생명을 받았다고 하면서, 그 증거는 무시합니다. 예수님이 마음에 들어와도, 영원한 생명을 받았어도 아무런 느낌이나 감정이 일어나지 않아도 상관하지 말라는 것입니다.

4영리는 '믿음은 하나님과 그의 말씀의 신실하심'에 그 근거를 둔다고 가르칩니다. 물론 하나님이 신실하십니다. 그래서 '신실하신 예수님이 말씀하신 그대로, 예수를 믿는 성도는 그 배에서 생수의 강이 흐르는' 것입니다. '신실하신 예수님의 말씀처럼 예수님을 믿는 자는 영원히 목마르지 아니하는 체험을 하게 되는' 것입니다.

그러므로 4영리는 신실하신 하나님이 주시는 영생의 기쁨, 배에서 생수의 강이 흐를 것이라는 그 놀라운 체험을 '감정'이라는 말로 폄하하고 있는 것입니다. 주님이 주신다는 그런 기쁨은 별것이 아니니, 그런 감정 같은 것을 느껴도 좋지만, 그런 감정이 생기지 않아도 상관이 없다고 가르칩니다. 주님이 말씀하신 영생의 기쁨을 별것 아닌 것으로 폄하하고 있는 것입니다.

그러므로 4영리에서 제시하는 식으로 주님을 믿을 때, 약속하신 영생의 기쁨이 없다는 것은, 4영리에서 제시하는 '죄인의 기도, 영접기도'가 신실하신 주님에게 받아들여지지 않았다는 반증인 것입니다. 주님이 그의 회개와 믿음을 기쁘게 받아들이셨다면, 반드시 신실하신 주님이 약속하신 놀라운 기쁨이 그에게 넘쳤을 것입니다. 주님이 인정하시는 참된 회개, 참된 믿음에는 반드시 주님과의 실제적인 '신비한 연합'이 있으며, 주님이 주시는 '영생의 기쁨'이 있는 것입니다. 그래야 논리에 모순이 없는 것입니다.

그럼에도 '진지한 죄인의 기도'를 드렸다고 하나님은 신실하시니 무조건 그리스도와 연합된 것으로 믿으라는 것은, 주님이 '죄인의 기도'를 기쁘게 받아들인 증거가 없음에도 불구하고, 무조건 믿어 구원받았다고 거짓된 위안을 심어주고 있는 것입니다.

청교도 신학자인 존 오웬은 다음과 같이 말합니다.

> ...그리스도께서는 자신을 주심으로서 자신의 교회를 '거룩하게 하시고 자기 앞에 영광스러운 교회로 세우사 티나 주름 잡힌 것이나 이런 것들이 없이 거룩하고 흠이 없게 하실'(엡5:27) 방도를 마련하셨다. 교회의 순결과 아름다움과 거룩함과 내적인 영광이, 그리스도께서 자신의 형상을 우리 안에 형성시킴으로써 자신을 우리에게 교통시켜 주시는데 달려 있는 것이다, 이로 말미암아 모든 교회의 순결과 아름다움과 거룩함과 내적인 영광은, 겉으로만 신앙고백과 종교적인 의무들을 감당하여 진정한 교회에 속하게 보이는 자들과 본질적이고도 실질적이며 내적인 면에서 구별되는 것이다.[10]

---

10) 존 오웬, 시문강 역, 『그리스도의 영광』 (서울: 지평서원, 2011), p. 229. 참고로 개혁주의 삼대 신학자에 존 칼빈, 존 오웬, 조나단 에드워즈를 꼽습니다.

그리고 그는 또 말합니다.

> 착각하지 말자. 성령에 속한 생각을 한다는 것은 마음에 영적인 일에 대한 관념이나 의식을 갖는다는 뜻은 아니다. 천만의 말씀이다. 신앙적인 의무들을 꾸준히, 아주 또 많이 행하는 것이 아니다. 그런 일은 마음의 은혜가 없어도 얼마든지 할 수 있다…. 성령에 속한 생각을 한다는 건 하늘의 것들, 특히 하나님 우편에 계신 그리스도를 진정으로 기뻐한다는 말이다.[11]

그리스도께서 자신의 영광을 참된 성도와의 친밀한 교제 가운데 그리스도의 영광을 성도에게 부어주십니다. 그래서 참된 성도는 그리스도의 순결과 거룩함과 그리스도의 영광을 내적으로 소유하게 되는데, 이것은 겉으로만 하는 신앙고백과 종교적인 의무를 감당하는 자들에게는 보이지 않는 특징이라는 청교도 신학자 존 오웬의 말입니다. 참된 회개와 믿음으로 성령으로 거듭난 성도는, 그리스도께서 부어주시는 그리스도의 순결과 아름다움과 거룩함을 그 내면에 가지고 그리스도를 진정으로 기뻐하게 되는 것입니다. 그런데 4영리는 노골적으로는 아니지만, 교묘하게 그런 체험을 부인하고 있는 것입니다. 존 오웬 시대에도 형식적인 신앙인들이 있었던 것처럼, 4영리도 그런 형식적인 신앙인을 양산하는데 기여했던 것입니다. 그래서 4영리의 '잘못된 믿음'으로는 '구원을 주시는 하나님의 복음의 능력'이 나타나지 않는 것입니다(롬1:16).

---

11) 팀 켈러, 최종훈 역, 『기도』 (서울: 두란노, 2015), p.251에서 재인용.

일찍이 하나님께서는 우상을 만드는 것을 금하셨습니다. 하나님은 영이시고, 거룩한 인격이신데, 어떤 그림이나 조각상을 통하여 하나님을 만들면, 사람들이 실제로 존재하는 거룩하신 하나님을 그 우상으로 대치할 것을 하나님은 잘 아셨습니다. 그래서 일찍이 십계명을 통해서 우상을 만들지 못하게 막으셨습니다(출20:3-5). 하나님은 자신의 백성들이 거룩한 영이신 자신을 직접 만나고 서로 사랑하며 교제함으로 사랑의 교제를 나누고 예배받기를 원하셨던 것입니다. 그러므로 우상이 실제로 존재하시는 하나님을 대치하여, 하나님을 만나지 못하게 막고 하나님의 영광을 가릴 것을 아시고 우상을 만들지 말라고 말씀하셨던 것입니다. 이런 하나님의 뜻을 잘 깨닫고, 인간의 존재목적을 잘 진술하고 있는 웨스트민스터 소요리문답의 제1문입니다.[12]

질문: 사람의 제일 되는 목적이 무엇입니까?
대답: 사람의 제일 되는 목적은 하나님을 영화롭게 하고 하나님으로 말미암아 영원토록 즐거워하는 것입니다.

그렇습니다. 하나님은 거룩한 인격이십니다. 구원이란 끔찍한 죄인이 거룩하시며 창조주이신 한 인격과의 만남 속에서 이루어지는 것입니다. 죄로 인해 하나님과 멀어졌던 인간이 오직 그리스도의 십자가의 피로 하나님과 가까워진 것입니다. 하나님의 친밀한 임재를 누리지 못하던 죄인인 인간이 그리스도의 피를 믿음으로 인간이 하나님과 친밀해진 것이 곧 구원인 것입니다. 그래서 예수님은,

---

12) 최낙재, 『소요리문답강해 (1)』 (서울: 크리스찬다이제스트, 2007), pp.10-36.

영생은 곧 유일하신 참 하나님과 그가 보내신 자 예수 그리스도를 아는 것이니이다 •요17:3

라고 말씀하셨던 것입니다. 하나님과 친밀하게 인격적으로 앎으로 영원하신 하나님과 교제하는 것이 곧 영생인 것입니다. 죄인이 하나님을 만나면, 그토록 끔찍한 죄인임에도 불구하고 독생자의 십자가의 피로 죄를 씻어주시고 사랑으로 품어주시는 그분의 사랑과 은혜의 크심을 알고 감격하는 일이 일어납니다. 그리고 하나님을 인격적으로 교제하며 즐거워하며, 그분의 거룩한 영광을 바라보고, 그분께 영광을 돌리게 되는 삶을 살게 되는 것입니다.

인간과 하나님 사이는 인격적으로 관계를 맺음으로 서로 간에 인격적으로 교제하면서, 서로에게 인격적이며 관계를 맺으며 존재합니다. 쉽게 말해, '나와 너'로 서로 친밀한 관계를 맺으며 서로 교제하며 서로에게 의미 있는 존재로 존재하는 것입니다.

더구나 하나님은 인간을 지은 창조주요, 거룩하신 하나님이십니다. 하나님은 스스로 존재하는 '나(I)'인 분이십니다. 우리에게 하나님은 '너(YOU)'이고, 하나님에게 우리는 '너(you)'입니다. 그래서 우리가 하나님을 만날 때는 '나와 너'로 인격적으로 영접하고 만나는 것이지, 결코 '그것(IT)'으로 만날 수 없습니다. 하나님을 '그것'으로 취급하는 것은 하나님을 멸시하는 것입니다. 인격체인 사람도 자신이 무슨 물건(그것, it) 취급을 받으면 매우 불쾌해지는 법입니다. 그런데 살아계신 창조주 하나님을 '그것'으로 취급하는 것은 하나님을 경멸하는 행위인 것입니다. 그러므로 4영리에는 교묘한 속임수가 있는 것입니다. 4영리는 '거룩하신 하나님'을 만나도 아무런 감정이 없어도 상관이 없다면서, 은근히 거룩한 인격이신 하나님을 '그것(IT)'로 격하시키고 있는 것입니다.

이것은 매우 교묘한 형태의 우상숭배로 인도하고 있다고 할 것입니다. '일부 기록된 성경 말씀과 교묘한 믿음의 논리'로 '살아계신 하나님'으로 대치하는 극도로 교묘한 형태의 우상숭배입니다. 하나님은 기관차가 아니라, 거룩한 인격체이신 분이십니다. 하나님은 인격을 가진 하나님 아버지이지, 기관차가 아닌 것입니다.

그러므로 4영리는 하나님을 '그것'으로 취급하는 매우 교묘한 행태로 된 이신론(理神論)입니다. 그래서 하나님의 존재는 인정하면서도 그 하나님으로 말미암아 즐거워하는 친밀한 교제가 없어도 상관없다는 것입니다.

사람이 자기 아버지를 만나도, 자신을 낳은 아버지를 결코 비인격적으로 대하며 무시할 수는 없는 것입니다. 인간 아버지를 기관차로 대하듯이 대하고, 아버지가 존재하는 것이 사실이지만, 그 아버지를 만나도 인격적인 반응이나, 아버지에 대한 아무런 감정이 없어도 된다고 하면, 어느 아버지가 그 생각을 옳다하며 기뻐하겠습니까? 인격적인 존재는 절대로 4영리에서 제시하는 것처럼 만날 수 없는 것입니다. 만약 4영리를 믿는 당신이, 만약 친구의 집에 놀러 갔을 때, 친구가 마치 당신을 보고 비인격체를 만난 것처럼, 아무런 감정도, 반응도 없다면 당신의 기분은 어떻겠습니까? 친구를 만나도 사람은 반응하게 되어 있는 것입니다. 하물며 거룩하신 하나님, 창조주 하나님, 죄라고는 모르는 그분을 만나도, 더구나 그 거룩하신 분이 마음에 들어오셨는데도, 죄인에게 아무런 반응이 없다니 그게 무슨 괴이한 논리입니까?

그러므로 4영리에는 교묘한 속임수가 있는 것입니다. 4영리는 '거룩하신 하나님'을 은근히 '그것(IT)'로 격하시키고 있는 것입니다. 적어도 '사람에게 아무런 영향도 미치지 못하는 별 볼 일 없는 하나님'으로 격하시키고, 본의는 아니겠지만, 은근히 하나님을 경멸하고 있는 것입니다. 물론 4영리는 사람들에게 그리스도를 알려서 많은 사람을 구원하고자 하는 열심에서 나온 것으로 압니다. 그러나 그럴수록 '구원의 도'는 바르게 가르쳐야 하는 것입니다. 하나님의 구원은 값싼 것이 아닙니다. 더구나 구원은 하나님의 몫이지, 우리의 몫이 아닙니다. 우리는 바르게 전하고, 기도해주고 격려할 수 있을 뿐입니다.

신앙생활을 하는데, 신학이론이 필요하고, 바른 신학은 반드시 있어야 하지만, 그러나 신학이론 자체가 하나님은 아니듯이, 그 귀한 성경의 말씀도 마찬가지입니다. 성경에서 가르치고 있는 하나님에 대하여 모든 것을 다 알고 있어도, 정작 하나님 자신을 모르는 수가 있을 수 있습니다. 바리새인들이 그랬습니다. 물론 성경 말씀의 중요성은 두말할 필요도 없습니다. 성도의 믿음의 기초는 '오직 성경'입니다. 그러나 '성경 그 자체'나, 하나님에 대한 신학 이론 자체가 '살아계신 하나님'은 아닌 것입니다. 하나님을 아는 것, 즉 인격적으로 친밀하게 아는 것과 하나님에 대하여 아는 것, 즉 하나님은 어떤 분이시다는 등 하나님에 관한 머릿속의 지식과는 다른 것입니다.

성경은 하나님을 인격적으로 만난 성도들의 체험을 기록한 것입니다. 그래서 우리도 성경의 저자들이 만난 그런 하나님을 만나고 누리고 하나님께 영광을 돌려야 하는 것입니다. 그게 성경이 쓰여 진 중요한 목적입니다. 웨스트민스터 소요리문답의 제1문은 정확하게 그것을 요약하여 말한 것입니다.

그러나 4영리처럼 살아계신 하나님을 만나지 않고, 그 하나님의 그 영광을 맛보지를 못하니, 하나님께 영광을 돌리는 일도 없는 것입니다. 4영리는 정확하게 구원의 원리를 가르치면서도 정작 '믿음'의 문제에서는 하나님을 생명이 없는 존재로, 사람과 친밀함을 나누지 못하는 존재로 제시함으로, 실제로는 성경에서 말씀하는 것과는 다른 교묘한 말장난으로 살아계신 하나님의 임재, 그리고 하나님과의 친밀한 교제를 스스로 막고 있는 것입니다. 그러므로 4영리에서 말하는 '믿음과 영접기도'에는 그 스스로 이런 말을 하고 있는 것과 같습니다.

"죄인의 기도, 영접 기도로는 살아계신 하나님을 만나는 일이(거의) 없다. 그래서 그 하나님을 만났을 때 죄인이 느끼는 두려움과 기쁨과 같은 감정도 없다. 그러니 영접 기도로는 그런 하나님을 만나는 감격(감정) 따위는 기대하지 말라."

사실상 이렇게 가르치고 있는 것과 같습니다. 그러면서도 '당신은 구원받았다'고 거짓 확신을 심어 주면서, 스스로 모순을 보이고 있는 것입니다. 만약 죄인의 기도를 드리는 사람마다 모두가 하나님을 인격적으로 만나, 성령으로 거듭난다면, 결코 그렇게 가르치지 않을 것입니다. 오히려, 2, 3, 4원리에서 말한 것처럼 하나님을 만나는 놀라운 체험을 하게 될 것이라고 가르쳐야 하며, "성령을 받아 거듭나면 놀라운 체험을 하게 될 것입니다"라고 가르쳐야 합니다. 예수님이 말씀하신 것처럼 '예수님을 믿으면 예수님이 주시는 영생을 누리는 기쁨이 있을 것입니다' 그렇게 가르쳐야 합니다. 그리고 그런 체험이 없으면 다시 제2원리를 가르치고, 하나님이 만나주실 때까지 간절히 회개하고 기도하라고 권면해야 하는 것입니다(이때 조지 휘필드처럼 그런 과정을 겪었던 성도들을 소개해 주면 도움이 될 것입니다).

그리고 구원의 확신을 억지로 심어줄 필요도 없을 것입니다. 왜냐하면, 그리스도께서 친히 그가 구원받았음을 확인시켜 줄 것이기 때문입니다. 구원자는 그리스도이시지 사람이 아닌 것입니다.

이렇듯 4영리는 다른 것은 바르게 제시하면서도, 정작 결정적으로 '믿음'은 '예수님이 가르치는 믿음'과 다르게 제시함으로, 마지막에 결정적으로 음식에 독(毒)을 집어넣은 것입니다. 그러나,

"예수 그리스도는 흠이라고는 없는 거룩한 인격이신 하나님이십니다. 그래서 예수님을 믿으면 신실하신 예수님의 말씀대로 그 배에서 생수의 강이 흐르는 기쁨이 있는 것입니다."

성도는 하나님을 거룩하신 인격으로 만나고 인격적으로 그 하나님에게 반응해야 하는 것입니다. 그리고 구약 성경에도 보면, 하나님을 '그것'으로 만난 사람은 아무도 없습니다. 다 거룩한 인격으로서의 살아 계신 하나님을 만난 것입니다.

둘째, 구약성경에는 4영리에서 가르치는 것처럼 하나님을 만난 사람들이 없다.

앞의 예수님의 증거만으로 4영리의 문제점을 제시하기에 충분한 줄 압니다만, 간단하게나마 구약에서 하나님을 만난 성도들을 살펴보면, 4영리가 제시하는 '죄인의 기도를 통한 결단주의'의 문제점이 저절로 드러나는 것을 알 수 있을 것입니다.

아브라함은 자신에게 '말씀하시는' 살아계신 거룩한 인격의 하나님을 만났습니다(창12장, 창15장, 창17장, 창22장) 이삭도 자신에게 '말씀하시는' 인격으로의 하나님을 만났습니다(창26장). 야곱도 브니엘에서 한 인격으로의 하나님(또는 하나님의 사자)을 만났습니다(창32장). 모세도 거룩한 한 인격으로의 하나님을 만났습니다. 더구나 모세를 만나주신 하나님은 떨기나무에 불꽃 가운데서 나타나 자신이 누구냐고 묻는 모세에게 자신에 대하여 이렇게 말씀하셨습니다.

나는 스스로 있는 자이니라 •출3:14

그리고 하나님께서는 시내산에서 하나님의 영광을 친히 나타낼 때도 불 가운데서 말씀하심으로 자신을 거룩한 인격으로, 죄인이 가까이 하지 못할 인격으로 자신을 나타내셨습니다. 그래서 하나님의 거룩한 성품을 이해하지 못하고 하나님이 임재하시는 시내산에 경계를 정하시고, 함부로 그 경계를 접근하는 성결하지 않은 사람은 죽을 것이라고 말씀하셨습니다(출19:3~24).

모세가 하나님의 얼굴을 뵙기를 구했습니다. 그러나 하나님은 나의 얼굴을 보고 살 자가 없다고 말씀하셨습니다. 그래서 모세를 반석 틈에 두고, 그 틈을 하나님의 손으로 덮었다가, 그 손을 거두고 하나님의 등만 보여주셨습니다(출33:12-23).

이렇게 성경에서 말씀하고 있는 여호와 하나님은 창조주요, 거룩하신 살아계신 하나님이십니다. 물론 오늘날 성도가 하나님을 만날 수 있는 것은, 반석이신 그리스도의 피가 그 죄를 덮고 있기 때문입니다. 그럼에도 죄인이 거룩하신 하나님을 만나는 것은 한편으로는 하나님과의 화목한 관계가 회복되었다는 기쁨과 한편, 하나님의 임재 앞에 자신의 죄성이 드러나기에 애통함이 있고, 두려움이 있는 것입니다.

하나님의 임재로 인한 기쁨과 함께 자신의 죄성이 드러나는 것은 성령으로 거듭난 성도의 중요한 두 가지 특징입니다. 사실 이 글은 4영리를 비판하기보다는 거룩하신 하나님 앞에서 인간의 '죄인 됨'을 강조하기 위한 글입니다. 그런데 오늘날 성도들이 하나님과의 친밀함은 물론, 하나님의 임재 앞에 자신의 죄인 됨을 잘 깨닫지 못하고 있습니다. 그 원인이 되는 것이, 곧 구원에 대한 4영리와 같은 '값싼 구원'을 남발하기 때문인 것으로 알고, 그것의 문제점을 지금 지적하며, 그것이 성경이 말씀하는 구원이 아님을 증거하고 있는 것입니다. 어쨌든 죄인이 거룩하고 살아계신 창조주 하나님을 만나는 것은 놀라운 기쁨과 함께 두려움이 같이 있는 것입니다.

이들 외에도, 여호와의 군대 장관을 만난 여호수아(수5:13-15)가 있습니다. 여호와의 군대장관은 여호수아에게 "네 발에서 신을 벗어라, 네가 선 곳은 거룩하니라"고 요구하셨습니다. 그리고 기드온에게 나타나 자신을 계시하셨습니다(삿6:11-18). 이외에도 하나님이 자신을 계시해 주신 많은 제사장들과 선지자들이 있습니다.

그런데 하나님을 만난 사람들은 다들 거룩한 그분의 임재 앞에 두려워 떨었습니다. 성경에 보면, 사람들이 하나님의 사자, 곧 천사를 만나도 두려워하여 떨었습니다.

> 그러므로 야곱이 그곳 이름을 브니엘이라 하였으니 그가 이르기를 내가 하나님과 대면하여 보았으나 내 생명이 보전되었다 함이더라 •창32:30

> 기드온이 그가 여호와의 사자인 줄 알고 이르되 슬프도소이다 내가 여호와의 사자를 대면하여 보았나이다 하니 여호와께서 그에게 이르시되 너는 안심하라 두려워 말라 죽지 아니 하리라 하시니라 기드온이 여호와를 위하여 거기서 제단을 쌓고 그것을 여호와 살롬이라 하였더라 •삿6:22-24

다니엘도 힛데겔 강가에서 구약에 나타난 그리스도의 환상을 보고 (성경학자들은 다니엘이 본 '한 사람'을 사도 요한이 요한계시록에서 본 인자 같은 이인 그리스도와 동일시합니다) 이렇게 말씀하고 있습니다.

> 이 환상을 나 다니엘이 홀로 보았고 나와 함께 한 사람들은 이 환상은 보지 못하였어도 그들이 크게 떨며 도망하여 숨었느니라 그러므로 나만 홀로 있어서 이 큰 환상을 볼 때에 내 몸에 힘이 빠졌고 나의 아름다운 빛이 변하여 썩은 듯하였고 나의 힘이 다 없어졌으나 •단10:7, 8

이사야, 욥, 그리고 에스겔과 같은 많은 선지자들이 하나님 혹은 하나님의 사자들을 만나고 그들은 살아계신 하나님, 거룩하신 하나님의 영광을 보고, 그들이 큰 충격에 빠졌던 것이 성경에 기록되어 있습니다.

그런데 4영리에서 가르치는 하나님은, 성경에서 말씀하고 있는, 거룩하시며 세세토록 살아계신 여호와 하나님은 아닌 것입니다. 하나님이 마음에 들어와도 아무런 감동이나, 느낌이 없어도 상관이 없다는 것은, 성경에서 말씀하시고, 자신을 계시하시는 영원토록 살아 계신 거룩하신 영광의 하나님이 아니라, 성경에서 가르치지 않는 하나님인 것입니다. 4영리가 하나님에 대한 모든 것을 바르게 제시하였음에도 불구하고, 살아계신 하나님과 연결시키는 믿음의 문제를 바르게 제시하지 못함으로, 결과적으로 '거룩하신 하나님'('스스로 존재하시는 거룩하신 분')을 '그것(IT)'으로 만든 것입니다. 이신론자(理神論者)들이 말하는 하나님으로 만든 것입니다. 이신론자의 하나님은 논리적으로는 존재하지만, 인간의 마음과 삶에는 아무 영향을 미치지 않는 그런 '죽은 하나님'과 다름이 없습니다. 4영리는 그런 '이신론자의 하나님'을 성경에서 말씀하시는 '살아 계신 하나님'이라고, 그것도 교묘하게 성경의 말씀을 이용하여 제시하고 있는 것입니다.

'살아계신 하나님'을 '죽은 하나님'으로 만든 것은 4영리가 제시하는 '잘못된 믿음' 때문입니다. '죄인의 기도'로 충분하다는 '믿음의 오류'인 것입니다. 그래서 성경에서 가르치는 살아계시고 거룩하신 하나님을 만나는 일이 없기에, 하나님과의 거룩한 임재와 하나님과의 친밀한 교제, 하나님의 풍성한 은혜, 하나님 앞에 선 경외감이나 자신이 죄인이라는 그런 깨달음도 없는 것입니다. 다시 말해, 성령으로 거듭난 성도의 특징들이 전혀 나타나지 않는다는 것입니다. 사도 바울도 성도의 믿음이 사람의 지혜가 아닌 성령의 나타나심과 능력으로 하여, 그들의 믿음이 하나님의 능력에 있게 하려 하였다(고전:4)고 말씀하고 있는 것을 볼 수 있습니다.

내 말과 내 전도함이 설득력 있는 지혜의 말로 하지 아니하고 다만 성령의 나타나심과 능력으로 하여 너희 믿음이 사람의 지혜에 있지 아니하고 다만 하나님의 능력에 있게 하려 하였노라 •고전2:4, 5

그리고 사도 바울은 "하나님의 나라는 말에 있지 아니하고 오직 능력에 있음이라"(고전4:20)고 말씀했습니다.

🕊 셋째, 4영리에서 제시하는 '믿음'으로 만나는 그리스도는 예수님의 제자들과 성도들이 '믿음'으로 만난 그리스도와 다르다

어부였던 베드로는 예수님을 만나고서, "주여, 나를 떠나소서 나는 죄인이로소이다"라고 고백하고, 모든 것을 버려두고 야고보와 요한과 함께 예수님을 따랐습니다(눅5:1-11). 성경에는 그들이 만난 예수님에 대하여 정확하게 묘사하고 있지는 않습니다만, 분명한 것은 제자들은 예수님은 보통 사람들과 달랐다는 것을 알았고, 그래서 모든 것을 버리고 예수님을 따랐습니다. 빌립과 나다나엘도 예수님을 만나고서는 예수님을 따랐습니다. 특히 나다나엘은 자신이 무화과나무 아래에 있을 때, 예수님이 "빌립이 너를 부르기 전에 네가 무화과나무 아래에 있을 때에 보았노라." 그러자 나다나엘이 "랍비여 당신은 하나님의 아들이시오 당신은 이스라엘의 임금이로소이다"라고 대답했습니다(요1:43-51). 그리고 예수님을 따랐습니다. 물론, 그들은 예수님을 그리스도로 고백하기도 했으나, 예수님이 붙잡혀 갈 때, 사도 요한을 제외하고는 다 도망을 갔고, 심지어 베드로는 예수님을 세 번이나 부인하기도 했습니다.

그러나 그들은 예수님이 십자가에서 죽으신 후, 말씀대로 사흘 만에 부활하신 것을 친히 목격했고, 예수님이 약속하신 성령을 오순절에 받고서는 그들은 크게 변화되었습니다. 제자들이 성령을 받고 변화되기까지는 긴 시간이 흘렀습니다. 그래서 예수님을 만나고서도 성령 충만하게 되는 데까지는 시간이 걸릴 수도 있습니다. 또, 성도들 중에는 언제 자신이 거듭났는지를 말하기 힘든 경우도 있고, 또 어떤 경우는 자신의 거듭난 체험이 너무나 강렬하여 그 시간을 기억하는 사람도 있을 수 있습니다. 문제는 거듭난 성도라면, 정도의 차이는 있을지언정, 거듭난 성도의 특징을 보인다는 것입니다.

사도들과 120문도는 오순절 다 성령을 받고, 다 변화되었습니다. 물론 시간이 흐름에 따라 유대교의 반발과 이단사상이 교묘하게 교회에 침투하여 그것들과의 싸움도 벌여야 했습니다. 그리고 교회 안에 늘 좋은 일만 있는 것도 아니었습니다. 박해를 받아 순교하기도 했습니다.

그럼에도 사도들의 체험과 또 그들의 편지를 통해서 성도들의 영적인 상태를 알려주는 것들이 있습니다. 사도 베드로는 이렇게 말씀하고 있습니다.

예수를 너희가 보지 못하였으나 사랑하는도다 이제도 보지 못하나 믿고 말할 수 없는 영광스러운 즐거움으로 기뻐하니 믿음의 결국 곧 영혼의 구원을 받음이라
• 벧전1:8, 9

오직 마음에 숨은 사람을 온유하고 안정한 심령의 썩지 아니할 것으로 하라 이는 하나님 앞에 값진 것이니라 •벧전3:4

너희 마음에 그리스도를 주로 삼아 거룩하게 하고 너희 속에 있는 소망에 관한 이유를 묻는 자에게는 대답할 것을 항상 준비하되 온유와 두려움으로 하고 •벧전3:15

그의 신기한 능력으로 생명과 경건에 속한 모든 것을 우리에게 주셨으니 이는 자기의 영광과 덕으로써 우리를 부르신 이를 앎으로 말미암음이라 이로써 그 보배롭고 지극히 큰 약속을 우리에게 주사 이 약속으로 말미암아 너희가 정욕 때문에 세상에서 썩어질 것을 피하여 신성한 성품에 참여하는 자가 되게 하려 하셨느니라 •벧후1:3, 4

베드로가 편지를 쓴 성도들은 '예수님을 사랑하고, 예수님을 믿고 말할 수 없는 영광스러운 즐거움으로 기뻐하는' 성도들이었습니다. '마음에 그리스도를 주로 삼아 자신을 거룩하게 하는' 성도들이었습니다. 그들은 '그리스도를 앎(인격적으로 앎)으로 예수님으로부터 생명과 경건에 속한 것을 받은 사람들이며, 신성한 하나님의 성품에 참여하는 사람들'이었던 것입니다.

혹자는 이런 성도들은 성숙한 성도들을 가리키는 것이 아니냐고 생각할 수 있습니다. 물론, 4영리의 가르침으로 처음에는 거듭나지 않은 상태에서 신앙생활을 하다가 뒤에 거듭나는 체험을 하는 경우도 얼마든지 있을 수 있습니다. 그러나 거듭나지 않은 것은 거듭나지 않은 것이지, 믿음이 연약하거나 덜 성숙한 것과 반드시 구별되어야 합니다. 그렇지 않으면 연약하다는 이름으로 아예 거듭나지 않은 사람을,

거듭난 성도로 오해하게 하는 일이 일어날 수 있습니다. 이것은 그 당사자에게는 끔찍한 자기기만(自己欺瞞)을 심어주어 그를 지옥의 자녀로 버려두는 것과 같습니다. 그리고 교회를 위해서도 결코 바람직하지 않습니다. 교회가 참된 성도가 아닌 사람을 참된 성도로 인정함으로, 교회는 거룩함을 잃을 것이며, 위선자를 양산할 것이며, 이들은 교회로 하여금 세속화의 길을 걷게 되는데 일조를 하게 될 것입니다(그렇다고 가라지를 억지로 뽑으려고 해서는 안 될 것입니다. 그들 중에 뒤에 거듭나서 성도가 될 사람도 있을 것이며, 그들이 누군지는 아무도 모르기 때문입니다. 그러나 그들에게도 진리는 바르게 가르쳐야 할 것입니다).

사도 요한은 그의 서신에서 성도들을 자녀들(혹은 아이들), 청년들, 아비들로 구별하고 있는데, 그가 '자녀들'이라고 부른 성도들에게 이렇게 말씀하고 있습니다.

> 자녀들아 내가 너희에게 쓰는 것은 너희 죄가 그의 이름으로 사함을 받았음이요… 아이들아 내가 너희에게 쓴 것은 너희가 아버지를 알았음이요 •요일2:12-14

> 자녀들아 너희는 하나님께 속하였고 또 그들을 이기었나니 이는 너희 안에 계신 이가 세상에 있는 자보다 크심이라 •요일4:4

자녀들은 교회 안에 연약한 성도들입니다. 그러나 그들은 하나님 아버지를 인격적으로 알고 있는 성도들인 것입니다. 그리고 아무리 연약한 성도라고 할지라도 그 심령 안에 하나님의 영이 거하며, 하나님의 영은 세상에 있는 적그리스도의 영보다 크신 분이라고 말씀하고 있습니다.

그리고 또 사도는 하나님을 믿는 자는 자신 안에 증거가 있으며(요일5:10), 하나님이 영생을 주신 것과 이 생명이 그의 아들 안에 있는 그것이며, 이 아들이 있는 자에게는 생명이 있고, 하나님의 아들이 없는 자에게는 생명이 없다(요일5:11, 12)고 말씀하고 있는 것을 볼 수 있습니다. 사도 요한이 말씀하고 있는 성도들과 오늘날 4영리의 가르침을 받아 구원받았다고(?) 하는 성도들과 판이하게 다른 것을 알 수 있습니다.

사도 바울도 구원받은 성도들을 다음과 같이 말씀했습니다.

만일 너희 속에 하나님의 영이 거하시면 너희가 육신에 있지 아니하고 영에 있나니 누구든지 그리스도의 영이 없으면 그리스도의 사람이 아니라 •롬8:9

너희는 너희가 하나님의 성전인 것과 하나님의 성령이 너희 안에 계시는 것을 알지 못하느냐 •고전3:16

육에 속한 사람은 하나님의 성령의 일들을 받지 아니하나니 이는 그것들이 그에게는 어리석게 보임이요, 또 그는 그것들을 알 수도 없나니 그러한 일은 영적으로 분별되기 때문이라 •고전2:14

그가 또한 우리에게 인치시고 보증으로 우리 마음에 성령을 주셨느니라 •고후 1:22

그리고 자신의 믿음을 시험해 보라 말씀하셨습니다.

너희는 믿음 안에 있는가 너희 자신을 시험하고 너희 자신을 확증하라 예수 그리스도께서 너희 안에 계시는 줄을 너희가 스스로 알지 못하느냐 그렇지 않으면 너희는 버림받은 자니라 •고후13:5

그리스도를 믿는 자는, 그리스도의 영이 그 속(마음)에 있는 사람이며(롬8:9), 성도는 자신 안에 성령이 있어 자신이 하나님이 거하시는 성전이 된 것을 아는 사람이며(고전3:16), 그 마음에 성령의 인침을 받은 사람인(고후1:22) 것입니다. 그리고 마음에 성령이 있는지 스스로 알지 못하면 버림받은 자(고후13:5)라고 말씀하고 있는 것을 볼 수 있습니다. 그리고 육에 속한 사람은 하나님의 성령의 일들을 받지 아니한다(고전2:14)고 말씀하고 있습니다. 이게 신약 성경에서 사도들이 가르치는 성도의 모습입니다.

그러나 4영리는 '죄인의 기도, 영접 기도'로 성경이 그토록 강조하고 있는 '성령 하나님'을 대치하고 있습니다. 4영리가 인정하는 것처럼, '죄인의 기도, 영접 기도'로는 살아 계신 하나님을 만나지 못하는 것입니다. 그래서 4영리는 하나님을 만난 감격을 '감정'이라는 말로 폄하하며, 그런 감정은 중요하지 않다고 하면서 사실상 살아계신 하나님을 제거한 것입니다. 성경에 보면, 살아계신 하나님을 사랑하지 않고도 얼마든지 종교생활을 하는 사람들을 볼 수 있습니다. 그들은 바리새인들입니다. 그래서 4영리는 현대판 바리새인들을 만들어 내고서도, 구원받았으니 염려하지 말라고, 거짓 구원의 확신을 심어주고 있는 것과 같은 일을 행하고 있는 것입니다.

세계적인 신학자인 제임스 패커는 그의 유명한 저서 『하나님을 아는 지식』에서 이렇게 말합니다.

하나님을 아는 일은 인격적인 교제의 문제다…. 하나님을 안다는 건 그분에 관해 아는 데 그치지 않는다. 그분이 자신을 열어 보이고 이편을 교제의 대상으로 삼아주는 일이다…. 친구들끼리는 말과 행동을 통해 서로에게 마음을 연다…. 하나님을 안다는 건 지적이고 의지적일 뿐 아니라 감정적인 관계이기도 하다. 그게 아니라면 인격적인 존재들 사이에 깊은 관계가 형성될 수 없다…. 무슨 일이 있어도 이점을 바라보는 시선이 흔들려서는 안 된다.[13)

　죄인이 거룩하신 하나님을 영접하여, 그 하나님을 인격적으로 만나면, 하나님의 살아계심과 거룩하심에 큰 충격을 받으며, 그런 분이 나 같은 죄인을 사랑하신다는 놀라운 깨달음이 생기는 것입니다. 물론 잠잠하게 하나님을 만나는 체험을 할 수 있습니다. 그러나 정도의 차이는 있으나, 깨달음의 본질은 같습니다. 그래서 성도와 하나님과 사랑의 교제가 일어나는 것은 너무도 당연합니다. 왜냐하면, 구원이란 원수가 되었던 하나님과 인간 사이에 그리스도의 피로 인하여 가까워진 것이며, 하나님과의 인격적인 사랑의 교제가 구원이요, 영생이기 때문입니다(요17:3).

넷째, 4영리는 '참된 회개'를 가볍게 여기고 있다

　회개에 관한 책들이 많이 있습니다. 그중에 유명한 책이 죠셉 얼라인의 『천국에의 초대』라는 책입니다. 그 저서에 있는 '회개에 대한 오류'를 간단하게 소개합니다.[14)

---

13)　팀 켈러, 앞의 책, p.77에서 재인용.

14)　죠셉 얼라인, 이태웅 역, 『천국에의 초대』 (서울: 생명의 말씀사, 2002), pp.17-28, pp.45-63. 그의 책 『천국에의 초대』는 원제목은 '경고'입니다. '부름 혹은 경고'라는 제목으로도 간행되기도 했습니다. 그는

그런데 믿음을 이야기하다가 왜 회개를 말하는가 하고 생각하는 분들이 있을지 모르겠습니다. 회개 없이 믿음이 따로 존재하지 않습니다. 회개와 믿음은 동전의 양면과 같습니다. 예를 들어 부산을 떠나 서울로 가라고 했으면, 부산을 떠나는 것이 회개요, 서울로 가는 것이 믿음입니다. 죄를 떠나는 것이 회개요, 그리스도를 바라보며 따라가는 것이 믿음이라고 할 수 있습니다. 그러므로 회개 없는 믿음은 참된 믿음이 아닙니다. 그래서 참된 회개가 무엇인가를 알면, 참된 믿음을 바르게 이해하는데 큰 도움이 됩니다. 죠셉 얼라인은 참된 회개를 다음과 같이 말합니다.

첫째, 그리스도를 믿겠다고 고백하는 것이 곧 회개는 아니다.

둘째, 회개는 세례의 배지를 달음으로써 오는 것이 아니다.

셋째, 도덕적인 의를 지킨다고 회개한 것은 아니다.

넷째, 회개는 경건의 표준-기도, 금식, 예배에 참여함, 봉사 등을 외양으로 지키는 데 있지 않다.

다섯째, 회개는 교육이나 법률로서 잘못을 고치는 것이 아니다.

여섯째, 회개란 비추임을 얻는 것이나, 죄를 뉘우치는 것, 외적인 변화, 부분적인 개혁에 있지 않다.

오늘날 4영리에서 가르치고 있는 회개와 믿음은 죠셉 얼라인이 말하는 것과 다르다는 것을 금방 알 수 있습니다. 그의 견해는 '죄인이 고백'을 하면 그것을 회개한 것으로 여기고 그에게 구원받았다고 선포

청교도 목사로, 그의 이 책은 회개에 관한 고전입니다. 이 책은 수많은 전도인들로 하여금 그들의 견해를 바르게 잡아 주었으며, 조지 휘필드, 찰스 스펄전에게도 큰 영향을 미쳤으며, 성경을 제외하고 영어로 된 책 중에 이 책만큼 많이 배부된 책이 없다는 평가를 받고 있는 신학생과 성도의 필독서입니다.

하는 4영리와 전혀 다른 것입니다.

'그리스도를 믿겠다는 고백'을 하는 것이 참된 회개가 아니라는 죠셉 얼라인의 말은, '죄를 회개하고 내가 그리스도를 믿겠다'고 고백한다고 해서 그것이 곧 '참된 믿음'도 아니라는 뜻입니다. 이렇게 참된 회개에 이르지 못한 자들에게 그는 다음과 같이 경고하고 있습니다.

> 회개하고 돌아서라. 하나님의 의로 죄를 떨쳐버리라. 죄를 사함과 새롭게 하는 은혜를 그리스도께 받으라. 주님께 그대 자신을 '항복'하고 주님과 함께 '거룩한 생활'을 하라. 그렇지 않으면 결코 하나님의 나라에 들어가지 못하리라. 제발 그대들은 이 하나님의 경고를 들어라!

그도, 오스왈드 챔버스 목사처럼, '단순한 고백'이 아닌, 주님께 '항복하라'고 권면하고 있는 것을 볼 수 있습니다. 그리고 그는 참된 회개를 다음과 같이 소개합니다.

"회개는 죽음에서 부활하는 것이며"(엡2:1), "새 창조이며"(갈6:15, 엡2:10), "절대적으로 전능하신 분의 사역이다"(엡1:9)고 그는 말합니다. 그리고 그는 "회개는 초자연적인 하나님의 역사"라고 말합니다.

그는 '죄인의 고백'을 회개의 근거로 삼지 않습니다. 진정한 회개는 하나님의 초자연적인 역사입니다. 하나님의 초자연적인 역사로 인해 죄인은 회개하고 성령으로 '새로운 피조물로 거듭나는' 것입니다. 거듭남은 성령 하나님의 초자연적인 역사인 것입니다. 그러므로 성령으로 거듭나도록 이르게 하는 회개만이, 하나님이 인정하신 진정한 회개인 것입니다. 엄밀히 말해서 성령으로 거듭난 성도만이 참된 회개를 할 수 있는 것입니다.

청교도 지도자이며, 웨스트민스터 소요리문답을 작성하며 많은 저서를 남긴 토마스 왓슨도 그의 저서 『회개』에서 참된 복음적인 회개를 이렇게 말합니다.[15)]

회개는 하나님의 성령의 은혜로 인한 회개인데 회개로 인하여 죄인이 내면적으로 겸손해지고 가시적으로 개혁되는 것이다. 한층 더 상술한다면 회개란 다음의 6가지 특수 성분으로 구성된 영적인 내복약으로 알면 된다.

그리고 그는 "그 6가지는 '죄의 발견, 죄의 슬픔, 죄의 고백, 죄의 부끄러움, 죄를 미워함, 죄에서 돌이킴'인데, 이 중에 하나라도 빠지면 회개는 효력을 잃게 된다"고 말합니다.

그러면 이런 의문이 듭니다. 조셉 얼라인의 말처럼 사람이 참된 회개를 할 수 없고, 또 토마스 왓슨의 말처럼 회개가 하나님의 성령의 은혜인데, 그러면 하나님이 회개시켜 줄 때까지 기다려야 하는 것이 아닌가? 믿음도 하나님이 주시는 선물이라면 우리가 믿어도 아무 소용이 없지 않는가?

앞에서도 잠시 언급했습니다만, 우리 편에서도 믿어야 합니다. 그러나 주님이 믿음을 주시지 않으면 참된 믿음이 생기지 않습니다. 우리

---

15) 토마스 왓슨, 이기양역, 『회개』 (서울: 기독교문서선교회, 2001), p.17.

는 회개해야 합니다. 그러나 성령의 역사가 아니면, 우리는 하나님이 원하시는 참된 회개에 이를 수 없는 것입니다. 이것은 이상한 것 같지만 사실입니다. 왜냐하면, 구원은 죄인인 인간과 거룩하신 하나님과의 두 인격 사이에서 일어나는 일이기 때문입니다.

그래서 인간 쪽의 일방적인 고백, 믿음, 회개가 필요는 하지만, 하나님이 그것을 인정하는 데까지 '반드시' 이르러야 하는 것입니다. 하나님이 친히 그 고백과 믿음과 회개를 받아들이시고 그를 거듭나게 인증이 있을 때(사실, 하나님이 받아들이실 때, 참된 회개, 참된 믿음이 생기고 구원에 대한 참된 감격이 생기는 것입니다)에만 그는 자신이 구원받았음을 아는 것입니다. 그때는 그 사람의 구원을 확증할 다른 필요도 없습니다. 왜냐하면, 하나님이 친히 확증해 주시기 때문입니다. 이렇듯 구원과 믿음과 회개는 죄인과 거룩하신 하나님 사이의 두 인격 간에서 일어나는 일입니다.

그러므로 내가 믿겠다고 진지하게 고백하고, 진지하게 결단했다고, 성령으로 거듭나는 그리스도인이 되는 것이 아닙니다. 죠셉 얼라인이나 토마스 왓슨이 말하고 있는 회개는 오늘날 4영리를 통해 구원을 확증하는 것과 얼마나 다른 것입니까? 4영리는 하나님의 회개의 역사가 없어도 상관없다고 하나님을 무시하는 '가짜 회개, 가짜 믿음, 가짜 구원'을 은근히 조장하고 있는 것입니다.

앞에서 살펴본 오스왈드 챔버스 목사나 죠셉 얼라인의 말대로 '결단'이 아니라, 주님께 '항복'해야 합니다. 그래서 주님을 인격적으로 만나고, 하나님이 인정하시는 회개에까지 이르러야 합니다.

4영리는 사실상 예수님의 "때가 찼고 하나님의 나라가 가까이 왔으니 회개하고 복음을 믿어라(막1:15)"는 회개의 요청을 가볍게 여기고 있는 것입니다. '죄인의 진지한 기도'가 예수님이 요구하는 회개는 아닙니다. 물론 4영리를 따라 하는 분들 중에는 주님이 인정하는 회개를 하는 분이 있을 수도 있습니다. 그때도 그 인정은 오직 예수님만이 하시는 것입니다. 예수님이 인정하는 회개를 한 사람은 예수님이 그를 인정하시고 그를 거듭나게 하사 반드시 성령으로 인(印)을 쳐 주실 것입니다.

4영리는 이렇듯 성경에서 말씀하고 있는 회개를 '죄인의 기도'로 가볍게 취급하고 하나님의 회개시키는 사역을 전적으로 무시하는 오류를 범하고 있는 것입니다.

🕊 다섯째, 4영리의 근거가 되는 성경 구절과 그에 대한 반론

그런데 4영리를 주장하는 사람들은, 사도 바울의 롬10:9, 10절을 인용하여 그들의 논지를 정당화합니다.

네가 만일 네 입으로 예수를 주로 시인하며 또 하나님께서 그를 죽은 자 가운데서 살리신 것을 네 마음에 믿으면 구원을 받으리라 사람이 마음으로 믿어 의에 이르고 입으로 시인하여 구원에 이르느니라 •롬10:9, 10

누구든지 주의 이름을 부르는 자는 구원을 받으리라 •롬10:13

성령으로 아니하고는 누구든지 예수를 주시라 할 수 없느니라 •고전12:3

마음으로 진지하게 믿는다고 결단하고 입으로 주(主)라고 시인했으니, 성령으로 아니하고는 '주'라고 할 수 없으니, 곧 '주'라는 고백은 성령의 역사이니 그런 고백을 하는 사람은 구원을 받았다는 것입니다. 그리고 요일 4:15절에도 그 근거가 되는 구절로 제시됩니다.

> 누구든지 예수를 하나님의 아들이라 시인하면 하나님이 그의 안에 거하시고 그도 하나님 안에 거하느라 •요일4:15

그리고 죽기 전에 고백함으로, 예수님으로부터 낙원을 허락받았던 십자가 우편의 강도를 그 증거로 제시하기도 합니다.

십자가 우편의 강도의 예

먼저 십자가 우편의 강도의 예를 살펴보겠습니다. 십자가 우편의 예수님을 주로 고백하고 회개한 강도가 구원을 받지 않았느냐? 그리고 예수님은 거듭나야 천국에 들어간다고 하셨는데, 그 강도가 고백한 것은 그가 거듭난 증거가 아닌가? 그래서 예수님은 그의 고백을 받아들여 그에게 낙원을 허락하지 않았느냐고 생각할 수 있습니다.

사실 강도의 회심을 보여주는 성경의 본문에는, 그 강도가 성령으로 거듭났는지 어떠했는지는 나와 있지 않습니다. 그러나 한 가지는 분명합니다. 그가 회개했을 때, 그 회개를 예수님이 '인정'을 하셨다는 것입니다. 우편 강도의 회개는 진실한 회개였다는 것이 분명합니다. 그것은 예수님의 인정이 그것을 강력하게 증거하는 것입니다. 최고의 증거는 직접적으로 예수님이 인정하는 것입니다. 천국도 예수님이 인정해야 들어가는 것입니다.

처음에는 이 강도도 다른 강도와 같이 예수님을 욕하고 비웃었습니다. 그러다가 예수님이 십자가에 달려 있으면서도 자기를 죽이는 자들을 대응하시는 모습, 즉 그들을 원망하거나 저주하지 않으시고, 그들의 죄의 용서를 비는 기도 등(눅23:34)을 하시는 것을 보고 그의 마음이 변화를 받았다고 할 수 있을 것입니다.

또한, 그는 자신의 죽음이 마땅하다는 것을 인정했고 예수님이 하신 일은 옳은 일이었다는 것을 인정하는 변화가 있었습니다(눅23:41). 그리고 그는 "당신의 나라가 임하실 때 나를 기억하소서"라고 예수님께 부탁했습니다. 당시 십자가에 달린 예수님은 모든 사람에게 실패자처럼 보일 때입니다. 예수님을 따르던 제자들도 예수님이 붙잡혀 가는 것을 보고 사도 요한을 제외하곤 다 도망간 때였습니다. 따르는 군중들도 예수님을 야유하고 못 박아 죽이기를 원했던 때였습니다. 바로 그런 상황에서 우편 강도는 십자가에 달린 예수님을 왕으로 고백한 것입니다. "당신의 나라가 임하실 때에"라는 그의 고백은, 예수님은 이 세상이 아닌 하나님의 나라의 왕이라는 고백입니다. 그 참혹한 죽음의 자리, 모두가 예수님을 외면하던 그 자리에서 예수님을 하나님의 나라의 왕으로 고백한 사람은 십자가 우편 강도뿐이었습니다. 그리고 그는 자신을 기억해 달라고 자신을 예수님에게 의탁했던 것입니다.

비록 짧은 순간이었지만, 이 강도에게는 자신의 죄에 대한 회개와 예수님에 대한 믿음이 있었던 것입니다. 그는 회심한 것입니다. 그리고 진정한 회심은 언제나 성령의 역사와 함께 하는 것입니다. 그리고 성령의 역사로 인한 참된 회심은 언제나 예수님이 인정하시는 것입니다. 예수님이 인정하셨다는 것이 곧 그의 회심이 성령의 역사임을 보여주는 것입니다.[16] 그래서 누구나 이런 회심의 가능성이 있기에, 우리는 죽음을 앞 둔 불신자일지라도 포기하지 않고, 복음을 전해야 하는 것입니다.

중요한 것은 예수님의 인정입니다. 굳이 이 글에서 성령으로 거듭나지 않으면 천국에 못 들어간다고 강조하는 것은 예수님의 말씀 때문입니다. 그러므로 성령으로 거듭난 성도는 '예수님이 그를 친히 성령으로 인(印)을 쳐서 인정한 것'이라고 할 수 있습니다.

그리고 우리가 주의 이름을 부르고 또 아무리 교회에서 많은 봉사를 하고 심지어 예수님의 이름으로 많은 이적을 베풀었다고 해도 예수님께서는 인정하지 않는 사람이 있다고 분명히 말씀하셨습니다.

> 나더러 주여 주여 하는 자마다 다 천국에 들어갈 것이 아니요. 다만 하늘에 계신 내 아버지의 뜻대로 행하는 자라야 들어가리라 그날에 많은 사람이 나더러 이르되 주여! 주여! 우리가 주의 이름으로 선지자 노릇하며 주의 이름으로 귀신을 쫓아내며 주의 이름으로 많은 권능을 행하지 아니하였나이까 하리니 그때에 내가 그들에게 밝히 말하되 내가 너희를 도무지 알지 못하니 불법을 행하는 자들아 내게서 떠나가라 하리라 •마7:21-23

이 말씀은 예수님의 말씀 중에서도 가장 두려운 말씀 중의 하나입니다. 사실 이런 말씀이 없다면, 이런 논의는 할 필요도 없을 것입니다. 그러나 예수님은 자신을 '주여, 주여!' 하고 부른다고 다 천국에 들어가지 못하며, 심지어 예수님의 이름으로 선지자 노릇을 하고 예

---

16) 박순용. 『거듭남과 십자가』 (서울: 생명의말씀사, 2015), pp.169-178.

수님의 이름으로 귀신을 쫓아내고 예수님의 이름으로 많은 권능을 행했을지라도 예수님이 인정하지 않는 사람이 있다는 것을 분명히 말씀하셨습니다. 그러면서 "내가 너희를 도무지 알지 못한다. 불법을 행하는 자들아 내게서 떠나가라"고 말씀하셨습니다.

그리고 이 말씀 속에는 그들이 예수님으로부터 인정을 받지 못한 것이 두 가지가 나와 있는데 그것은 예수님이 그들을 도무지 모른다는 것과 그들이 예수님의 뜻과는 다른 불법을 행한다는 것입니다. 그래서 우리는 다음과 같이 자신에게 물어보아야 할 것입니다.

(내가 예수님을 알고 있다고 생각하는 것이 아니라)
"예수님은 나를 친밀하게 아시는가?"

"나는 예수님의 뜻대로 행하고 있는가?"
(나는 주님의 뜻과는 상관없이 내 뜻대로 행함으로 불법을 행하지는 않는가?)

이 두 가지 문제에 대한 대답 역시 성령으로 거듭남입니다. 왜냐하면, '성령으로 거듭난 성도' 즉, 하늘로부터 근본적으로 새롭게 다시 태어난 성도는 성령(聖靈: 하나님의 영, 예수님의 영)으로 다시 태어났으니, 하나님께서 직접 자신이 성령으로 태어나게 한 자녀를 알지 못한다는 일이 있을 수 없기 때문입니다.

여인이 어찌 그 젖 먹는 자식을 잊겠으며 자기 태에서 태어난 아들을 긍휼히 여기지 않겠느냐 그들은 혹시 잊을지라도 나는 너를 잊지 아니할 것이라 내가 너를 내 손바닥에 새겼고 ·사49:15-16

하나님께서는 구약의 배역한 이스라엘에게도 위와 같은 말씀을 하셨습니다. 더구나 새 언약의 성취로[17] 예수님의 피에 죄를 씻고, 하나님께서 성령으로 거듭나게 하신 하나님의 자녀를 하나님이 모른다고 하실 수가 없는 것입니다. 그리고 하나님의 자녀가 예수님의 이름을 사용하여 기적을 행하는 것과 같은 행위는, 성령으로 거듭난 자녀의 합법적인 신분에서 행하는 것이기에 하나님께서 불법이라고 말씀하지 않을 것입니다(물론 하나님의 자녀라고 아무렇게나 행동하고, 죄를 지어도 좋다는 말은 아니며, 순종하지 않고 마음대로 해도 된다는 뜻은 결코 아닙니다).

그러므로 성령으로 거듭난 것이 곧 하나님의 직접적인 인증인 것입니다. 사람의 인증이 아니라, 주님이 직접 그의 믿음을 인증하는 것만 유효한 것입니다. 그러나 4영리는 하나님의 인증인 '성령의 인침'은 무시합니다.

그가 또한 우리에게 인치시고 보증으로 우리 마음에 성령을 주셨느니라 •고후 1:22

4영리는 '하나님의 성령의 인침'을, '사람의 고백만으로 충분하다'고 하면서 하나님의 인침으로 대치하고 있는 것입니다. 그런데 거듭남의 강도(強度)에 대하여는 단순하게 '모든 성도가 같은 정도로 체험'을 한다고 말할 수는 없습니다. 잔잔한 이슬 같은 은혜를 체험하는 성도도 있고 폭우 같이 쏟아지는 은혜를 체험하는 성도도 있습니다. 그리고

---

17) 성경을 구약과 신약으로 나누는데, 구약은 옛 언약, 신약은 새 언약이라는 뜻입니다. 구약 성경안에는 많은 언약(노아와의 무지개 언약, 아브라함과의 횃불언약 등)이 있습니다만. 그중에 대표적인 것이 출애굽후 시내산에서 맺은 시내산 언약입니다. 새 언약은 구약 성경의 렘31장과 겔11:19-20과 겔36:25-31에 잘 나와 있습니다. 이 새 언약은 예수님의 십자가 사역과 부활과 승천. 그리고 오순절의 성령강림으로 성취가 되었습니다. 그래서 신약시대의 성도는 새 마음(곧 성령)을 받아 성령으로 거듭나 하나님의 자녀가 된 것입니다.

은혜가 희미해지는 때도 있고, 또 자신은 원하지 않았는데도, 은혜가 강력하게 임하는 경우도 있습니다. 그래서 누군가의 구원 받았음을 다른 사람이 말해주는 것은 쉽지 않습니다. 그러므로 구원받는 날짜를 알 수 있으니, 날짜를 제시해 보라는 것과 같은 접근은 매우 위험합니다. 물론 자신이 거듭난 날을 알 수도 있습니다. 그러나 모를 수도 있습니다.

그러나 한 가지는 분명합니다. 그것은 전에는 하나님을 모르는 사람이었다가, 이제는 하나님을 인격적으로 아는 '하나님과의 친밀함과 자신이 죄인'이라는 각성이 있다는 것입니다(죄에 대한 각성의 문제는 뒤에 다루었습니다). 어쨌든 참된 성도에게는 하나님이 친히 인정(認定)하시는 '성령의 인(印)치심'이 있는 것입니다.

구원의 문제는 참으로 중요합니다. 한 영혼이 천국이냐, 지옥이냐를 결정하는 중차대한 것입니다. 그런데 이런 중요한 구원을 결정하는 문제가 4영리와 같은 '죄인의 기도를 드리고 진지한 결단을 했다'는 이유로 그 사람의 구원을 확증해 주는 것은 매우 위험한 것입니다. 사실 미국과 우리나라 일부 교회에서 참으로 중요한 구원의 문제가 매우 가볍게 다루어지고 있습니다(그래서 '값싼 복음'이라고도 합니다). 폴 워셔 목사님은 다음과 같이 그 이유를 말합니다.

특히 21세기의 설교와 복음전도가 복음의 내용, 복음의 부름, 구원의 확신을 얻는 수단을 철저하게 변질시켜 왔다는 것을 생각하면 문제가 심각하다는 것이 훨씬 분명하게 드러난다. 오늘날에는 그 진정한 의미와 능력은 설명하지도 않고 모두 빼버린 채 간단하고 편리한 진술문 형태로 복음을 제시하는 설교자가 매우 흔하다. '회개와 믿음을 요구하는 복음의 부름'은 '죄인의 기도'를 드려 그리스도를 영접하라는 요청으로 대체되었다…. 누군가가 어느 정도 진지한 마음으로 예수님을 영접하겠다고 기도하기만 하면, 목회자들은 곧바로 구원의 온전한 축복을 선언하고 구원의 확신을 심어준다.[18]

그는 이런 풍조가 들어오게 된 이유 중의 하나로 교회에서 진지하고 경건한 태도로 성경의 진리를 연구하지 않기 때문이라고 합니다. 그래서 그는 교회 안에는 거짓 구원의 확신을 가지고 있는 '육적인 그리스도인(?)'으로 넘쳐 난다고 말합니다. 성령으로 거듭난 성도가 육적인 그리스도인이 될 수 있는가는 논쟁의 여지가 있습니다. 오늘날 교회 중에는 성령으로 거듭나지 않고 그저 4영리를 따라 예수님을 주로 영접하였다고 해서 구원받았다고 거짓 확신을 심어주어 마음이 성령의 인침도 없고, 변화되지 않은 사람들을 두고 그리스도인이긴 한데 아직 부족하다는 점에서 육적인 그리스도인이라고 부르고 있다고 폴 워셔는 주장합니다. 저도 이 견해에 동의합니다.

물론 성령으로 거듭났다고 하루아침에 성인(聖人)이 되는 것은 아니며 육적인 요소가 나타날 수도 있으며 사도 바울도 그런 성도를 '너희는 아직도 육신에 속한 자로다(고전3:3)'라고 질책하고 있는 것을 볼 수 있습니다. 그렇다고 그들이 성도가 아니라는 말은 아닙니다. 성도는 성화의 과정을 거치는 중에 육적인 요소가 나타나는 연약함도 있는 것입니다.

---

18) 폴 워셔, 조계광 역, 『확신』 (서울: 생명의말씀사, 2014), pp.14-15.

그런데 폴 워셔 목사가 말하는 '육적인 그리스도인'이란 거듭난 성도이긴 하나 연약한 성도를 말하는 것이 아니라, '아예 거듭남이 없는 교인'을 말합니다.

거듭남이 없으면 성화도 없습니다. 그래서 진정으로 거듭나지 않은 교인들에게는 천국으로 가는 길에는 반드시 성령으로 거듭남이 필요하다는 것을 알려주고 회개와 믿음으로 다시 시작해야 한다고 격려해야 합니다. 이미 살펴보았듯이 4영리는 예수님이 말씀하신 회개와 믿음, 그리고 거듭남을 제거한 매우 위험한 논리를 가지고 있는 것입니다(근래 우리나라에서 일부 목사님들이 '다시 복음으로'라는 슬로건을 내세우는데 참으로 바람직한 일이라 생각됩니다. 그런데 이렇게 복음이 왜곡되고 있을 때에는 '다시 거듭남으로'라는 슬로건을 내세워야 한다고 생각합니다).

어쨌든 성령으로 거듭나지 않은 사람들의 고백은 의미가 없습니다. 그러므로 4영리의 '죄인의 고백'은 의미가 없습니다. 반드시 성령으로 거듭난 성도의 고백만이 유효한 것입니다. 이미 말씀드렸듯이 4영리를 통한 고백 중에 성령으로 거듭나는 일이 있을 수 있습니다. 그것조차 부정하는 것은 아닙니다. 그리고 이 글은 예수님이 말씀하신 성령의 역사가 없어도 상관없다는 4영리의 문제점을 지적하고 있는 것이지, 4영리를 통해서는 성령께서 전혀 역사하지 않는다는 뜻은 아닙니다. 이 글은 어떤 다른 방법을 통해서건, 구원의 핵심은 성령으로 거듭나야 한다는 것, 즉 구원을 인간이 결정하는 것이 아니라, 성령의 주권적인 역사라는 것을 강조하는 것입니다. 우리가 예수님을 사모하고 영접해야 하지만, 궁극적으로 예수님이 우리의 회개와 믿음을 인정하시고, 우리와의 연합을 허락하실 때만, 우리는 구원을 받는 것입니다.

> 너희가 나를 택한 것이 아니요 내가 너희를 택하여 세웠나니 •요15:16

> 너희는 그 은혜에 의하여 믿음으로 말미암아 구원을 받았으니 이것은 너희에게 난 것이 아니요, 하나님의 선물이라 •엡2:8

그러나 4영리는 '하나님의 구원'을 '사람의 결단'으로 바꾼, 매우 위험한 '이신론 사상'을 조장하고 있는 것입니다.

성령으로 거듭난 성도의 고백만이 유효하다

성령으로 거듭난 성도는 반드시 예수님을 '주님'이라고 고백하게 됩니다. 그런데 오늘날 교회 안에는 성령으로 거듭났는가 하는 것은 상관하지 않고 예수님을 '주(主)'라고 고백하면 구원을 받은 것으로 생각하는 사람들이 있습니다. 물론 4영리와 같은 것들의 영향 때문입니다. 지적인 동의를 구원받은 것으로 오해하는 것은 '믿음주의 이단'이라고 이미 앞에서 '샌디먼이즘'의 예에서 살펴보았습니다.

십자가 우편 강도는 앞서 살펴보았으니 이제 여기서는 로마서 10장의 말씀과 고린도전서 12:3의 말씀을 살펴볼까 합니다.

> 네가 만일 네 입으로 예수를 주로 시인하며 또 하나님께서 그를 죽은 자 가운데서 살리신 것을 네 마음에 믿으면 구원을 받으리라 사람이 마음으로 믿어 의에 이르고 입으로 시인하여 구원에 이르느니라 •롬10:9, 10

> 성령으로 아니하고는 누구든지 예수를 주시라 할 수 없느니라 •고전12:3

어떤 사람들은 로마서 말씀에서 "마음으로 믿어"라는 말씀을 가볍게 여기고, 또 사람의 마음의 변화는 살피지 않고, 입으로 '주(主)'라고 시인했기에 마음으로 믿은 것이니 그는 구원을 받은 것이라고 주장합니다. 그것을 뒷받침하는 말씀이 고린도전서 12:3의 말씀이라는 것입니다. 예수님을 '주'라고 부른 것은 성령님의 역사이니 예수님을 주라고 부른 것 자체가 그가 구원받은 증거라는 것입니다. 물론 성령으로 거듭난 성도는 당연히 예수님을 '주님'이라고 부릅니다. 그러나 오늘날 거듭난 증거가 없는데도 예수님을 '주'라고 부른다고 구원받았다고 그의 구원을 확증하며 선포하는 행위는 매우 조심해야 합니다. 왜냐하면, 이들의 주장은 크게 두 가지 오류를 범하고 있기 때문입니다.

첫째 오류는 성경 전체를 고려하지 않고 한 줄의 말씀을 가지고 성경 전체에서 다르게 말씀하고 있는 것을 제외시키는 오류입니다. 흔히 말하는 '일반화의 오류'를 범하고 있는 것입니다. 입술의 고백이 마음의 변화를 보여주는 것이므로, 그가 성령으로 거듭나는 그런 모습들이 보이지 않아도 그가 고백을 했으니 그런 것과 상관없이 구원받았다는 주장은 매우 위험한 것입니다. 이것은 반드시 성령으로 거듭나야 하나님의 나라에 들어간다는 예수님의 말씀과 같은 말씀은 무시하고 있는 것입니다. 그리고 더욱이 예수님께서 마태복음 7장에서 하신 말씀과 정면으로 배치되며, 마태복음 25장의 열 처녀와의 비유와도 배치됩니다.

나더러 주여 주여 하는 자마다 다 천국에 들어갈 것이 아니요. 다만 하늘에 계신 내 아버지의 뜻대로 행하는 자라야 들어가리라… 그 날에 많은 사람이… 내게서 떠나가라 하리라 •마7:21-23

예수님은 "나더러 주여! 주여!" 한다고 '고백'해도 천국에 못 들어가는 사람들이 "많다"고 말씀하시는데, 그러면 사도 바울은 예수님의 말씀을 무시하고 있는 것일까요? 사도 바울은 성령으로 거듭난 참된 성도는, 예수님을 주로 고백하는 것이 당연하다고 말씀하신 것이 아닐까요?

성경에 보면, 하나님께서는 항상 마음의 진정성, 마음 중심을 중요하게 생각하시는 것을 알 수 있습니다.

> 여호와께서 사무엘에게 이르시되 그의 용모와 키를 보지 말라 내가 이미 그를 버렸노라 내가 보는 것은 사람과 같지 아니하니 사람은 외모를 보거니와 나 여호와는 중심을 보느니라 하시더라 • 삼상16:7

> 주께서 이르시되 이 백성이 입으로는 나를 가까이하며 입술로는 나를 공경하나 그들의 마음은 내게서 멀리 떠났나니 그들이 나를 경외함은 사람의 계명으로 가르침을 받았을 뿐이라 • 사29:13

예수님께서도 마태복음 15장에서 이사야 29:13의 말씀을 인용하시면서, 바리새인들과 서기관들의 전통을 지키지 않는 것—떡을 먹을 때 손을 씻지 않는 일—이 사람을 더럽게 하는 것이 아니라고 말씀하시면서, 마음의 죄악 됨에 대하여 지적하셨습니다.

> 입에서 나오는 것들은 마음에서 나오나니 이것이야말로 사람을 더럽게 하느니라 마음에서 나오는 것은 악한 생각과 살인과 간음과 음란과 도둑질과 거짓 증언과 비방이니 이런 것들이 사람을 더럽게 하는 것이요 씻지 않은 손으로 먹는 것은 사람을 더럽게 하지 못하느니라 • 마15:18-20

예수님은 새 언약을 성취하러 오신 분이십니다. 예수님의 십자가의 피로 성도는 자신의 죄를 씻고, 그래서 자신의 타락하고 부패하고 더러운 마음이 할례를 받아, '새 마음—곧 하나님의 영, 성령'—을 받는 것입니다. 이게 거듭남이요, 예수님이 말씀하신 대로 예수님을 구주로 믿을 때, 성도에게 일어나는 일입니다.

그래서 성령을 받아 마음의 변화된 성도가 예수님을 '주님'이라고 부르는 고백은 너무도 당연합니다. 사도 바울이 말씀하고 있는 고백은 이런 성령으로 거듭난 진실한 성도의 고백을 말씀하고 있는 것입니다.

그러나 그저 형식적으로 따라 하는 마음에 없는 거짓 고백과 성령으로 거듭나지 않고도 얼마든지 예수님을 '주님'이라고 부르는 고백이 있을 수 있는 것입니다.[19] 그렇지 않으면, 예수님께서 일관성 없는 그런 말씀을 할 리가 없는 것입니다.

그리고 마태복음 25장의 열 처녀 비유에서 지혜로운 다섯 처녀는 신랑이 올 때, 불을 밝힐 기름을 준비했습니다. 기름은 성령의 상징입니다. 그러나 기름을 준비하지 못한 다섯 처녀는 혼인 잔치에 들어가지 못하고 밖에서 "주여, 주여!" 하고 주님의 이름을 간절히 불렀으나, 그들은 "내가 너희를 알지 못하느니라"라는 주님의 무서운 대답을 들었을 뿐입니다. 성령으로 거듭난 성도는 당연히 예수님을 '주님!'이라고 부릅니다. 그러나 항상 가짜가 있을 수 있으며, 또 천국에 합당

---

19) 실제로 오늘날 많은 사람들이 교회에 와서 영접기도를 하고, 예수님을 주라고 부릅니다. 그러나 그런 사람들 중에 교회에 정착하는 성도는 얼마 안 됩니다. 폴 워셔 목사님에 의하면 평생을 깡패로 살다가 죽은 사람을 교회에서 장례를 치렀는데, 그 장례를 집례하는 목사가 그 죽은 사람이 어릴 때 영접기도를 하는 것을 자신이 보았다고 하면서 그의 영혼은 천국에 갔을 것이라고 선포하는 일이 있었다고 합니다. 단 한 번 '주'라고 입술로 고백했다고, 일생을 사악한 삶을 산 사람을 구원받았다고 선포했다는 것입니다. 이 정도까지는 아니더라도 교회에 거듭남의 증거가 없는데도 고백했다는 이유로 구원받았다고 선포하며, 구원에 대하여는 더 이상 걱정하지 말라고 거짓 위로하는 일부 사역자들이 있습니다. 그것은 영혼을 사랑하는 것이 아니라, 그 영혼을 지옥으로 인도하는 무서운 죄를 범하고 있는 것입니다.

하게 준비되지 못한 사람들이 얼마든지 있을 수 있다는 예수님의 경고를 무시해서는 안 될 것입니다.

둘째 오류는 로마서가 쓰이던 시대 상황을 고려하지 않는 오류입니다. 로마서 10장의 고백은, 그 당시 시대 상황을 고려해서 해석을 해야 합니다. 당시 로마는 우리나라처럼 신앙의 자유가 보장되어 있었던 나라가 아닙니다. 로마에서는 그 당시 '주'는 오직 '로마 황제뿐'이었습니다. 로마의 트라야누스 황제 시대(98-117)에 비티니아 총독이었던 플리니우스는 그리스도인이라는 이유로 잡혀 온 사람들을 심문해 증거를 잡아 형을 부과하기도 하고, 무혐의로 석방하는 일을 다음과 같이 자세하게 묘사했습니다.

> 내게 몇몇 사람을 고소하는 익명의 제보가 들어왔습니다. 그들은 심문을 당하자 전에나 지금이나 그리스도인인 적이 없었노라고 대답했습니다. 그들은 나를 따라 신들의 이름을 불렀고, 폐하의 조각상 앞에서 포도주와 향으로 숭배의식을 치렀을 뿐 아니라, 심지어는 그리스도라는 이름을 욕하기까지 했습니다…. 그래서 그들을 무혐의 처리하는 것이 온당하다고 생각했습니다.[20]

이 장면은 만약 믿는 성도가 붙잡혀 왔다면, 정반대의 행동을 보여주었음을 강력하게 시사하는 것입니다. 만약 어떤 사람이 붙잡혀 와서 위의 글에서 보듯이 불신자들이 행하는 대로 행하지 않는다면, 그는 유배를 당하거나 처형됩니다. 당시는 예수님을 '주'라고 시인하는

---

20) 폴 워셔, 조계광 역, 『회심』 (서울: 생명의 말씀사, 2013) pp.68-69에서 재인용.

고백으로 곧 그의 운명이 결정되는 시대였습니다.

그리고 로마서 10:9의 '시인한다'는 이 말은 '호몰로게오'라는 단어로 법정적인 용어입니다. 즉, 법정적인 서약을 말하는 것입니다. 법정에서 재판장 앞에서 공개적으로 서약하는 것과 같은 고백을 말하는 것입니다. 그러니까 로마의 법정에서 공개적으로 예수님을 '주님'이라고 시인하는 것을 말합니다.

그러므로 당시의 시대 상황을 고려하면, 예수님을 '주'로 고백하는 것은, 사회적으로 소외-왕따-되는 길이며 심지어 목숨을 잃을 수도 있는 위험을 각오한 고백임을 알 수 있습니다. 마치 오늘날 극단적인 이슬람이나, 북한에서 예수님을 '주님'이라고 공개적으로 고백하면 강제 수용소나 사형에 처하는 위험을 무릅써야 하는 것과 같은 것입니다. 이런 시대적인 상황에서의 성도의 공개적인 고백을 로마서는 말씀하고 있는 것입니다.[21]

오늘날 한국 교회에 이런 '가벼운 고백'을 구원받은 증거로 삼는 것은, 우리나라 교회 성도들의 믿음의 천박함을 그대로 보여주고 있다고 할 것입니다. 일찍이 구세군의 창시자 윌리엄 부스가 경고한 그대

---

[21] 오늘날 복음 전도에서, 구도자로 하여금 죄인임을 인정하게 하고, 또 스스로의 힘으로는 구원을 받을 수 없음을 인정하고 그가 그리스도를 믿겠다고 결심하고, 죄인의 기도를 드리고, 신자들이 모인 자리에서 그리스도를 주로 고백하면 '마음으로 믿어 입으로 시인한다'는 말씀을 충족시킨 것으로 보고 그가 구원받았다고 선포합니다. 그리고 나중에 의심이 들면, 죄인의 기도를 통해 그리스도를 구주로 영접하던 순간을 기억하라고 말해줍니다. 물론 이런 전도에도 약간의 진리는 포함되어 있으나, 이런 복음 전도는 비성경적인 것이라고 폴 워셔 목사는, 다음의 5가지로 반박합니다. 첫째, 성경에는 (사도시대나 초대교회에서) 이런 식으로 죄인을 그리스도에게로 인도한 적이 없다는 것 둘째, 역사적으로 교회 안에서 이런 방법이 사용된 적이 없으며 셋째, 복음을 간단한 교리적인 진술로 바꿀 위험이 있으며 넷째, 회개와 믿음에 초점을 맞춘 성경적인 복음초청이 죄인의 기도로 대치되었다는 것과 다섯째, 죄인의 기도가 우선적인 것이 되었고, 구원의 근거로 자리를 잡았다는 것 그리고 그 결과 하나님의 사역이 이루어지고 있다는 증거가 전혀 없는데도 죄인의 기도를 드렸다는 것만으로 구원을 확신하는 어처구니없는 사태가 벌어졌다고 합니다. 폴 워셔, 앞의 책 pp.59-60.

로입니다. 1912년에 사망한 윌리엄 부스는, 앞으로 다가올 세기의 교회의 위험을 다음과 같이 경고했습니다.

성령 없는 신앙
그리스도 없는 기독교
회개 없는 죄사함
거듭남 없는 구원
지옥 없는 천국

윌리엄 부스의 예언대로 오늘날 4영리와 같은 '성령 없는 신앙(믿음)', '회개 없는 죄사함', '거듭남이 없는 구원'이 선포되고 있는 것입니다. 그래서 '그리스도가 없는 기독교'가 되었습니다. 이렇게 4영리는 '죄인의 고백과 결단'은 있으나, 그 심령에 '성령의 인침'이 없습니다. 말만 있고 능력은 부인하고 있는 것입니다. 이것은 예수님과 사도들이 가르치고 있는 구원이 아닙니다. 그러므로 예수님의 말씀대로 반드시 성령으로 거듭나서, 사회적 박해나 심지어 죽음도 각오하면서 예수님을 '나의 주'라는 그런 성도의 고백만이 예수님이 인정하시는 참된 고백인 것입니다.

17세기 독일의 신비적인 종교 시인인 앙겔루스 실레시우스의 '네 자신의 마음 안에'라는 시를 소개합니다. 성도가 반드시 성령으로 인한 거듭남과 그리고 거듭난 성도가 자기 십자가를 지고 그리스도를 따라가야 할 삶을 압축적으로 노래한 시입니다.

네 자신의 마음 안에

그리스도 베들레헴에 태어나심이
천 수백 번을 헤아리건만
그리스도 네 자신의 마음에 나시지 않으시면
그 영혼은 아직 버림받은 채로니라.
십자가만이 네게 구원을 주리니
골고다 언덕의 십자가
네 마음에 세워지지 않는다면
네 영혼은 영원히 잃어진 것이니라.

그러면 이제 성령으로 거듭난 성도의 특징을 살펴보도록 하겠습니다. 그래야 성령으로 거듭나는 것이 무엇인지를 더욱 정확하게 알 수가 있으며, 혹 4영리를 따라 죄인의 고백과 영접기도를 했다고 자신의 구원을 안심하고 있던 사람이 예수님이 말씀하는 '바른 믿음'으로 돌아오는 데 도움이 될 것이기 때문입니다.

✝
2장

성령으로 거듭난
성도의 특징

01

성도의 마음에 성령님이
내주(內住) 하신다

성령으로 거듭나는 것은 하나님께서 구약성경에서 이미 '새 언약'으로 약속하신 것입니다. '새 언약'의 약속은 예레미야 31장과 에스겔 11장:19-20과 그리고 에스겔 36장:25-31에 나와 있습니다. 예레미야 31장에서는,

> "새 마음을 주겠다"
> "나의 법을 그들의 마음에 기록하여 나는 그들의 하나님이 될 것이다"
> "그들은 다 여호와 하나님을 (인격적으로 친밀하게) 알 것이다"
> "그들의 악행을 사하고 다시는 기억하지 않겠다" 등의 약속을 하고 있습니다.

그리고 에스겔 36장에서는

> "맑은 물을 뿌려 너희를 정결하게 하겠다"
> "새 영을 너희 속에 두고 새 마음을 주고, 육신에서 굳은 마음을 제거하고 부드러운 마음을 줄 것이다"

"내 영을 너희 속에 두어 내 율례를 행하게 하겠다"

"그때에… 너희 모든 죄악과 가증한 일로 말미암아 스스로 밉게 보리라" 등의 약속을 하고 있습니다.

그리고 예수님도 제자들에게 성령을 받으면 어떤 일이 일어나는가를 분명하게 말씀하셨습니다.

내가 아버지께 구하겠으니 그가 또 다른 보혜사를 너희에게 주사 영원토록 너희와 함께 있게 하리니 그는 진리의 영이라 세상은 능히 그를 받지 못하나니 이는 그를 보지도 못하고 알지도 못함이라 그러나 너희는 그를 아나니 그는 너희와 함께 거하심이요 또 너희 속에 계시겠음이라 •요14:16, 17

물론 이 새 언약은 예수님의 십자가 사역과 부활과 승천, 그리고 오순절의 성령강림으로 성취가 되었습니다. 그래서 신약시대의 성도는 곧, 새 마음, 곧 성령을 받아 성령으로 거듭나 하나님의 자녀가 된 성도를 말하는 것입니다. 하나님께서는 모세를 통해 이스라엘에게 주신 십계명은 돌 판에 새겨 주셨지만, 하나님의 아들 예수 그리스도를 통하여 성취하신 새 언약은 '새 영과 새 마음을 주고, 굳은 마음을 제거하겠다'는 것입니다. 즉 마음 판에 성령을 보내어 그 마음의 본질부터 바꾸어 주시겠다는 말씀입니다. 그러므로 성령으로 거듭나 마음의 본질이 바뀐 성도만이 예수님의 새 언약의 백성이요 하나님의 자녀인 것입니다. 그들은 언젠가 새 하늘과 새 땅에서 살게 될 것입니다 (계21장).

그러므로 성령으로 거듭나는 것은 신앙생활에서 가장 본질적이고도 핵심적인 일이라 할 것입니다. 마치 한 사람이 누군가의 가정의 일원이 되려면, 그 부모로부터 태어나야 하는 것처럼 말입니다. 마찬가지로 하나님의 나라에 들어가려면 반드시 하나님의 자녀로 새롭게 태어나야 하는 것입니다.

그래서 먼저 거듭나지 않은 자연적인 상태와 성령으로 거듭난 후의 상태를 비교해 보겠습니다.

> 육에 속한 사람은 하나님의 성령 일들을 받지 아니하나니 이는 그것들이 그에게는 어리석게 보임이요, 또 그는 그것들을 알 수도 없나니 그러한 일은 영적으로 분별되기 때문이라 •고전2:14

그리고 사도 바울은 고린도전서 2:16절에서 "누가 주의 마음을 알아서 주를 가르치겠느냐 그러나 우리가 그리스도의 마음을 가졌느니라"고 말씀합니다. 육에 속한 자연인은 성령의 일을 받지 아니하고, 성령에 속한 성도는 그리스도의 마음, 즉 성령을 가졌다는 말씀입니다. 그리고 사도 바울은 로마서 8장에서 다음과 같이 밀씀합니다.

> 만일 너희 속에 하나님의 영이 거하시면 너희가 육신에 있지 아니하고 영에 있나니 누구든지 그리스도의 영이 없으면 그리스도의 사람이 아니라 •롬8:9

사도 바울은 성도와 자연인을 구별 짓는 기준을 '성령이 그 사람 안에 거하느냐 거하지 않느냐'로 구별하고 있는 것을 볼 수 있습니다.

예수님도 "진실로 진실로 내게 이르노니 사람이 거듭나지 않으면 하나님의 나라를 볼 수 없느니라"(요3:3)고 말씀하셨고, 이어 "진실로 진실로 네게 이르노니 사람이 물과 성령으로 나지 않으면 하나님의 나라에 들어갈 수 없느니라"(요3:5)고 말씀하셨습니다. 그리고 "그는 진리의 영이라 세상은 능히 받지 못하나니 이는 그를 보지도 못하고 알지도 못함이라 그러나 너희는 그를 아나니 그는 너희와 함께 거하심이요 또 너희 속에 계시겠음이라"(요14:17)고 말씀하셨습니다. 성도에게는 성령이 그 마음 안에 내주(內住)하신다는 주님의 말씀입니다.

그러므로 에스겔의 새 마음을 주겠다는 하나님의 언약과 예수님의 말씀과 사도 바울의 말씀을 종합하면, 이런 뜻이 됩니다.

> "성령으로 거듭난 성도는 새 마음,
> 새 영이신 하나님의 영, 예수님의 영,
> 곧 성령을 받은 사람으로 곧 성령님이
> 그 마음 안에 내주하신다."

사실, 거듭난 성도들에게는 이 말이 어렵지 않습니다. 금방 이해가 됩니다. 그럼에도 성경과 교회사에 거듭난 성도들의 증언을 통하여 거듭난 상태에 대하여 말씀을 드리고자 하는 것은, 오늘날 교회 안에 있으면서, 성령으로 거듭나지 않았음에도 불구하고 거듭났다고 오해하고 있는 분들에게 도움을 주기 위해서입니다.

실제로 자신이 구원받았다고 오해하고 있다가, 반드시 거듭나야 한다는 것을 깨닫고 돌이켜 크게 변화된 성도들이 있습니다. 그 대표적인 사람은 조지 휘필드와 요한 웨슬레입니다. 여기서는 조지 휘필드만 소개합니다(뒤에 두 사람의 회심 이야기를 자세히 다루었습니다). 조지 휘필드가 성령으로 거듭남을 추구하게 된 동기가 되었던 글이 있습니다. 그것은 헨리 스쿠걸이 쓴 『인간의 영혼 속에 있는 하나님의 생명』이라는 책이었습니다. 그 책을 읽기 전에만 해도 휘필드는 웨슬레 형제처럼, '중생(거듭남)'에 대해 아무 것도 몰랐습니다. 그는 여러 가지 종교의식을 행하고, 또 선행으로서 천국 도상에 이를 수 있다고 생각하고 있었습니다. 그러나 그 책을 읽고 그는 지금까지의 그런 생각들이 완전히 잘못된 것이었음을 깨닫게 되었습니다. 그때 그는 자신의 생각이 잘못되었다는 것을 깨닫고, 근심에 휩싸였습니다. 그는 그때의 심정을 이렇게 표현했습니다.

"하나님께서는 나는 거듭나야 하며 그렇지 않은 경우 저주를 받는다는 것을 보여주셨다. 어떤 사람이 교회를 나가고 기도를 하고 성찬에 참여할지라도 사실은 그리스도인이 아닐 수 있다는 것을 나는 알게 되었다. 이 책을 태워 버릴까? 던져버릴까? 아니면 이 책이 말하는 것을 추구해 볼까? 나는 그 책을 더 연구했고, 하나님께 '하나님 제가 진정한 기독교인이 아니라면, 제가 멸망하지 않도록 예수 그리스도를 위해… 제게 기독교가 뭔지 보여 주소서!' 라고 기도했습니다."

결국, 그는 그 책에서 '하나님과의 연합'해야 한다는 것을 깨닫고 하나님의 생명을 찾아 구하기 시작했습니다. 그래서 그는 오랜 간구 끝에 하나님을 만나 성령으로 거듭나는 체험을 했습니다(그의 간증은 오늘날 4영리의 죄인의 기도를 드린 것으로 충분하다는 구원의 확신과 얼마나 다른지요!). 그리고 그 후에 다시 성령으로 충만하게 되는 체험을 통해서 능력을 받고, 자신의 구원은 물론이고 많은 영혼을 구원하는데 크게 쓰임을 받았습니다. 그러므로 성경 말씀과 거듭난 체험을 한 성도들을 통해서, 우리는 이런 결론을 내릴 수 있습니다. 성령으로 거듭난 성도는 그 마음 안에 성령님과의 연합이 이루어지고 성령님이 그 마음 안에 내주하신다는 것입니다.

> 볼지어다 내가 문밖에 서서 두드리노니 누구든지 내 음성을 듣고 문을 열면 내가 그에게로 들어가 그와 더불어 먹고 그는 나와 더불어 먹으리라 •계3:20

다음은 거듭남에 관한 어느 프랑스 여인의 찬송 시입니다.

구주 예수님, 하늘로부터 임하소서.
하늘의 은혜로 저를 도우소서.
세상을 사랑하는 마음을 제게서 몰아내소서.
주님이 들어오실 자리를 제 마음에 만드소서.

성도는 하나님을 인격적으로 알고
친밀하게 교제한다: 천국을 이 땅에서 누린다

성령님이 그 마음에 들어온 성도는 이제 천국에서 내려 와 그 마음 안에 거하시는 성령님과 교제를 시작하게 됩니다. 그 교제를 '하나님과의 친밀함'이라고 말할 수 있습니다. 그리고 하나님과의 친밀하다는 표현을 '하나님을 안다'라는 표현으로 사용하기도 합니다. 오늘날 교회에 다니는 성도들 중에 하나님을 '인격적으로 안다'는 말을, 하나님에 대한 '성경적인 지식' 정도로 이해하고 있는 사람들이 많습니다. 성령으로 거듭난 성도, 즉 하나님으로부터 새 영, 새 마음을 받은 성도는 머리로만 하나님을 아는 것이 아니라, 인격적으로 체험적으로도 알게 되는 것입니다.

'새 마음'을 받은 사람이 '새 마음'을 받은 줄을 전혀 모른다면, 왜 '새 영'과 '새 마음'을 준다고 하셨겠습니까? 그리고 새 마음을 받은 사람은, 그 새 마음으로 인해 그가 새롭게 변화가 되는 것 또한 필수적인 것입니다. 변화가 없는 것은 새 마음을 받지 않았기 때문입니다. 예레미야서와 에스겔서에서도 그 변화를 다음과 같이 말씀하고 있습니다. 예레미야 31장에서는

"나의 법을 그들의 마음에 기록하여 나는 그들의 하나님이 될 것이다"

"그들은 다 여호와 하나님을 (인격적으로 친밀하게) 알 것이다"

그리고 에스겔 36장에서는

"맑은 물을 뿌려 너희를 정결하게 하겠다"

"새 영을 너희 속에 두고 새 마음을 주고, 육신에서 굳은 마음을 제거하고 부드러운 마음을 줄 것이다"

"내 영을 너희 속에 두어 내 율례를 행하게 하겠다"

"그때에…. 너희 모든 죄악과 가증한 일로 말미암아 스스로 밉게 보리라"

등으로 말씀하고 있습니다.

먼저 새 영을 받아 하나님과 친밀하게 알게 된다는 말씀에 대해 더 살펴보겠습니다. 사도 요한은 요한일서 2:14에서 성도는 하나님을 '아는 자'라는 말씀을 합니다.

아이들아 내가 너희에게 쓴 것은 너희가 아버지를 알았음이요 아비들아 내가 너희에게 쓴 것은 너희가 태초부터 계신 이를 알았음이요

그리고 요한일서 4장 13절에서도

> 그의 성령을 우리에게 주시므로 우리가 그 안에 거하고 그가 우리 안에 거하시는
> 줄을 아느니라 •요4:13

여기서 성도는 하나님으로부터 성령을 받은 자로서, 성도는 예수님 안에 거하고, 또 성도의 마음 안에 예수님이 거하는 것을 '체험적으로 안다'고 말씀하고 있는 것을 볼 수 있습니다. 예수님도 요한복음 14:20에서 다음과 같이 말씀하셨습니다.

> 그 날에는 내가 아버지 안에, 너희가 내 안에, 내가 너희 안에 있는 것을 너희가
> 알리라 •요14:20

우리는 위에서 예수님의 말씀 그대로, 사도 요한도 말씀하고 있는 것을 알 수 있습니다. 즉 성령으로 거듭난 성도는, 예수님 안에─예수님의 임재(臨在: 하나님의 현존)─ 있는 사람이요, 그 마음 안에 또한 예수님의 영, 곧 성령이 거하는 사람입니다. 이것을 두고 성경학자들은 그리스도와 성도 간의 '신비적인 연합'이라고 했습니다. 신비적 연합이라고 해서 성도 자신이 그리스도와 신비적으로, 친밀하게 연합된 것을 모르지는 않습니다.

그리고 여기서 '안다'는 말은, 헬라어'기노스코'를 사용합니다. 이 단어는 구약의 '야다'와 같은 뜻입니다. 이미 앞에서 살펴보았습니다만, '야다'의 가장 좋은 예는, 결혼한 부부(夫婦)간의 친밀함입니다. 그래서 그리스도와 성도 간의 친밀한 앎은, 부부간의 성적(性的)인 친밀함에 비유할 수 있습니다. 그러므로 하나님을 안다는 말은, 지정의(知情意) 모든 부분을 포함하는 '전인적인 앎'을 말합니다. 예수님은 죄로 인해 하나님과 깨어진 관계, 적대적인 관계를 사랑과 화목의 친밀한 관계

로 만들기 위해서 오신 분이십니다.

하나님과 이런 친밀함이 없는 사람을 예수님은 단호하게 "나는 너를 도무지 모른다!"고 말씀하시는 것입니다. 그러므로 성령으로 거듭나서 하나님을 친밀하게 아는 것은 신앙의 핵심인 것을 알 수 있습니다. 그래서 예수님께서도

> 영생은 곧 유일하신 참 하나님과 그가 보내신 자 예수 그리스도를 아는 것이니이다 ·요17:3

> 누구든지 목마르거든 내게로 와서 마시라 나를 믿는 자는 성경에 이름과 같이 그 배에서 생수의 강이 흘러나오리라 하시니 이는 그를 믿는 자들이 받을 성령을 가리켜 말씀하신 것이라 ·요7:37-39

라고 말씀하셨던 것입니다.

위의 요한복음 17:3의 말씀에서 '하나님을 친밀하게 아는 것'을, 요 7:37-39에서는 '믿음'이라고 말씀하고 있는 것을 볼 수 있습니다. 예수님에게 있어 믿음은 성령을 받아, 주님과 친밀한 사랑의 교제를 나누는 것을 말하는 것입니다. 그리고 성령으로 거듭나서 하나님과 예수님을 아는 것, 곧 인격적으로 예수님을 친밀하게 아는 것, 즉 성령님과 교제하는 것이 곧 영생인 것입니다. 하나님과 예수님의 영이신 성령이 내주하는 성도는 예수님의 말씀대로 그 배에서 생수의 강이 흐르는 그런 기쁨을 누리는 것입니다. 그래서 성령을 받아 거듭난 성도는, 자신의 마음에 성령님이 내주하시는 것을 체험적으로 아는 것입니다.

인간은 죄로 인해 하나님과 분리되었고 멀어졌고 원수가 되었습니다. 그래서 회개와 예수님의 십자가에서 흘린 보혈을 믿음으로 예수님이 흘린 피에 죄를 씻고, 성도는 성령으로 거듭나서 하나님과 원수가 되었던 사이가 이제 화목하게 되었습니다. 성도는 영생을 주시는 하나님과 친밀하기에 영생을 얻는 것입니다. 하나님을 떠난 인간에게는 영생이 없습니다. 영생은 오직 영원하신 하나님으로부터만 오는 것입니다. 이것을 예수님께서 요한복음 5:39-40에서 다음과 같은 말씀을 하셨습니다.

> 너희가 성경에서 영생을 얻는 줄 생각하고 성경을 연구하였거니와 이 성경이 곧 내게 대하여 증언하는 것이니라 그러나 너희가 영생을 얻기 위하여 내게 오기를 원하지 아니하는도다 •요5:39, 40

유대인들은 성경에 영생이 있다고 믿고 연구했습니다. 그러나 그들은 성경이 증거하고 있는 메시아이신 예수님이 바로 그들 눈앞에 오셨는데도 불구하고 정작 그들은 메시아이신 예수님을 알아보지 못하고 있었던 것입니다.

그런데 오늘날도 이와 비슷한 일이 교회에서도 일어나고 있습니다. 교회를 다니는 성도들 중에는 '오직 말씀', 그러면서 정작 말씀이 가리키고 있는 '예수님을 인격적으로 친밀하게 알고 그리스도와 교제'하는 것에는 관심이 없는 분들이 있습니다(그렇다고 하나님의 말씀은 보지 않고 하나님과 교제하는 기도만 하는 것도 위험합니다. 신앙은 균형이 중요합니다). 물론 성경을 아는 지식의 중요함은 두말할 필요도 없습니다. 성경은 하나님의 구속의 역사와 구속사의 주인공이신 예수님이 누구신가를 보여주는 놀라운 책입니다. 그래서 성경을 읽으면 예수님을 만나는 데 큰 도움이 되며, 성도의 신앙의 지침이 됩니다. 그리고 우리는 성경 전체에서 예수님을 발견할 수 있는 것입니다. 그러나 성경을 통해서 예수님에 대하여 지식적으로 아는 것도 중요하지만, 그 지식만으로 그는 구원받지 못합니다. 그러므로 지금도 살아계신 예수님을 인격적으로 만나 성령으로 거듭나서 '예수님과 실제로 친밀하게 교제하는 사귐'이야말로 참으로 중요한 것입니다. 그리스도와의 친밀함이 곧 영생이요, 구원인 것입니다.

'예수 그리스도 자신'이 영생이요 천국인 것입니다. 그러므로 성경을 통해서 예수님을 인격적으로 만나지 못했음에도, 예수님에 관한 지적인 동의를, 예수님을 인격적으로 아는 것으로 착각하고 있다면, 우리는 과거 바리새인들과 별다른 것이 없습니다. 앞에서도 언급했습니다만, 사도 바울은 그것을 부부 관계에 비유했습니다.

> 그러므로 사람이 부모를 떠나 그의 아내와 합하여 그 둘이 한 육체가 될지니 이 비밀이 크도다 나는 그리스도와 교회에 대하여 말하노라 •엡5:31, 32

예수님도 이런 친밀한 관계를 포도나무와 가지에 비유하셨습니다.

> 나는 포도나무요 너희는 가지라 그가 내 안에 내가 그 안에 거하면 사람이 열매를 많이 맺나니 나를 떠나서는 너희가 아무것도 할 수 없음이라 •요15:5

그리고 예수님은 십자가를 앞두고 제자들과 제자들로 인해 자신을 믿게 될 미래의 성도들이, 자신과 및 하나님과 이런 깊은 친밀한 연합된 관계를 맺게 해 달라고 간절히 기도하셨습니다.

> 내가 비옵는 것은 이 사람들만 위함이 아니요 또 그들의 말로 말미암아 나를 믿
> 는 사람들도 위함이니 아버지여, 아버지께서 내 안에, 내가 아버지 안에 있는 것
> 같이 그들도 다 하나가 되어 우리 안에 있게 하사 세상으로 아버지께서 나를 보
> 내신 것을 믿게 하옵소서 •요17:20, 21

예수를 믿으면, 이런 하나님과 예수님과의 친밀함이 있는 것입니다. 참된 성도는 그리스도와 이런 거룩하고도 신성한 하나님과의 친밀한 사랑의 교제를 누리는 것입니다. 그래서 그리스도의 영광과 그분의 탁월함에 깊이 매료되는 것입니다.

그래서 마귀는 다른 것은 몰라도, 그리스도의 이런 영광과 탁월함을 사람들이 깨닫지 못하게 하려고 애를 씁니다. 그리스도의 영광을 체험하면, 사람이 이전과 달라지는 것을 마귀는 잘 알기 때문입니다. 그러니, 마귀는 얼마나 그리스도의 영광의 광채가 비추지 못하게 막는 데 혈안이 되겠습니까? 4영리의 의도가 어찌되었던 결과적으로 4영리는 그리스도의 영광을 막는데 일조를 하고 있는 것입니다. 유명한 변증가인 C. S. 루이스는 다음과 같은 말을 했습니다.[22]

"우리의 욕망이 너무 강한 것이 문제가 아니라 너무 보잘것없는 것이 문제다."

---

22) 1898년 11월 29일 아일랜드 벨파스트에서 출생하여, 옥스퍼드대학교 졸업 후 모교와 케임브리지대학교의 교수를 지냈으며, 주로 중세·르네상스기(期)의 영문학을 강의했으며, 회심 후, 탁월한 기독교 변증학자로서 활동했습니다. 예수 그리스도의 이야기를 비유적으로 쓴 '나니아 연대기'를 쓴 유명한 아동문학가이기도 합니다.

하나님은 우리에게 그리스도의 영광을 보여주고, 우리를 그 영광스런 신의 성품에 참여시켜, 하나님이 주시는 생명의 놀라움을 깊이 맛보기를 원하시지만, 4영리는 그런 영광의 하나님을, '보잘것없는' 하나님, 사람에게 아무런 영향력도 행사하지 못하는 '이신론의 하나님'으로 제시하고 있는 것입니다. 그래서 그리스도의 놀라운 영광은 물론이고 인간이 얼마나 '허물과 죄로 죽었던'(엡2:1) 자인지도, '세상 풍조를 따르고 공중의 권세를 잡은 자, 즉 마귀를 따랐던 자(엡2:2)'인지도 모르고, '본질상 하나님의 진노의 자녀'(엡2:3)이었던 것도 깨닫지 못하게 막고 있는 것입니다.

이렇게 하나님의 은혜에 대한 피상성은 반드시 인간의 죄에 대한 피상성을 낳게 합니다. 그리고 역으로 인간의 죄에 대한 피상성은 하나님의 은혜에 대한 피상성을 가져다주는 것입니다.

이것은 마치 과거의 펠라기우스주의가 새롭게 부활한 것과 같습니다. 4세기에 살았던 영국의 수도사 펠라기우스는 당시 기독교 국가의 중심지인 로마에 와서 사람들의 타락상을 보고 충격을 받았습니다. 그리고 그는 그 문제의 뿌리가 당시 아프리카의 주교였던 어거스틴의 인간의 전적 무능력과 하나님의 은혜에 대한 강조를 한 것에 있다고 보았습니다. 그래서 펠라기우스와 그의 추종자들은 인간의 원죄를 부인했습니다. 인간은 자유 의지를 가진 자로, 타락한 아담의 사례를 따를 수도 있고, 그리스도의 모범을 따를 수도 있다고 보았습니다. 악하고 선하고는 인간의 능력에 달렸다는 것입니다.

앞서 비판했던 4영리도, 마치 펠라기우스주의처럼, 인간의 구원이 '인간 자신의 고백'에 달려 있다고 보고 있는 것입니다. 물론 '말로는'

그리스도가 구원자라고 제시합니다. 그러나 '실제'에 있어서는 구원이 자신의 고백에 달려 있으며, '인간의 진지한 고백'으로 '구원자 그리스도'로 사실상 대치하고 있는 것에 다름 아닌 것입니다. 특히 4영리는 그 주장이 아주 그럴듯해 보이기에 더욱 위험한 것입니다. '교묘한 이론과 말'로 '살아 계신 그리스도'를 대치하고 있는 것이기에 더욱 조심해야 할 것입니다.

그래서 바리새인같이 '하나님을 인격적으로 사랑하는' 데는 관심이 없는, 종교적인 행위를 하는 것을 믿음으로 알고 있는 사람들을 두고 성령을 받은 사람이 아니라, 바리새인들과 같은 '종교의 영'을 받았다고 하는 것입니다.

오직 천국에서 내려온 예수 그리스도만이 영생을 주실 수 있는 분이시니, 실제로 예수님을 만나 예수님과 교제함으로 이 땅에서도 천국의 기쁨을 누릴 수 있으며, 또한 성도라면 마땅히 이런 기쁨을 누려야 합니다. 하나님과의 친밀한 교제는 참으로 중요한 주제요, 성도의 신앙생활의 중심인 것입니다. 가장 으뜸 되는 계명인 하나님을 사랑하는 것을 실제로 지키며 누리는 것이기도 합니다.

너는 마음을 다하고 뜻을 다하고 힘을 다하여 네 하나님 여호와를 사랑하라
• 신6:5

그러므로 예배, 기도, 말씀, 찬양, 봉사, 전도 등등의 모든 기초가 하나님과의 친밀함에서 나와야 하며, 또 성도는 하나님의 말씀과 기도, 예배와 같은 도구들을 통해서 더욱 더 하나님과의 깊은 친밀함으로 인도되어야 하는 것입니다.

사실, 하나님과의 친밀한 교제의 중요성은 이루 말로 다할 수 없이 중요합니다. 그래서 그 중요성을 두 가지만 더 언급합니다.

　첫째로, 무엇보다 죄인이었던 사람, 그래서 하나님과 친밀함은커녕 하나님의 원수여서 영원한 지옥 불에 던져질 운명이었던 사람이, 그리스도의 피로 하나님의 자녀가 되었다는 것입니다. 이제 그는 천국의 백성이 된 것입니다. 한 개인의 일생에 이보다 더 놀랍고 감사하고 기쁜 일은 없는 것입니다.

　둘째, 이제 하나님과 친밀한 성도는 그리스도 안에서 만족합니다. 어거스틴의 고백처럼 인간은 하나님을 만나야 비로소 그 영혼은 참된 안식을 얻게 되는 것입니다. 그러므로 이 세상의 어떤 쾌락도 기쁨도 즐거움도 명예도 지위도, 예수 그리스도와의 친밀한 사랑이 주는 교제와 결코 비교할 수 없는 것입니다. 그래서 술과 오락, 성적인 쾌락, 심지어 마약에 중독된 사람일지라도, 그리스도의 뜨거운 사랑을 한번 체험하고 나면(물론 체험의 강도에 따라 다르긴 합니다만) 그 모든 것을 끊어버리고, 그 사람은 새롭게 변화되는 것입니다. 하나님의 임재에는 사람을 변화시키는 놀라운 능력이 있는 것입니다.

　그래서 그는 술람미 여인과 솔로몬의 사랑을 노래한 아가서에 나오는 것과 같은 그리스도와의 신비스런 사랑에 빠지게 됩니다. 이 우주에서 이 사랑보다 사람을 만족시키는 것은 없습니다. 하나님을 만난 사도 바울이나, 사도 요한, 조지 휘필드, 요한 웨슬레, 조나단 에드워드 등 위대한 성도들의 간증을 읽어보시길 바랍니다. 그들을 만나주신 하나님이 얼마나 놀라운 분인가를 깨달을 수 있을 것입니다(물론 그들과 같이 극적인 체험을 해야만 한다는 뜻은 아닙니다. 이슬같이 잔잔한 은혜도 있으며, 대부분의 성도는 사실상 이런 잔잔한 은혜 속에 있을 것입니다). 어쨌든 만나는 깊이의 정도는 다를 수 있지만, 거룩하신 하나님을 만나고서 변화되지 않는 사람은 없는 것입니다.

그래서 널리 잘 알려진 놀라운 하나님을 만난 파스칼의 체험을 소개합니다. 그는 17세기 프랑스가 낳은 과학자요 물리학자요 발명가요 철학자로서 세계사에 몇 안 되는 천재 중의 한 사람입니다. 그는 1654년 그의 나이 서른한 살에 예수님을 체험했습니다. 그의 체험은 너무나 잘 알려졌습니다. 그해 11월 23일 저녁 10시 30분부터 다음날 새벽 0시 30분까지 약 두 시간 동안을 예수님을 강력하게 체험했습니다. 그는 이 체험이 너무도 감격스러워 종이에 적고, 그리고 양피지에 정서하여 평소에 자주 입고 다니던 옷 안쪽에 꿰매어 깊이 간직했습니다. 이 메모는 파스칼이 죽은 후에 발견되었습니다. 지금도 프랑스 국립도서관에 이 양피 메모지가 보관되어 있다고 합니다. 다음은 그의 감격을 적은 그 양피지의 내용입니다.

불.
아브라함의 하나님, 이삭의 하나님, 야곱의 하나님
철학자와 학자의 하나님이 아닙니다.
확신, 확신, 감격, 기쁨, 평화.
예수 그리스도의 하나님.
예수 그리스도의 하나님.
나의 하나님 그리고 너의 하나님.
너의 하나님은 나의 하나님이 되리라.
•중략•

기쁨, 기쁨, 기쁨, 기쁨의 눈물.

나는 당신에게서 떠나 있었습니다.

생수의 근원이신 하나님을 버렸습니다.

나의 하나님, 어찌하여 나를 버리셨나이까.

이제 나는 영원히 당신을 떠나지 않겠습니다.

영생은 곧 유일하신 참 하나님과 당신이 보내신 자 예수 그리스도를 아는 것입니다.

예수 그리스도.

예수 그리스도.

나는 당신을 저버리고, 피하고, 부인하고, 십자가에 못 박았습니다.

이제 나는 절대로 당신에게서 떠나지 않겠습니다!

•중략•

이 땅에서 잠깐의 노력을 통해 얻는 영원한 기쁨.

나는 당신의 말씀을 결코 잊지 않겠습니다. 아멘.

파스칼은 그리스도의 영광을 경험한 것입니다. 그는 부활하사 지금도 살아계신 예수 그리스도를 인격적으로, 체험적으로 만난 것입니다(물론 사도들과 같이 부활한 주님의 몸을 만지는 것과 같은 체험은 아닐 것입니다). 그리고 누구나 파스칼이 경험하는 것과 같은 놀라운 그리스도의 영광을 체험하는 것은 아닙니다. 파스칼도 이전에 이미 하나님을 만난 적이 있었습니다. 첫 회심 후에 그는 잠시 사교계로 떠났다가 다시 놀라운 은혜를 체험한 것입니다. 이것을 보면 한 개인도 하나님을 만나는 체험의 정도가 다를 수 있다는 것을 알 수 있습니다. 20세기 영국의 최고의 설교자로 불리는 로이드 존스 목사는 그의 저서 『성령세례』에서 파스칼의 체험을 역사적으로 흔하지 않은 하나님의 능력 세례라고 말하고 있습니다. 이렇듯이 하나님을 사모하는 자에게는 하나님은 자신의 영광을 드러내기를 기뻐하시는 것입니다. 파스칼은 지금도 살아 계시고 영원토록 동일하신 예수 그리스도를 만난 것입니다. 이후로 그의 삶이 극적으로 변화된 것은 두말할 필요도 없습니다. 그는 천국의 사람이 된 것입니다.

다음은 오스왈드 스미스가 소개하고 있는 자신의 체험의 일부입니다.[23]

그런 사람들이 기도를 하고 있는 동안에 나는 특별한 하나님의 임재를 느꼈다. 마치 하나님이 그 모임 위를 날아다니시는 것 같았다. 곧 축복이 쏟아져 내리기 시작하였다. 나는 녹아졌으며, 깨어졌고, 두려움에 압도당하였고, 나의 가슴은 말로 할 수 없는 사랑으로 충만하였다. 그리고 내 영혼이 비상함에 따라 눈물이 흐르기 시작하였다. 나는 눈물을 흘리면서 나의 귀하고 귀하신 주님을 찬양하는 것 외에는 아무것도 할 수가 없었다. 마치 나의 온몸이 성령으로 목욕을 하여서, 놀라움과 사랑과 찬송 속에서 정신을 잃는 것 같았다. 마치 모든 사람을 사랑하기 원하는 것 같았다. 세상과 세상의 모든 고통이 나의 시야에서 사라졌다. 하나님이 나의 온 시야를 가득 채움에 따라 나의 모든 시련은 너무나 하찮은 것으로 보였다. 오, 그 영광스러움이여!

이런 영광의 체험은 결코 잊을 수 없습니다. 그래서 '오, 그 영광스러움이여!' 라고 감격하게 되는 것입니다. 그런 체험을 통해서 그리스

---

23) 오스왈드 스미스, 황영철 역, 『성령 충만』 (서울: 생명의 말씀사, 2003), pp.90-91.

도가 천국에서 내려온 분이며, 그리스도 자신이 천국임을 깨닫는 것입니다. 그래서 참된 성도는 더욱 그리스도로 자신을 충만하게 채우고 싶어지는 것입니다. 그리스도 안에 천국이 있다는 것을 체험적으로 알기 때문입니다. 물론 어떤 때는 그 사랑이 뜨겁게, 또는 조금 덜 뜨겁게 느껴지기도 합니다. 성도는 가능하면, 항상 뜨겁게 주님의 사랑을 받고 주님과의 친밀한 교제를 유지해야 합니다. 주님은 주님과의 사랑이 식어버린 미지근한 에베소 교회를 책망하셨다는 것을 기억해야 할 것입니다(계2장).

청교도 신학자 존 오웬도 그의 저서 『성도와 하나님과의 교제』라는 글에서 다음과 같이 그 즐거움을 소개하고 있습니다.[24]

"이 교제는 마치 즐거운 잔치와 같다."
"이 교제는 즐겁다."
"이 교제는 영혼이 안전과 보호를 받는 교제이다."
"이 교제는 영혼이 힘과 위로를 받는 교제이다."

그리스도 안에 있는 은혜보다 가치 있고 우리 인생들의 영혼을 만족케 하는 것은 없습니다. 주님을 만나 이것을 깨달은 성도는 더욱더 깊은 은혜를 사모하게 되는 것입니다(물론 영적으로 침체되고 후퇴할 때도 있습니다). 다음은 영국의 언론인으로 그리스도에게로 회심한 말콤 머거리지의 간증입니다.

---

24) 존 오웬. 황을호 역. 『성도와 하나님과의 교제』 (서울: 생명의 말씀사, 1994). pp.59-63.

저는 꽤 성공한 사람이라고 할 수 있을 것입니다. 사람들은 가끔 거리에서 저를 물끄러미 쳐다봅니다. 명성입니다. 저는 국세청의 고액 납세자 명단에 어렵지 않게 오를 수 있습니다. 성공입니다. 돈과 약간의 명성이 있으니 노인이라도 마음만 먹으면 유행하는 오락에 참여할 수 있습니다. 쾌락입니다. 가끔 제가 한 말이나 쓴 글이 상당한 주목을 받아 우리 시대에 상당한 영향력을 끼치고 있다는 확신이 들기도 합니다. 성취감이지요.

하지만 분명히 말씀을 드립니다. 제 말을 꼭 믿어 주셨으면 좋겠습니다. 이런 사소한 성공들을 각기 일백만 배씩 늘리고 그것을 모두 더해도 예수 그리스도께서 영적으로 목마른 자에게 주시는 생수 한 모금에 비하면 아무것도 아닙니다. 아니, 아무것도 아닌 것보다 못합니다. 적극적인 방해물이니까요. 나에게 자문해 봅니다. '인생에 있어 그 생수가 주는 상쾌함에 비할 만한 것이 무엇이 있으며, 과거와 현재와 미래의 어떤 업적이 있겠는가?'

여러분, 도대체 예수 그리스도 안에 어떤 기쁨이 있길래 이렇게 말하는 것일까요?

"이런 사소한 성공들을 각기 일백만 배씩 늘리고 그것을 모두 더해도, 예수 그리스도께서 영적으로 목마른 자에게 주시는 생수 한 모금에 비하면 아무것도 아닙니다."

그리고 하나님과의 친밀함은 주로 말씀과 기도로 이루어집니다. 미국 제2차 대각성 운동에 크게 쓰임을 받았던 찰스 피니의 하나님과 친밀함을 누리는 '기도'에 관한 글에도 하나님과의 친밀함이 주는 놀

라운 기쁨 잘 보여주고 있습니다.[25]

죄인들이여, 무엇이 하나님과 직접 교제하는 것만큼 우리에게 그토록 유익할 수 있겠는가? 그로 말미암아 품게 되는 마음을 탐색하는 것, 겸손, 고백, 탄원, 수많은 다른 것에도 그만한 쓰임새가 있다. 좋은 가르침도 많다. 하나님의 말씀을 읽는 것도 축복이 될 수 있다. 다른 성도들과 교제하는 것도 유익하다. 그러나 이 모든 것을 하나님과 교제하는 것과 감히 어떻게 비교하겠는가? 다른 어떤 것도 우리 영혼의 죄에 그토록 넌더리나게 하고 세상에 그토록 죽게 만들 수는 없다. 다른 어떤 것도 진정한 기도만큼 우리의 영혼에 그토록 깊은 영적인 생명을 불어넣지 못한다…. 점점 더 많이 기도할수록 점점 더 많이 기도를 사랑하게 되고 점점 더 많이 하나님을 누리게 될 것이다.

사도 바울도 예수 그리스도를 발견하고는 자신의 모든 자랑거리를 마치 배설물처럼 여겼습니다.

또한 모든 것을 해로 여김은 내 주 그리스도 예수를 아는 지식이 가장 고상하기 때문이라 내가 그를 위하여 모든 것을 잃어버리고 배설물로 여김은 그리스도를 얻고 그 안에서 발견되려 함이니 •빌3:8, 9

이러한 그리스도의 탁월함을 맛보는 그리스도와의 교제의 기쁨을 알고 나면, 그는 더욱 더 그리스도를 추구하는 사람이 되는 것입니다. 그리고 자기 안에 그리스도를 닮지 않은 죄성이 있음을 깨닫고,

25) 찰스 피니, 임종원 역, 『죽을 만큼 기도하라』 (서울: 브니엘, 2015), pp.98-99.

그것을 깨뜨리며 부인하며 십자가를 지고 가는 그리스도를 따라가는 '좁은 길'을 걷게 되는 것입니다. 물론 유혹을 받을 때도 있고, 실족할 때도 있고 고난의 길을 걸을 때도 있습니다. 그러나 그 길 역시 그리스도와 동행하는 길이기에 승리의 길이요, 천성을 향해 가는 즐거운 길인 것입니다.

성도는 하나님의 은혜와 함께 자신의 끔찍한 '죄인 됨'을 깨닫는다: 겸손해진다

다음과 같은 주장을 하는 사람들이 있습니다. "성령으로 거듭났으면, 구원이 완성된 것이다. 예수님의 십자가에서 죄 문제가 해결되었으므로 이제 성도에게 죄인이라는 말을 하는 것은 온당치 않으며, 예수님의 피가 과거 현재 미래의 죄를 다 사했으므로 성도는 이제 모든 죄에서 자유하다"고 주장하는 사람들이 있습니다. 이들은 로마서 8장 1, 2절의 "그러므로 이제 그리스도 예수 안에 있는 자에게는 결코 정죄함이 없나니 이는 그리스도 예수 안에 있는 생명의 성령의 법이 죄와 사망의 법에서 너를 해방하였음이라"는 말씀과 예수님이 십자가 위에서 "다 이루었다"(요19:30)고 하신 말씀을 근거로 들면서 예수님이 죄의 문제를 다 해결했는데, 이제 무슨 죄냐? 라고 반문합니다.

어떤 이들은 여기서 한 발짝 더 나아가, 한번 구원받은 성도는 어떤 죄를 지어도 구원과는 상관없다. 그렇게 주장합니다. 우리나라에 이단 중의 하나인 구원파가 그 대표적인 예입니다.

사실 이들의 주장이 전혀 틀린 것은 아닙니다. 그러나 반만 맞는데 문제가 있습니다. 왜냐하면, 성령으로 거듭난 성도는 하나님의 은혜와 함께 자신의 본성이 끔찍한 죄인임을 비로소 깨닫기 때문입니다. 그래서 성령으로 거듭난 성도는 하나님과 죄인 사이에 가로막고 있던 죄의 문제가 해결되어, 하나님과의 친밀함이 회복되었다는 것을 알게 됩니다. 그래서 그는 구원의 감격을 노래합니다. 그러나 동시에 그는 내주하시는 성령님의 조명으로 자신이 끔찍한 죄인임을 깨닫게 되는 것입니다.

그런데 이 죄인 됨에 대한 인식은 로마서 7장의 후반부(롬7:14-25)의 사도 바울의 말씀과도 깊은 연관이 있습니다. 사실 이 부분(롬7장 후반부)을 두고 학자들의 의견이 둘로 나누어졌습니다. 사도 바울이 불신자 때의 경험을 말하는가? 아니면 신자 때의 경험을 말하고 있는가? 에 따라 둘로 나누어졌습니다.

한편에서는 사도 바울이 신자라면 "나는 육신에 속하여 죄 아래 팔렸도다"(14절)라고 말할 수 없다는 것입니다. 심지어 사도 바울이 죄를 강박적으로 짓게 된다고 고백하고 있으며, "내가 원하는 것은 행하지 않고 도리어 미워하는 것을 행함이라"(15절), "원함은 내게 있으나 선을 행하는 것은 없노라"(18절)라고 고백하고 있기에 일부 사람들은 바울이 회심하기 전의 자신에 대하여 말하고 있다고 결론을 내렸습니다.

그러나 다른 주장이 있습니다. 그중에 한 사람인 팀 켈러는 이 부분은 사도 바울이 구원받은 후의 현재의 자기 상태에 대한 것이라고 주장합니다.[26] 저도 이 주장에 동의합니다. 팀 켈러는 그 근거를 다음과 같이 밝힙니다.

---

26) 팀 켈러, 김건우 역, 「당신을 위한 로마서」 (서울: 두란노, 2014), pp.269-272. 팀 켈러는〈뉴스위크〉지에서 '21세기의 C. S. 루이스'로 찬사를 받은 뉴욕 주에 있는 리디머 장로교회의 담임목사입니다.

첫째, 동사의 시제가 바뀌었다는 것입니다. 로마서 7:13절의 시제가 과거 시제였지만, 14절부터는 모두 현재시제입니다. 이것은 사도 바울이 현재의 자신의 상태를 말하고 있는 것입니다.

둘째, 상황이 바뀌었다는 것입니다. 로마서 7:13절은 죄가 그를 죽이는 것에 대하여 말씀하고 있습니다. 바울은 죽었습니다. 하지만 14절부터는 죄와 계속해서 투쟁하지만, 그것에 결코, 굴복하지 않는 자신의 분투를 묘사하고 있습니다.

셋째, 죄가 그 속에서 작용하고 있음에도 불구하고, 바울은 하나님의 법을 즐거워하고 있습니다. "내 속 사람으로는 하나님의 법을 즐거워하되"(22절)라고 그는 말씀하고 있습니다. 그러나 로마서 8:7에서, "육신의 생각은 하나님과 원수가 되나니 이는 하나님의 법에 굴복하지 아니할 뿐 아니라 할 수도 없음이라"고 말씀했듯이 불신자는 결코 하나님의 법을 즐거워하지 않습니다. 이것은 불신자가 하나님의 법을 즐거워할 수 있다는 것을 분명하게 부인하는 것으로, 로마서 7:22의 말씀이 신자의 말임을 강력하게 증거하고 있는 것입니다.

넷째, 바울은 자신이 구원받지 못한 죄인이라는 것을 인정하고 있습니다(이 부분은 팀 켈러의 말에 오해가 있을 것 같아 말씀을 드립니다. 사도 바울은 이미 구원을 받았지만, 아직 구원이 완성되지 않았다는 뜻으로 말하고 있는 것입니다). "내 속 곧 내 육신에 선한 것이 거하지 아니하는 줄을 안다"(18절)는 고백이 그것입니다. 그러나 불신자는 자신이 구원받지 못한 것과 스스로는 구원받지 못할 만큼 죄에 물들어 있다는 사실조차도 전혀 알지를 못합니다. 그러므로 본문의 증거로 볼 때, 로마서 7장의 화자는 성숙한 신자인 '현재의 사도 바울'임을 알 수 있습니다.

이제 성령으로 거듭나서 하나님의 큰 은혜와 함께 죄인임을 깨달은 성도들을 살펴볼까 합니다. 먼저 사도 바울부터 다시 살펴보겠습니다.

🕊 '죄인 됨'을 깨달은 사도 바울

사도바울이 다메섹 도상에서 예수님을 만나고 거듭나기 전에는 그는 자신이 완전하다고 생각했던 사람입니다. 빌립보서 3:6에서 그는 자신의 과거 바리새인 시절을 이야기하면서, 그 당시에는 자신은 "율법의 의로는 흠이 없는 자"라고 주장할 정도였던 사람입니다. 그러나 그는 예수님을 만나고 나서는, 자신의 배경과 가문과 학식과 과거 바리새인 시절에 철저하게 율법을 지켰던 그 모든 자랑거리를 배설물로 여긴다고 말씀할 정도였습니다(빌3:4-9). 그러면서도 그는 자신이 완전하다고 주장하지 않았습니다.

> 내가 이미 얻었다 함도 아니요 온전히 이루었다 함도 아니라 오직 내가 그리스도께 잡힌 바 된 그것을 잡으려고 달려가노라 •빌3:12

사실 이미 앞에서 살펴본 대로 그는 예수님을 만나고 성령으로 거듭난 후에야 자신의 마음에 있는 죄성을 철저하게 깨닫게 된 것입니다.

> 만일 내가 원하지 아니하는 그것을 행하면 내가 이로써 율법이 선한 것을 시인하노니 이제는 그것을 행하는 자가 내가 아니요, 내 속에 거하는 죄라 내 속 곧 육신에 선한 것이 거하지 아니하는 줄을 아노니 원함은 내게 있으나 선을 행하는 것

은 없노라 내가 원하는 바 선은 행하지 아니하고 도리어 원하지 아니하는 바 악을 행하는도다 만일 내가 원하지 아니하는 그것을 하면 이를 행하는 자는 내가 아니요, 내 속에 거하는 죄니라 그러므로 내가 한 법을 깨달았노니 곧 선을 행하기 원하는 나에게 악이 함께 있는 것이로다 내 속 사람으로는 하나님의 법을 즐거워하되 내 지체 속에서 한 다른 법이 내 마음의 법과 싸워 내 지체 속에 있는 죄의 법으로 나를 사로잡는 것을 보는도다 오호라 나는 곤고한 사람이로다 이 사망의 몸에서 누가 나를 건져내랴 •롬7:16-24

사도 바울은 자신 안에 죄와 악이 있다는 것과 자신의 육신 안에 선한 것이 거하지 않으며, 자신 안에 있는 죄의 법과 하나님의 법이 투쟁하고 있음을 고백하고 있습니다[그런데 여기서 말하는 육신('사륵스')은 인간의 육체라기보다는 인간의 육체와 관련된 인간의 죄성을 말합니다. 사람에 따라 이것을 죄, 원죄, 죄성, 자아, 혼, 이기심 등으로 부르기도 합니다. 영어로 하면, 대문자 Sin이고, 이것으로부터 파생되어 짓는 죄들은 sins입니다].

그리고 그는 로마서 8:1 이하에서 "그러므로 이제 그리스도 예수 안에 있는 자에게는 결코 정죄함이 없나니 이는 그리스도 예수 안에 있는 생명의 성령의 법이 죄와 사망의 법에서 너를 해방하였음이라"는 선언을 하고 난 뒤에, 로마서 8:13에서 다음과 같이 말씀하고 있습니다.

너희가 육신대로 살면 반드시 죽을 것이로되 영으로써 몸의 행실을 죽이면 살리니 •롬8:13

성령으로 자유 함을 얻은 후에도 영(성령)으로 몸의 행실을 죽이라고 말씀하고 있는 것을 볼 수 있습니다. 그리고 로마서 8:23에서도 다음과 같이 말씀합니다.

> 그뿐 아니라 또한 우리 곧 성령의 처음 익은 열매를 받은 우리까지도 속으로 탄
> 식하여 양자 될 것, 곧 우리 몸의 속량을 기다리느니라 •롬8:23

사도 바울은 자신이 성령의 첫 열매이지만, 아직 탄식하며 몸의 속
량을 기다리고 있다고 말씀하고 있는 것을 볼 수 있습니다. 그는 또
갈라디아서 5:16, 17에서

> 내가 이르노니 너희는 성령을 따라 행하라 그리하면 육체의 욕심을 이루지 아니
> 하리라 육체의 소욕은 성령을 거스르고 성령은 육체를 거스르나니 이 둘이 서로
> 대적함으로 너희가 원하는 것을 하지 못하게 하려 함이니라 •갈5:16, 17

그는 성령과 육체(죄성)가 서로 대적하고 있다고 말씀합니다. 이것이
성령으로 거듭난 사도 바울과 같은 성도의 특징입니다. 만약 사도 바
울이 성령으로 거듭나지 않았다면, 자신의 심령 안에 끔찍한 죄성이
있는 줄을 결코 몰랐을 것입니다. 성령님은 우리 마음 안에 들어오셔
서, 우리 안에 있는 죄의 본성-옛사람, 아담적인 본성, 자아, 혼적 요
소-의 추악함을 깨닫게 해주시는 것입니다. 그래서 전에는 그 죄의
종노릇을 하며 살았던 것을 깨닫게 하여, 이제는 그 죄 된 본성을 미
워하고 성령의 도움으로 죄와 싸우는 사람이 되는 것입니다. 이것은
새 언약을 약속한 에스겔 선지자를 통해서도 하나님께서 이미 말씀
했던 것입니다.

> 그때에 너희가 악한 길과 너희 좋지 못한 행위를 기억하고 너희 모든 죄악과 가
> 증한 일로 말미암아 스스로 밉게 보리라 •겔36:31

그때, 즉 새 마음을 받을 때에는 그들이 새 마음, 새 영을 받았기에 새 마음을 받기 전의 모든 죄악과 가증한 일로 말미암아 스스로를 밉게 보리라는 하나님의 말씀입니다. 이것은 '새 마음'을 받음으로, 자신의 마음 안에 얼마나 '가증한 마음-아담적인 타락한 죄성'-이 자리 잡고 있었던가를 깨닫고, 또 자신이 이 옛사람의 죄의 종노릇한 것을 깨닫고 미워하게 된다는 것입니다. 그런 면에서 참된 회개는 성령으로 거듭난 성도만이 할 수 있는 것이라 할 것입니다. 참으로 성경은 신약과 구약이 일치를 이루는 것을 알 수 있습니다. 그리고 성령님 또한 죄를 책망하시는 분이십니다.

그가 와서 죄에 대하여, 의에 대하여, 심판에 대하여 세상을 책망하시리라 죄에 대하여라함은 그들이 나를 믿지 아니함이요 •요16:8, 9

이렇게 성령의 조명(照明)이 없이는 자신의 뿌리 깊이 숨어 있는 죄성을 깨달을 수 없는 것입니다. 물론 세상 사람들도 때로는 양심의 가책을 느끼며 자신의 잘못을 회개한다고 말합니다. 그러나 성경은 그것을 회개라고 하지 않습니다. 만약 그런 죄에 대한 회개로 죄가 사해질 것 같으면 예수님이 굳이 십자가에서 죽으실 이유가 없는 것입니다. 성경에서 말씀하는 회개는 죄인이 온전히 하나님께로 돌이키는 회개요, 또한 자신의 죄성을 보고, 통회하는 겸손한 마음만이 하나님이 인정하시는 회개인 것입니다. 그리고 이런 참된 회개를 한 성도의 심령은 하나님의 소생시키는 역사가 있는 것입니다.

게다가 사도바울은 자신의 신앙 연륜이 깊어질수록, 그의 죄성에 대한 깨달음 또한 깊어진 것을 볼 수 있습니다. 물론 자신의 죄성을 깊이 본다는 것 자체가 역설적으로 그가 하나님의 더 큰 은혜 가운데 있었다는 뜻입니다. 하나님의 은혜가 아니면 사람들은 절대로 자신의 내면 깊이 숨어 있는 전적으로 부패하고 타락한 죄성을 깨닫지 못하는 것입니다.

그래서 사도 바울은 고린도전서 15:9에서 "사도 중에 가장 작은 자"로 자신을 소개하고 있는 것을 볼 수 있습니다. 이때가 A.D. 50년경입니다. 그리고 에베소서 3:8에서 "모든 성도 중에 지극히 작은 자보다 더 작은 자"라고 고백하고 있는데, 이때는 A.D. 60년경입니다. 그리고 그 후 약 2년 뒤에 쓴 것으로 생각되는 디모데전서 1:15에서는 "죄인 중에 내가 괴수니라"라고 고백하고 있는 것을 볼 수 있습니다.

물론 사도 바울이 자신을 죄인 중에 괴수라고 하는 말은, '이 세상에서 사도 바울보다 더 악한 사람이 없다'는 뜻은 아닙니다. 이것은 '나는 누구보다 나의 죄 깊이를 잘 알고 있다'는 뜻으로 이해되어야 합니다. 그는 하나님의 은혜를 깊이 받을수록 더욱 자신의 추악한 내면의 실상을 더욱 잘 보게 되었던 것입니다. 그래서 그는 기꺼이 자기는 죽고 자신 안에 오직 예수 그리스도가 살게 되길 바랐던 것입니다.

> 내가 그리스도와 함께 십자가에 못 박혔나니 그런즉 이제는 내가 사는 것이 아니요 오직 내 안에 그리스도께서 사시는 것이라 이제 내가 육체 가운데 사는 것은 나를 사랑하사 나를 위하여 자기 자신을 버리신 하나님의 아들을 믿는 믿음 안에서 사는 것이라 •갈2:20

그런데 예수님은 "진리가 너희를 자유케 하리라"고 말씀하셨는데, 예수님을 믿어 성령으로 거듭난 성도가 자신이 '죄임 됨'을 더욱 깊이 깨달으면, 어떻게 참된 자유 함을 누리겠는가? 라는 의문이 듭니다.

물론 큰 은혜 가운데에 자유 함이 있는 것은 사실입니다. 그러나 큰 죄임을 깨닫는 것도 자유 함을 가져다줍니다.『악의 문제 바로보기』라는 글을 쓴 랜디 알콘은 자신이 엄청난 죄인임을 깨닫고 나서, 자신을 남에게 실제보다 잘 보여야 할 부담감이 사라졌다고 말했습니다.[27] 그리고 다음 글에서 소개하는 위대한 신앙의 선진(선배)들의 간증을 통해서도 이 문제는 자연스럽게 해결될 것입니다.

🕊 '죄인 됨'을 깨달은 성도들

성경에 보면, 하나님의 큰 영광을 본 사람들이 더욱 깊이 자신의 죄임 됨에 대한 깊은 깨달음이 있는 것을 알 수 있습니다. 하나님의 거룩함 앞에서는 깨끗하고 흠이 없는 천사들조차도 두 발을 가리고 두 눈을 가려야 할 정도입니다. **이사야**가 환상 중에 하늘 보좌에 앉으신 영광의 하나님을 뵈었을 때, 그는 자신의 부패함을 깊이 깨달았습니다.

> 그때에 내가 말하되 화로다 나여 망하게 되었도다 나는 입술이 부정한 사람이요 나는 입술이 부정한 백성 중에 거주하면서 만군의 여호와이신 왕을 뵈었음이로다 하였더라 •사6:5

---

27) 랜디 알콘, 정성묵 역, 『악의 문제 바로 알기』(서울: 두란노, 2011) pp.86-87.

하나님도 인정하셨던 의인 **욥**도 그가 정작 하나님을 눈으로 뵈었을 때 다음과 같이 탄식하는 것을 볼 수 있습니다.

내가 주께 대하여 귀로 듣기만 하였사오나 이제는 눈으로 주를 뵈옵나이다 그러므로 내가 스스로 거두어들이고 티끌과 재 가운데 회개 하나이다 • 욥42:5, 6

거룩한 삶을 살았던 **다니엘**도 금식 중에 힛데겔 강가에서 환상 중에 한 사람(성육신하기 전의 예수 그리스도)을 보게 됩니다.

그때에 내가 눈을 들어 바라본즉 한 사람이 세마포 옷을 입었고 허리에는 우바스 순금 띠를 띠었더라 또 그의 몸은 황옥 같고 그의 얼굴은 번갯빛 같고 그의 눈은 횃불 같고 그의 팔과 발은 빛난 놋과 같고 그의 말소리는 무리의 소리와 같더라… 그러므로 나만 홀로 있어서 이 큰 환상을 볼 때에 내 몸에 힘이 빠졌고 나의 아름다운 빛이 변하여 썩은 듯하였고 나의 힘이 다 없어졌으나 • 단10:5-8

그는 환상 중에 성육신하기 전의 예수 그리스도를 보고 자신의 힘이 빠진 것은 물론이고 자신의 아름다운 빛이 변하여 썩은 듯하였다고 고백하고 있습니다. 영광의 주님에 비하면 성결한 삶을 살았던 다니엘 같은 정결함도 '썩은 듯'한 것임을 보여주고 있는 것입니다.

사도 요한은 '예수께서 사랑하시는 제자'로 스스로 부를 만큼 예수님의 사랑을 많이 받았던 제자입니다. 요한복음 21장에 보면 그는 만찬의 자리에서 예수님의 품에 의지하여 기대어 있던 사람입니다. 더구나 그는 오순절의 성령 세례를 체험한 성도입니다. 그런데 그가 밧모 섬에서 유배당했을 때, 찾아오신 영광의 예수님을 뵈옵고는 그만 그 자리에서 죽은 듯이 납작 엎드려졌습니다(계1:17).

이것은 무엇을 말합니까? 주님이 사랑하시던 제자, 더구나 오순절 날 성령 세례를 받은 제자였고, 요한일서에 이미 살펴보았듯이 하나님과 늘 사귐이 있었던 그였습니다. 더구나 나이가 들어 성숙한 신앙의 경지에 있었던 요한이었습니다. 그러나 그는 영광중에 찾아오신 예수 그리스도 앞에 죽은 듯이 납작 엎드려져야 했습니다. 이것은 이 땅에서는 우리가 아무리 성숙한 성도가 될지라도, 주님의 영광 앞에는 제대로 설 수 있는 완전한 거룩함에는 이를 수 없다는 것을 보여줍니다. 우리는 성령으로 거듭난 성도라고 할지라도 여전히 죄성이 남아 있으며 예수님처럼 완전한 거룩함에는 이르지 못한다는 뜻입니다.[28]

이제 교회사를 통해서 자신의 죄임 됨을 깊이 깨달았던 성도들을 살펴보겠습니다.

교회사에 위대한 영적인 거장인 **아빌라의 데레사**는 자신을 가리켜 "가장 약하며 가장 악한 자", 그리고 "바로 내 자신이 악마의 바다"라고 불렀을 정도입니다.[29]

마틴 루터는 '죄의 자각이 있느냐'의 여부로 그 사람의 신앙의 진위 여부를 가늠하는 확실한 수단으로 간주했습니다. 다음은 그가 멜랑

---

28) 완전 성화를 주장한 사람은 요한 웨슬레입니다. 더러 교회사에 보면, 성화의 깊은 경지에 들어간 분들이 있습니다. 우리는 거듭난 후에도 이들처럼 거룩해지기 위해 기도해야 합니다. 그러나 이 땅에서 어느 정도의 성화는 가능해도, 예수님과 동등한 완전한 성화가 이루어지기는 어렵습니다. 부분적으로 온전해지는 듯한 때가 있기는 합니다. 그러나 전적으로 그러기는 어렵습니다. 어쨌든 더욱 예수님 닮기를 사모하는 것은 성도의 당연한 의무라 할 것입니다.

29) 제랄드 R. 맥더못, 황규일 역, 『주만 바라볼지라』 (서울: 기독교문서선교회, 1999), p.169에서 재인용

히톤이 몇몇 사람에 대한 판단을 주저하고 있을 때, 루터는 다음과 같이 조언했습니다.

> 그들의 영혼이 진정 구원을 얻었는지를 알기 위해서는 그들이 영적 절망과 하나님으로 인한 거듭남과 죽음, 지옥을 경험했는가를 물어보아야 한다. 만일 모든 것이(그들의 경험) 즐겁고 조용하며 열렬하며 (그들이 말하는 대로) 영적이라는 말을 듣는다면, 그들이 설사 셋째 하늘로 들려 올라갔다 왔다고 말한다고 해도 그들을 인정하지 말라. 크리스찬의 유일한 시금석이자 확실한 영분별인 인자의 표적이 보이지 않기 때문이다.[30]

존 칼빈은 "하나님을 알지 못하고는 자신을 알지 못한다"는 말로서 그의 유명한 『기독교 강요』 제1장을 시작하고 있습니다. 즉 하나님을 알지 못하면, 자신의 죄인 됨을 알지 못하고, 하나님을 알면 자신의 죄임 됨을 깨닫게 된다는 것입니다.

> 우리는 인간이 하나님의 임재를 모를 때는 굳건히 그리고 꿋꿋하게 서 있지만, 하나님의 영광이 나타나면 죽음의 공포에 의해 전율하고 경악하여 비참해지는 것을 볼 수 있다. 사실 그들은 하나님의 영광에 압도되어 혼비백산이 된다. 결국, 인간들은 하나님의 위엄과 자신들을 비교해보기 전에는 결코 자신의 비천함을 자각하고 깊이 감동되지 않는다는 사실을 알 수 있다.[31]

---

30) 이안 머리, 송용자 역, 『오래된 복음주의』 (서울: 부흥과개혁사, 2007), p.40.

31) 존 칼빈, 『기독교 강요』 (서울: 성서연구원, 2000), pp.68-69.

청교도 설교자인 로버트 볼턴은 다음과 같이 말했습니다.

불쌍하고 무지한 영혼들, 우리가 구름이 가득한 깊은 밤하늘에 별을 보듯이 그들은 하나님의 법안에 있는 빛이 거의 없이 자신의 죄를 본다. 그들은 단지 가장 큰 죄악만을 볼 뿐이다. 그러나 더 밝은 빛이 비추어지고 사실을 바르게 듣게 된다면 그들은 얼어붙은 쾌청한 겨울 한밤의 무수한 별들처럼 자신의 수많은 죄를 보게 될 것이다.[32]

미국 제1차 대각성 운동 때에 하나님께 크게 쓰임을 받은 **조나단 에드워드**는 그의 저서 『하나님을 아는 지식』이라는 글에서 "하나님께서는 긍휼과 사랑을 보여주시기 전에 먼저 비참을 깨닫게 하신다"고 말합니다. 그리고 또 다음과 같이 말합니다.

사람의 마음은 공로 없이 값없이 주어지는 그리스도 안에 있는 하나님의 긍휼을 받을 준비가 되어 있지 않습니다. 자기 자신이 그런 것을 받을 자격이 전혀 없다는 것을 인식하기까지는 말입니다. 실로 죄와 비참의 깨달음이 없이 그리스도 안에 있는 하나님의 구속하시는 은혜를 깨닫고 받는 일은 결코 있을 수 없습니다. 먼저 죄인은 자신의 죄와 비참함을 깨달아야 합니다. 그런 다음에야 그 죄와 비참에서 자기를 구속하시는 하나님의 은혜를 알 수 있습니다.[33]

그리고 다음은 자신의 '죄인 됨'에 대한 그의 고백입니다.

---

32) 이안 머리, 앞의 책, pp.40-41.

33) 조나단 에드워드, 서문강 역, 『하나님을 아는 지식 』 (서울: 지평서원, 2000), p.102.

만일 하나님께서 나에 대해 죄를 표시한다면, 나는 인간들 가운데 가장 커다란 죄인으로 나타날 것이다. 창세로부터 나와 같이 지옥의 낮은 자리에 처하게 될 사람은 없을 것이다. 나의 사악함은 내가 지금 처해 있는 것처럼 말로 할 수 없을 만큼 완벽하게 보여졌고, 마치 나의 머리 위에 홍수나 산들처럼 나의 모든 생각과 상상을 삼키고 말았다. 나는 나의 죄를 무한 위에 무한히 쌓이고, 무한에 무한을 곱하는 것 이상 달리 어떻게 표현해야 할지 모르겠다.[34]

그리고 그는 죄인임을 깨달은 성도에게도 이렇게 경고하고 있습니다.

죄와 위험에 대하여 어떤 깨달음을 받은 자들에게 권고하니, 그런 이들은 그 깨달음을 상실하지 말아야 한다는 것입니다. 만일 분발케 하시는 하나님의 성령의 감화를 얻었다면, 하나님께서 여러분을 만나신 것이고, 여러분의 죄를 반성하게 하신 것이며, 지옥의 위험에 처해 있음을 깨닫게 하셨다는 것입니다…. 여러분이 그 죄에 대한 깨달음을 상실하거나 영원한 것들에 관한 의식이 점점 무감각해지거나, 여러분의 영혼의 문제에 나태해지지 않도록 해야 합니다.[35]

그는 성도가 죄인임을 깨닫게 되었다면, 이 죄인 됨에 대한 깨달음을 상실하지 말아야 한다고 충고하고 있습니다. 이것은 죄인 됨에 대한 깨달음 자체가 하나님의 은혜 아래에 있다는 표지라는 의미입니다. 그래서 성도는 늘 하나님의 임재 아래에 있어야 하며, 그래서 자

---

34) 제럴드 R 맥더못. 앞의 책. p.78에서 재인용.

35) 조나단 에드워드. 앞의 책. pp.106-107.

신의 죄인 됨에 대한 깨달음이 적어지거나, 또한 영원한 나라에 대한 인식이 무감각해지지 않도록 조심해야 한다고 조나단 에드워드는 조언하고 있는 것입니다.

1882년에 **스펄전**은 다음과 같은 글을 썼습니다.

> 때로 우리는 현대 부흥 운동의 많은 부분이 축복보다 저주라고 생각하게 된다. 그것은 수천 명을 자신의 비참함을 알기도 전에 평안으로 인도했기 때문이다. 그것은 탕자를 아버지 집으로 데려왔지만, 그가 결코 "아버지 제가 죄를 지었습니다."라고 말하게 하지 못하는 것과 같다. 오늘날 사람들은 옛 방식의 죄의식을 멸시한다…. 그 결과 사람들은 신앙 속으로 뛰어 들어왔다가 다시 뛰어 나가고 만다. 그들은 겸손하지 않은 모습으로 교회에 왔고, 겸손하지 않은 모습으로 교회 안에 머물다 겸손하지 않은 모습으로 교회를 떠난다.[36]

존 뉴턴은 한때 악명이 높은 노예 상인이었습니다. 그런 그가 회심한 후, 목사가 되었습니다. 이 노예 상인 존 뉴턴은 말년에 이런 말을 남겼습니다. "내 기억은 거의 사라졌다. 하지만 나는 내가 큰 죄인이라는 것과 그리스도가 크신 구주라는 두 가지 사실은 기억한다."

그가 회심하기 전까지 극악한 노예 상인이었을 때는 그가 자신을 한 번도 죄인이라고 생각하지 않았습니다. 그러나 그가 예수님께로 회심 후, 참 신앙인이 된 후, 나이가 든 만년에 모든 기억이 희미해졌

---

36) 조나단 에드워드, 앞의 책, p.43에서 재인용.

으나 오직 자신이 큰 죄인이라는 것과 예수 그리스도가 크신 구주라는 것은 잊지 않았던 것입니다.

다음은 **로이드 존스목사**의 '복음주의와 죄의 자각' 이라는 글입니다.[37]

죄의 교리와 죄에 대한 이해가 없이는 진정한 복음주의도 없다. 나는 공정하길 원한다. 그러나 나는 죄의 자각이 없이 단지 "예수께로 오라"고 말하며 그분을 친구로 제시하며 경이로운 새 삶을 제안하는 복음은 신약의 복음주의가 아니라고 분명히 말한다… 복음주의는 하나님의 거룩함, 인간의 죄성, 악과 잘못된 행동의 영원한 결과로 시작해야 한다. 그 길을 통해 자신의 죄를 깨달아 구원과 구속을 위해 그리스도에게 피하는 자는 오직 인간뿐이다.

(거짓 가르침)은 어떤 진정한 의미에서도 회개를 강조하지 않는다. 그곳에는 구원으로 인도하는 넓은 문이 있다. 당신은 자신의 죄성을 깊이 느낄 필요가 없다. 자신의 마음이 얼마나 검고 어두운지는 알 필요도 없다. 당신은 단지 '그리스도를 믿기로 결정만' 하면 된다. 그리고 허다한 무리와 함께 달려가기만 하면 된다. 그리고 당신의 이름을 적고 '결단하고' 허다한 무리의 일원이 되면 된다. 그것은 청교도나 존 웨슬리, 조지 휘필드가 말한 복음주의와는 완전히 다르다. 그들의 복음주의는 사람들을 하나님의 심판에 대한 두려움으로 이끌었다. 그리고 때로 며칠씩, 혹은 몇 주, 몇 달씩 계속되는 영혼의 고뇌 속으로 사람들을 이끌었다.

---

37) 조나단 에드워드. 앞의 책. p.92에서 재인용.

라인홀드 니이버는 그의 저서 『자연과 인간의 운명』이라는 글에서 "인간이 하나님을 더 이상 알지 못한다는 최후의 증거는 자기 자신의 죄를 모르고 있다는 것이다"고 말했습니다.[38]

그리고 **오스왈드 챔버스**는 다음과 같이 말합니다.[39]

죄에 대한 감각은 거룩에 대한 감각과 비례한다.

그리고 그는 이어 위의 말을 정확하게 반영하는 찬송가를 소개하고 있습니다.

"최선을 다해 주님을 섬기려는 자는
자신 안에 가장 악함을 의식하는 자일세."

다음은 **켐벨 몰간 목사**의 간증입니다. 그는 마틴 로이드 존스 목사의 전임목사로, 유명한 웨스트민스터 교회의 담임 목사를 지낸 분입니다.

하나님의 사랑을 보지 못하는 사람은 하나같이 자신의 죄에 대한 의식도 상실하게 된다. 계시의 하나님을 알지 못하는 사람은 마치 자신이 계시의 빛 가운데 사는 사람인 것처럼 자신의 죄에 대해 말하지 않는다. 그런 사람은 죄를 거저 약점이나 결함 또는 발전을 위

---

38) 제럴드 R. 맥더못, 황규일 역, 앞의 책, p.169에서 재인용.
39) 오스왈드 챔버스, 스데반 황 역, 『죄의 철학』 (서울: 토기장이, 2010), p.147.

한 과정으로 여긴다. 오늘날 이 시대에 높은 지성을 자랑하는 사람들은 자신의 죄에 대하여 생각하거나 말하기를 싫어한다. 이것이 우리 모두가 수긍하는 사실이다. 그러나 엄연한 사실을 고의로 무시하는 것이 고도로 발전한 지성의 표식이 될 수는 없다. 다시 말하지만, 하나님을 보지 못하는 사람은 자신의 죄도 보지 못 한다⋯. 하나님 앞에 설 때, 우리는 죄가 무엇인지 깨닫기 시작한다. 나는 믿는 가정에 태어나 믿는 부모에게 양육을 받았다. 그리고 나는 이런 감사하고 온화한 환경 덕택에 상스러운 말을 입에 담거나 추악한 행동을 저지르지 않고 젊은 시절을 보낼 수 있었다. 나는 고막이 터질 듯한 시내산의 천둥소리에 덜덜 떨린 적도 없고, 그 소리에 마음속 깊이 죄를 자각한 적이 없다. 나는 십계명의 마지막 여섯 가지 계명에 대해 자신감을 보인 젊은 관원과 같은 마음을 가지고 늘 살았던지라 정결함 그 자체이신 주님의 얼굴을 빤히 쳐다보면서 "선생님이여, 이것은 내가 어려서부터 다 지켰나이다"(막10:20)라고 말할 수 있었다.

그러나 내가 하나님 앞에 섰을 때, 접근하기 어려운 시내산 자락이 아니라 성 밖의 황폐한 골고다 언덕에 의식적으로 섰을 때, 그래서 십자가의 수욕과 고통의 비밀 속에서 하나님의 마음을 보았을 때, 자신을 희생하시는 하나님의 마음, 자신을 부정하시는 하나님의 마음을 보았을 때, 내 자신이 얼마나 추악한 죄인인지 알 수 있었다. 나는 사랑이신 하나님 면전에 나아가 그 사랑 안에서 한 줄기 빛을 보았고, 그 빛을 보는 순간 말할 수 없는 부끄러움에 티끌처럼 작아졌다. 나의 슬픈 마음은 기도하기를 갈망했지만, 감히 하나님의 이름을 입에 올릴 수 없었다. 주님이 나를 살리기 위하여 자신을 버리신, 형언하기 어려운 사랑으로 느껴졌기 때문이다. 그리고 나는 죄가 지난날의 비행(非行)에 내재한 것이 아니라, '자아 중심'이라는 나의 본질적인 태도에 내재하고 있다는 것을 그 사랑의 빛 안에서 깨달았다. 그렇다. 내가 손을 입술에 대고, "나는 부정한 죄인입니다! 부정한 죄인입니다!"라고 흐느낀 것은 예수님이 나를 하나님의 마음으로 데려갔을 때이다.[40]

겜벨 몰간 목사는 형식적인 신앙생활을 하다가, 하나님의 사랑의 빛 아래에서 자신의 부패한 마음을 보았을 때, 그는 인간의 죄의 본질인 자아의 끔찍함을 깨달았던 것입니다. 그는 성령으로 거듭났으며, 이제 상한 마음, 애통하는 마음으로 자신을 부인하며 성화의 길을 걷게 된 것입니다. 이렇게 거듭남이 없으면 성화도 없는 것입니다.

이렇게 조나단 에드워드 목사, 스펄전 목사, 로이드 존스 목사, 그리고 켐벨 몰간 목사 등의 간증처럼, 오늘날 교회 안에는 하나님 앞에 선 적도 없고, 그래서 자신의 자아가 얼마나 끔찍한 죄인이라는 자각도 없이 '그저 그리스도를 믿고 결단만' 하면 구원받았다고 말하는 4영리의 문제점은 이것으로 더 분명하게 드러났다고 할 수 있을 것입니다. 어쨌든 우리 경건한 신앙의 선배들은 성령으로 거듭난 후에도 자신 안에 있는 죄 된 성품-자아, 육신, 혼, 아담적인 옛 성품 등-이 있음을 깨닫고, 더욱 죄를 미워하고 오로지 주님을 의지하는 거룩한 삶, 즉 성화의 삶을 살았습니다.

거룩한 삶을 살았던 **잔느 귀용 부인**은 다음과 같이 말합니다.[41]

---

40) 규장 출판사 편집부. 『하나님 사람에게 주는 하나님 음성』(서울: 규장, 2013), p.13 재인용.

41) 잰 존슨. 윤종석 역. 『경청기도』(서울: CUP, 2008), pp.176-177에서 재인용.

당신의 영혼을 송두리째 하나님 앞에 열어두라. 주께서 반드시 당신의 죄를 밝혀주실 줄 알라. 주님은 당신 안에 빛을 발하시며, 그렇게 빛을 발하심으로 당신의 모든 잘못의 본질을 보이신다.

시험을 내주시는 분은 어느 누구도 아닌 당신의 주님이므로 당신은 그분이 실상을 드러내시는 동안 그분 앞에 그냥 평안하고 침착하게 있으면 된다. 자신을 의지하지 말고 주님을 의지하라. 당신의 죄의 정도를 보여주실 것이다. 하나님이 다 알아서 드러내신다.

사실 성령 안에서 자신의 죄 된 마음이 그대로 드러나는 것은 고통스러운 일입니다. 그러나 자신의 참모습을 애써 외면하면 그는 결국 위선적인 사람이 될 것입니다. **요한 클리마쿠스**는 다음과 같이 경고합니다.[42]

흔히, 교만한 사람들은 대부분 자신의 참 자아를 끝내 발견하지 못한다. 스스로 보기에는 욕망을 극복한 것 같지만, 자신의 초라한 실상을 죽어서야 알게 된다.

살아 있을 때, 자신의 끔찍한 죄 된 자아를 발견하지 못한 사람은, 죽어서 지옥에 가서야 자신이 끔찍한 죄인임을 깨닫게 된다는 말을 요한 클리마쿠스는 에둘러 위와 같이 말한 것입니다. 참으로 무서운 말입니다.

---

42) 요한 클리마쿠스는 동방정교회의 고전으로 불리는 『거룩한 등정의 사다리』를 쓴 사람입니다. 게리 토마스, 윤종석 역, 『하나님을 향한 목마름』 (서울: CUP, 2014), p.216에서 재인용.

다음은 십자가의 **성 요한**이라고 불리는 요한의 말입니다.[43]

> 고갈되고 공허한 이 욕망의 밤에 인간은 또한 영적 성숙을 얻는다. 겸손은 악 중의 악인 교만과 상반되는 덕이다. 겸손은 자아를 알 때 얻어진다. 형통할 때, 교만에 빠졌던 모든 악과 부족함이 겸손을 통해서 정화된다. 이렇게 자신의 메마르고 비참한 실상을 알게 되면 전처럼 내가 남들보다 낫다는 생각이 애당초 들지 않는다.

"겸손은 자아를 알 때 얻어진다"는 십자가의 요한의 말을 숙고해 보시길 바랍니다. 사람이 자아의 본 모습을 알려면, 하나님의 임재 앞에 서야 합니다. 다시 말해 성령으로 거듭나서, 거룩한 하나님께서 자신의 비참하고 악하고 죄인 된 본질을 깨닫게 해 주실 때만, 사람은 자아의 비참함을 알 수 있습니다. 이때 사람은 자신이 하나님 앞에서 얼마나 큰 죄인인가를 깨닫게 되는 것입니다. 그리고 그는 비로소 겸손한 사람이 되는 것입니다.

그리고 동시에 이런 죄인을 사랑하사 독생자를 보내주신 하나님 아버지의 그 크신 사랑과 함께 그 높고 높은 영광의 보좌를 버리고 인류를 위해 이 낮고 낮은 땅에 오셔서 마침내 인류의 대속 제물로 십자가에서 돌아가신 성자 예수님의 은혜를 깊이 깨닫게 되는 것입니다. 자신의 더럽고 추악한 마음임에도 불구하고 기꺼이 그 마음 안에 들어오셔서 그 마음을 정결케 해 가시는 성령 하나님의 은총의 놀라움을 깨닫게 되는 것입니다.

---

43) 십자가의 요한이라고 불리는 그는 『가르멜의 산길』, 『영혼의 어두운 밤』을 쓴 사람으로 아빌라의 데레사와 함께 영적 거장입니다. 게리 토마스, 윤종석 역, 앞의 책 p.217에서 재인용.

그들은 이제 자신을 다른 사람과 비교하는 사람이 아니라, '자신을 그리스도와 비교'하는 사람이 되는 것입니다. 그리고 더욱 하나님과의 교제가 깊어지면 질수록 역설적으로 더욱 끔직한 자신의 죄성이 드러나게 되는 것입니다. 사도 바울을 비롯하여 하나님을 만난 성도들의 모습을 통하여 이 사실을 확인할 수 있었습니다(거듭난 성도에게는 여기서 소개하고 있는 것 외에 다른 특징들이 많이 있지만, 여기서는 본질적인 것 몇 가지만 다루었습니다).

🕊 자연인의 죄의 자각과 그리스도인의 죄의 자각

그러면 도대체 어느 정도의 죄에 대한 깨달음이 있어야 하는가? 궁금해 하는 분이 있을 것입니다. 그리고 다른 종교도 죄를 짓지 말라는 말들을 하고 있는데, 그들의 죄 인식과 성경에서 말하는 죄에 대한 깨달음과 어느 정도 차이가 있는지 궁금해 하는 분들이 있을 것입니다. 그래서 이제 성령으로 거듭난 성도와 거듭나지 않은 이 세상 자연인의 죄에 대한 자각을 살펴보겠습니다. 그러니까 인간의 죄에 대한 각성에는 크게 두 가지가 있는 셈입니다. 하나는 성령으로 거듭나지 못한 사람들에게서 보여지는 자연인의 양심의 작용으로부터 오는 죄의 각성이 있습니다. 이것을 로마서에서는 이렇게 말씀합니다.

> 율법 없는 이방인이 본성으로 율법의 일을 행할 때에는 이 사람은 율법이 없어도 자기가 자기에게 율법이 되나니 이런 이들은 그 양심이 증거가 되어 그 생각들이 서로 혹은 고발하며 혹은 변명하여 그 마음에 새긴 율법의 행위를 나타내느니라
> • 롬2:14, 15

그들은 성령의 빛이 아닌 양심의 빛으로 자신의 죄를 인식하는 것입니다. 그러나 한편으로 하나님의 말씀과 성령의 빛으로 인하여 깨닫는 죄의 각성이 있습니다. 죄인의 마음에 하나님의 영이 역사함으로 죄성의 더러움이 완전히 드러나, 자연인의 상태가 얼마나 더럽고 악한 것인지를 깨닫게 하는 죄의 각성이 있는 것입니다.

청교도 목사인 매튜 미드는 죄의 각성이 하나님으로부터 온 것인지, 자신의 양심으로부터 온 것인지를 구별하는 것으로 다섯 가지를 말하고 있습니다.[44]

첫째, 성령께서 깨닫게 하시는 영적인 죄의 자각은 은밀한 것까지 포함합니다. 즉, 자연적인 양심으로 인한 죄의 각성은 자연적인 빛에 거슬리는 죄, 즉 사람들이 문제 삼는 죄만을 인식하지만, 성령으로 인한 영적인 죄의 각성은 내적이며 비밀스럽고 드러나지 않은 죄, 즉 마음속의 위선, 형식, 미지근함, 무감각, 완악함 등까지 인식하게 합니다.

둘째, 자연적인 죄의 자각은 본성의 오염을 알지 못하나, 영적인 죄의 각성은 생활 속의 죄는 물론 마음속의 죄, 즉 본성의 죄까지 다룹니다. 그러면서 매튜 미드는 이 세상의 철학자들, 곧 로마의 철학자였던 세네카와 로마의 교육자였던 퀸틸리안의 죄에 대한 인식을 예를 들고 있습니다. 세네카는 다음과 같이 말했습니다. "죄는 당신과 함께 태어난 것이 아니라, 당신이 태어난 이후에 들어온 것이다." 퀸틸리안은 다음과 같이 말했습니다. "모든 사람이 정직하게 산다는 것보다 어떤 사람이 죄를 짓는다는 것이 더 이상하다. 즉 죄는 인간의 본성

---

44) 매튜 미드, 장호익 역, 『유사그리스도인』 (서울: 지평서원, 2000), pp.207–213.

과 대치되는 것이다."

이것이 하나님을 만나지 못한 이 세상 사람들의 죄에 대한 인식입니다. 불교나 유교와 같은 종교의 죄의 자각도 정도의 차이는 있지만, 이와 크게 다르지 않습니다. 물론 사도 바울도 주님께서 자신의 죄인됨을 깨닫게 하기 전에는 이들과 비슷했습니다. 그는 오히려 율법을 지키고 있으므로 스스로를 '의롭다'라고 생각하고 있었습니다. 그런데 그가 예수님을 체험하고 난 뒤, 그는 자신이 전적으로 죄인이요, 하나님의 원수요, 전적으로 부패한 자요, 본질상 하나님의 진노의 자녀였다는 것을 알게 되었던 것입니다(롬5:8, 롬5:10, 롬7:14-24, 엡2:3). 이처럼 인간의 심령이 전적으로 부패한 것을 알려주는 분은 오직 성령님이십니다.

셋째, 자연적인 죄의 자각은 영혼으로 하여금 죄 안에 있는 악보다 죄로 말미암아 생기는 결과로서의 악을 더 잘 발견합니다. 그러나 영적인 죄의 자각은 영혼으로 하여금 죄로 인한 악보다 죄 안에 있는 악(본질적인 악)에 더욱 민감하게 작용하게 합니다. 즉 하나님의 뜻을 거역하고 삶으로써 하나님을 불명예스럽게 한 것, 그리스도의 마음에 생긴 상처, 하나님의 성령의 슬픔, 이것이 수천의 지옥보다 더 그의 영혼을 괴롭게 합니다.

넷째, 자연적인 죄의 자각은 지속적이지 않지만, 영적인 죄의 자각은 지속적입니다. 그것은 죄인이 결국 변화하기까지 영혼 안에 머물러 있습니다. 그래서 그 상처는 하늘의 위대한 외과 의사 없이는 치유될 수 없습니다. 치유된다고 해도 상처의 흔적을 남깁니다. 그는 치유된 뒤에도 이렇게 외칠 것입니다. "여기 내 영혼에 여전히 남아 있는 회개의 흔적과 자취가 있습니다."

다섯째, 자연적인 죄의 자각은 그 사람으로 하여금 하나님을 무서워하게 합니다. 아담이 그랬듯이 하나님을 두려워하여 하나님으로부터 자신을 숨깁니다. 그러나 성령의 역사로 인한 죄의 자각은 그로 하여금 하나님께로 달려가게 합니다. 성령께서는 성도의 죄를 보여주시면서 그를 죄의 치유자이신 하나님께로 이끄십니다.

이렇게 참된 회심은 하나님의 은혜로 인한 죄의 자각으로부터 시작합니다. 그의 심령 깊이 숨어 있는 죄성이 드러나지 않는 한 그에게 그리스도는 결코, 발견되지 않습니다. 이것은 아프지 않은 사람은 의사를 필요로 하지 않는 것과 같습니다. 그러므로 이런 죄의 자각은 마음에 역사하시는 철저한 하나님의 은혜로 인한 것입니다. 이 은혜가 없기에 세상 사람들은 자신들이 얼마나 큰 죄인인가를 깨닫지 못하는 것입니다.

매튜 미드는 말합니다. "수준 높은 신앙 고백을 한다고 해도 마음속에 이 은혜의 작용이 없으면 참된 그리스도인이 아니며, 하나님께 받아들여지지 않는다." 그런 사람을 두고 그는 그리스도인과 비슷해 보이지만 실제는 그리스도인이 아닌, '유사(類似) 그리스도인(Almost Christian)'이라고 불렀습니다. 이것은 4영리가 제시하는 것과 너무나 다르지 않습니까? 그러면 여러분은 어떻습니까?

🕊️ '죄인 됨'을 깨닫게 하시는 이유

인간의 본질은 지옥에 합당함,
그래서 인간은 구원자인 그리스도(메시아)가
필요하다는 것을 스스로 깨닫고
그리스도를 의지하게 하시려고

하나님께서 죄인임을 깨닫게 하시는 이유는 인간을 참으로 사랑해서 입니다. 하나님 앞에 선 인간의 죄인 된 본질을 보이심으로 우리의 타락이 얼마나 깊고 철저한가를 깨닫게 하셔서, 이런 타락한 본질에서 나오는 어떤 행위로도 거룩하신 하나님을 만날 수 없는 악한 존재라는 것을 뼈저리게 깨닫게 하시는 것입니다. 그리고 우리 죄인을 위해서 죽으신 예수 그리스도의 십자가로 그를 인도하시는 것입니다. 그러므로 예수님의 십자가의 죽으심에 대한 깊은 깨달음, 즉 나 같은 죄인을 위해서 하나님의 아들이 대신 죽었구나! 하는 깨달음이 없이는 인간은 구원받을 수 없습니다. 그래서 구원받은 성도는 예수님의 십자가에서 자신의 죄의 크기를 깨닫는 것입니다.

예를 들어 보겠습니다. 감기에 걸린 환자가 의사에게 갔을 때, 의사는 그 감기 때문에 폐를 들어내는 대수술을 하지는 않습니다. 다리에 장미 가시에 긁힌 상처가 났다고 다리를 절단하는 의사는 없습니다. 그런데 하나님께서는 인간의 죄 때문에 하나님의 하나뿐인 독생자─예수 그리스도─를 십자가에 못 박아 죽였습니다. 이것은 하나님 앞에서 인간의 죄의 크기가 얼마나 크고 끔찍하다는 것을 보여주는 반증입니다. 만약 인간이 자기를 수양하여 마음을 다스리는 이 세상의 여러 도덕적인 선행이나, 아니면 다른 종교를 통해서도 굳이 구원이 주어질 수 있다면, 하나님께서는 그 아들을 십자가에 결코 못 박지 않았을 것입니다. 만약 자신의 잘못을 뉘우치는 정도로 인간의 구원이 가능한데, 굳이 독생자를 십자가에 못 박는 행위는 하나님께서 인간의 죄를 엄청나게 과장하는 쇼를 하는 것과 같은 것입니다.

그러나 하나님은 쇼를 하시는 분이 아닙니다. 조금도 위선이 없는 분이십니다. 차마 죄를 보지 못하는 거룩하신 분이십니다. 그러므로 인간의 죄악의 크기는 오직 흠 없고, 죄 없는 하나님의 아들 예수 그리스도의 피에 의해서만 씻을 수 있을 정도로 크고도 혐오스러운 것이라는 것을 예수님의 십자가는 선언하고 있는 것입니다. 인간의 죄는 인류를 위해 위대한 일을 하고, 큰 업적을 쌓고, 위대한 사상을 펼쳤다고 해도 그 어떤 인간의 선한 행위로도 인간의 본질적인 죄는 사해질 수 있는 그런 것이 아니라는 것입니다.

그리고 하나님께서 성령으로 거듭나야 한다고 '거듭남'을 요구하신 것도 인간의 죄는 절대로 가볍지 않다는 의미를 포함하고 있습니다. 성령으로 거듭남이 없는 인간의 지금의 상태로는 '소망이 전혀 없다'는 뜻입니다. 그래서 반드시 거듭나서 '새로운 마음, 새 영'(겔36:26)을 받아야 하며, '새로운 피조물'(고후5:17)이 되어야 한다는 말씀입니다.

그런즉 누구든지 그리스도 안에 있으면 새로운 피조물이라 이전 것은 지나갔으니 보라 새것이 되었도다 •고후5:17

이렇게 옛사람을 죽이고, 새로운 피조물이 되게 하는 것이 그리스도의 십자가입니다. 이렇게 예수님의 십자가는 하나님께서 인간의 죄를 어떻게 보시고 있는가 하는 하나님의 시각을 적나라하게 드러내신 것입니다. 십자가는 인간의 죄에 대한 하나님의 불변하는 심판이요, 정죄요, 선언인 것입니다.

"너희의 죄는 이와 같이 십자가에 사형당해 죽어 마땅하며, 너희 본질은 지옥 불에 던져야 마땅하다. 너희는 그리스도의 십자가의 보혈에 의지하여 그 죄를 씻고, 성령으로 거듭나지 않고는 아무 소망이 없는 존재다!"라는 선언인 것입니다.

그러나 십자가에는 이런 심판의 측면만 있는 것이 아니라, 인간의 그런 끔찍한 죄인 됨에도 불구하고, 그것을 넘어서서 죄인을 사랑하시는 하나님의 크신 사랑의 표현이라는 측면도 있는 것입니다. 지옥 불에 던져 마땅한 죄인을 긍휼히 여기시는 하나님의 그 크신 사랑 때문에, 하나님은 독생자이신 예수님을 그 참혹한 십자가에 우리 대신 매달았던 것입니다.

하나님이 세상을 이처럼 사랑하사 독생자를 주셨으니 이는 그를 믿는 자마다 멸망하지 않고 영생을 얻게 하려 하심이라 •요3:16

그러므로 십자가에 나타난 하나님의 죄에 대한 거룩한 심판을 깨닫는 동시에 그런 죄인임에도 불구하고 인간을 사랑하시는 그 큰 사랑, 이 둘을 우리는 십자가에서 깊이 깨닫는 것입니다.

그래서 한 인간이 성령으로 거듭나, 하나님의 자녀가 될 때, 하나님께서는 이 두 가지를 다 깨닫게 하시는 것입니다. 물론 사람에 따라 역사하시는 순서는 다를 수 있습니다. 먼저 큰 은혜를 받게 하시고, 그리고 천천히 죄성을 보여주실 때도 있고, 먼저 끔찍한 죄인임을 보여주시고, 그리고 하나님의 그 큰 사랑으로 감싸는 경우도 있습니다. 이 둘을 번갈아 가며 보여주시기도 하십니다. 어쨌든 하나님께서는 죄인에게 은혜를 베푸심으로, 죄인 됨의 본질을 철저하게 깨닫게 하시어, 인간은 이 메시아이신 예수 그리스도 없이는 구원도 불가능하며, 성화도 불가능하다는 것을 보여주시는 것입니다. 그래서 오직 십자가에 달린 예수님만을 바라보게끔 인도하시는 것입니다.

다음은 1859년 북아일랜드에서 일어난 이야기입니다.[45]

당시 테리읍에 있는 제일 장로교회에서 부흥이 있었습니다. 그때, 수백 가지 일화가 발생했는데, 그중의 한 가지 일화입니다. 교육을 많이 받고, 도덕적으로 품행이 아주 방정한 생활을 하던 한 상인은 갑자기 자기 눈앞에서 지옥문이 열리는 것을 보았습니다. 그런데 불가항력적인 어떤 힘이 그를 강제로 그곳으로 빠뜨리려고 하는 것처럼 느꼈습니다. 그는 주변을 둘러보며 스스로에게 이렇게 말했습니다. "나는 지금 내가 어디 있는지 안다. 이곳은 내가 평소에 예배를 드리던 교회이다. 나는 지금 환영을 보고 있을 뿐이다!"

그러나 밑을 내려다보니 거기에는 지옥이 있었습니다. 그는 자리에서 일어나 자기 앞에 있는 의자 등받이를 움켜잡았습니다. 지옥에서 올라오고 있는 연기가 자기 얼굴로 퍼부어지고 있는 것 같았습니다. 그는 몸서리를 치고는 마음속으로 이렇게 부르짖었습니다.

---

45) 웨슬리 듀엘, 안보현 역, 「세계를 바꾼 부흥의 불길」(서울: 생명의말씀사, 2000), pp.175-183.

"내 죄! 내 죄! 나는 버림받았다!" 그는 비틀거리며 교회 건물을 빠져나와 자기 집으로 갔습니다. 그는 말합니다. "그때 누가 나에게 어디로 가고 있느냐고 물었다면 나는 아마 절망적인 목소리로 차분하게 '지금 나는 지옥으로 가고 있다'고 대답했을 것입니다."

그는 자기 방으로 돌아오자마자 몇 시간 동안 울부짖으며 하나님의 자비를 구했습니다. 그러자 하나님의 약속들이 생각났습니다. 그는 기쁘게 그 말씀을 붙잡았습니다. 그의 영혼이 '천상의 빛'으로 차기 시작했습니다. 그는 마침내 그리스도인이 되어 일어섰습니다. 그리고 그 밤에 읍내를 가로질러 자기 동업자 집으로 뛰어가 문을 두드렸습니다. 문이 열리자, 그는 이렇게 소리쳤습니다.

"나는 그리스도를 발견했어! 자네에게 그 이야기를 해 주려고 이렇게 달려왔지!" 그들은 함께 기도했으며 그 동업자도 나흘 만에 그리스도인이 되었습니다.

주님께서는 먼저 천국의 큰 기쁨을 주시고 천천히 죄인임을 깨닫게도 하시고, 먼저 지옥에 가야 마땅한 죄인임을 먼저 깨닫게 하시고, 뒤에 큰 기쁨을 주시기도 하십니다. 이 순서의 선택도 전적으로 주님에게 속한 것입니다. 그러나 어쨌든 이런 체험을 통해서 위의 상인처럼, 아무리 품행이 방정한 사람이라고 할지라도 그 심령에 예수 그리스도가 없는 상태, 즉 예수님과의 친밀한 교제가 없는 상태가 곧 지옥이며, 예수 그리스도 자신이 곧 천국이요, 천국의 의요, 평강이요, 기쁨이라는 것을 계시해 주시는 것입니다.

그래서 구원받은 성도들의 간증을 보면, 하나님의 사랑과 인간의 죄에 대한 각성 등이 뒤섞여 있는 것을 볼 수 있습니다. 그런데 이 균형은 하나님이 알아서 잡아주십니다. 루터가 말한 '구원받은 죄인'이라는 것이 그 균형을 잘 보여주고 있는 말입니다. 그리고 '이미 구원받았으나 아직 완성된 것은 아니다'라는 깨달음도 그 균형을 잘 보여주고 있는 말입니다. 그리고 하나님은 어떤 날은 은혜로만 가득하게 하시다가, 또 어떤 날은 자신의 죄성을 보고 깊이 탄식하게도 하시는 것입니다. 그러시면서 그리스도의 장성한 분량으로 자라게끔, 성화의 길로 인도하시는 것입니다.

물론 성화에 있어서는 진보가 빠른 성도도 있고 좀 느린 성도도 있습니다. 그러나 한 가지는 분명합니다. 우리는 죽을 때까지 성화는 주님의 은혜에 의지해 그 길을 가야 한다는 것입니다. 포도나무 비유처럼, 예수님을 떠나서는 아무것도 할 수 없는 연약한 존재라는 것을 우리는 철저하게 깨달아야 합니다.

나는 포도나무요 너희는 가지라 그가 내 안에, 내가 그 안에 거하면 사람이 열매를 많이 맺나니 나를 떠나서는 너희가 아무것도 할 수 없음이라 •요15:5

그러나 반대로 사탄은 우리의 죄를 보지 못하게 숨기며, 우리를 죄를 짓게 유혹합니다. 그래서 세상 사람들은 자신이 죄인이라는 각성이 없습니다. 이것은 이 세상의 신인 사탄이 세상 사람의 마음을 혼미하게 하여 사람들이 자신의 비참한 죄인 됨을 깨닫지 못하게 막고 있기 때문입니다. 그래서 그리스도의 필요성을 전혀 깨닫지 못하게 하는 것입니다. 거듭나기 전의 성도의 상태가 그랬습니다. 그래서 하나님의 은혜로 죄인이 자신의 죄임 됨을 깨닫는 것은 참으로 복이 있는 것입니다. 산상수훈에서 예수님이 심령이 가난한 자가 복이 있다

(마5:3)는 말씀이 그런 뜻입니다. 이것은 하나님께서 그 사람을 그리스도에게로 인도하시고 있다는 증거인 것입니다.

그리고 사탄은 거듭난 성도라고 할지라도 혹 죄를 지으면, 지나친 정죄감을 심어주거나, 아니면 죄를 합리화를 시켜 그리스도를 바라보지 않게 하려고 애를 씁니다. 그러나 성령으로 거듭난 성도를 일시적으로 속일 수는 있으나, 영영 속일 수는 없습니다. 다윗이 좋은 예입니다.

그리고 하나님은 말씀과 기도를 통해서 우리 자신의 모습을 비추어 보게 하시는 것입니다. 그러나 하나님이 우리의 죄를 보여주실 때는, 결코 정죄하기 위한 것이 아닙니다. 우리의 죄를 씻을 분은 오직 예수 그리스도뿐이라는 것을 다시금 깨닫게 하시고, 그리고 그리스도의 십자가로 인도하여, 십자가의 큰 사랑만을 의지하게 하여, 하나님의 큰 사랑으로 위로하시고자 죄를 보여주시는 것입니다.

🕊 죄인 괴수들에게 넘치는 은혜

그러면 하나님이 주시는 죄인 됨에 대한 깨달음과 사탄이 주는 죄의 정죄감은 어떻게 다른가 하는 것입니다. 여기에 대한 답은, 죄인 된 자아 인식이 하나님을 만남으로부터 온 것이라면, 자신의 죄인 된 성품을 알면 알수록 낙심이 되는 것이 아니라, 오히려 격려가 된다는 사실입니다. 이것은 이상하게 생각되겠지만 사실입니다. 하나님의 계시는 위로와 함께 오고, 그분의 온유한 사랑의 지적은 인정(認定)과 짝을 이루며 다가오기 때문입니다. 이 경험은 질책보다 목욕(沐浴)처럼 느껴지는 것입니다.[46)]

그리고 비록 사탄이 주는 정죄감이 들 때에도(우리가 죄를 지었을 때, 하나님이 이를 허용하신 것이므로) 우리는 빨리 눈을 들어 예수님의 십자가를 바라보고, 죄를 자백하며 그 십자가에서 흘린 피로 우리의 죄의 문제를 해결해야 합니다. 그러면 정죄감이 사라지고 하나님으로부터 놀라운 위로가 오는 것입니다.

> 만일 우리가 우리 죄를 자백하면 그는 미쁘시고 의로우사 우리 죄를 사하시며 우리를 모든 불의에서 깨끗하게 하실 것이요 •요일1:9

그리고 하나님이 우리를 성장시키기 위하여 보여 주시는 것으로, 우리의 죄인 됨에 대한 깨달음도 있습니다. 이것은 하나님이 성도를 영적으로 성장시키고 있다는 좋은 증거인 것입니다. 교황 인노센트 2세로부터 "당신은 하나님을 너무 많이 사랑하는 바람에 사람을 사랑할 시간이 없군요"라는 말은 들었던 사람인 페넬롱은 이것을 다음과 같이 말합니다.[47)]

> 내면의 빛이 더 밝아지면 이제부터 자신의 부족한 모습이 이전보다 훨씬 크고 해로워 보인다…. 하지만 이 경험은 당신을 낙심시키기는 커녕 오히려 모든 자만심을 뽑고 교만이라는 건물을 완전히 무너뜨리는 데 도움이 된다. 자신의 비참한 모습을 보면서도 불안과 낙심

---

46) 게리 토마스, 윤종석 역, 『하나님을 향한 목마름』 (서울: CUP, 2014), p.224.

47) 게리 토마스, 앞의 책, pp.224-225에서 재인용.

이 없어진다. 영혼이 알차게 진보하고 있음을 이보다 더 잘 보여주는 징표는 없다.

그리고 그는 또 말합니다.

우리를 온전하게 하시기 위해서 우리의 혼이라는 껍질을 벗기시는 하나님. 그분께서는 그렇게 하심으로 우리의 사랑을 더 정결케 하신다. 그분은 우리가 신뢰했던 그 모든 것을 무너지게 하심으로 말미암아 우리로 하여금 마침내 그분의 시험에 합격하게 하신다.

17세기의 유명한 스코틀랜드의 목사인 사무엘 러더포드는 다음과 같이 말합니다.

하늘로 통하는 통로는 너무 좁아 우리 몸에 덕지덕지 붙어 있는 자기애, 자만, 세상만을 사랑함이라는 혹들을 떼어내어야만 우리가 그 좁은 통로를 통과할 수 있다.[48]

조나단 에드워드도 "자신의 무가치함을 알 때, 은혜의 행복이 더욱 증폭된다"고 말하며 그리고 또 다음과 같이 말했습니다.

또한, 구원의 영광을 하나님께 돌리지 않는 어느 누구도 그 구원의 은혜를 받지 못하게 하셨습니다. 바로 이 때문에 하나님께서는 죄인이 자기 죄와 비참과 스스로 어찌할 수 없는 상태를 인식하고 나

---

48) 마크 듀퐁, 박미가 역, 『열린 하늘을 통하여 하나님을 경험하라』 (서울: 은혜출판사, 2003) p.172.

서야 하나님의 구속하시는 사랑과 은혜를 깨닫게 하십니다. 그것은 정말로 절대적으로 필요한 것입니다…. 하나님께서 이런 방식으로 당신이 선택한 백성들의 영혼을 다루실 때 당신 자신의 영광뿐만 아니라, 선택한 백성들의 행복을 위하십니다…. 그렇게 함으로써 그들은 자기들을 향하신 하나님의 긍휼하심이 얼마나 놀랍게 베풀어지고 주권적인가를 인식하게 되고 자기들을 구원하신 그 하나님의 은혜가 얼마나 큰 것인가를 깨닫게 됩니다. 그럼으로써 그 하나님의 긍휼과 사랑을 더욱더 높이 칭송합니다.[49]

그리고 하나님께서 자기 죄로 애통해 하는 자를 위로하신다는 말씀을 성경에서 찾아볼 수 있습니다.

여호와는 마음이 상한 자를 가까이하시고 충심으로 통회하는 자를 구원하시는 도다 •시편 34:18

진실로 그는 거만한 자를 비웃으시며 겸손한 자에게 은혜를 베푸시나니 •잠3:34

지극히 존귀하며 영원히 거하시며 거룩하다 이름하는 이가 이와 같이 말씀하시되 내가 높고 거룩한 곳에 있으며 또한 통회하고 마음이 겸손한 자와 함께 있나니 이는 겸손한 자의 영을 소생시키며 통회하는 자의 마음을 소생시키려 함이라 •사57:15

나 여호와가 말하노라 내 손이 이 모든 것을 지었으므로 그들이 생겼느니라 무릇 마음이 가난하고 심령에 통회하며 내 말을 듣고 떠는 자 그 사람은 내가 돌보려니와 •사66:2

---

49) 조나단 에드워드, 앞의 책. pp.103-104.

예수님도 유명한 산상수훈의 팔복에서 다음과 같이 말씀하셨습니다.

심령이 가난한 자는 복이 있나니 천국이 그들의 것임이요 애통하는 자는 복이 있
나니 그들이 위로를 받을 것임이요 •마5:3, 4

이렇게 하나님께서는 인간의 죄의 끔찍함에도 불구하고 인간의 마
음 속 깊이까지 내려오셔서, 그 죄성을 밝히 보여주시면서 그것을 깊
은 회개로 이끄시며 동시에 그들을 하늘의 사랑으로 위로하시는 거
룩하고도 놀라운 사랑의 하나님이신 것입니다.

사람들이 외적인 죄를 깨닫는 것은 그리 어렵지 않습니다. 그러나
내면 깊숙이 숨어 있는 자만, 야망, 쓴 뿌리, 질투 등등의 죄성은 성
령님의 특별한 역사가 없이는 그 깊이를 깨닫기 어려운 것입니다.

그래서 예레미야 선지자를 통해서 하나님은, "만물보다 거짓되고
심히 부패한 것은 마음이라 누가 능히 이를 알리요마는"(렘17:9)이라고
말씀하신 것입니다.

예수님도 "나는 의인을 부르러 온 것이 아니요 죄인을 부르러 왔노
라"(막2:17, 마9:13)고 말씀하셨습니다. 또 "수고하고 무거운 짐 진 자들
아 다 내게로 오라 내가 너희를 쉬게 하리라"(마11:28)고 말씀하셨습니
다. 죄의 짐보다 더 무거운 짐은 없습니다. 하나님에 대하여 살아 있
는 성도에게는 죄의 짐보다 더 혐오스러운 것이 없습니다.

그러나 하나님에 대하여 죽어 있는 사람은 자신의 죄인 됨에 아무
런 무게도 느끼지 못하는 것입니다. 예수님은 진정한 자신의 죄임 됨
을 깨닫지 못하면서도 경건한 척 외식(外飾)하고 있는 바리새인들과 서

기관들에 대해서는 "뱀들아 독사의 새끼들아 너희가 어떻게 지옥의 판결을 피하겠느냐"(마23:33)라고 하시며 그들의 죄성과 그리고 결코 회개하지 않는 완악한 마음의 상태를 신랄하게 지적하며 저주하셨습니다.

그런데 이 죄에 대한 각성은, 회개한 후 시간이 흐르면서 더욱 깊어집니다. 물론 이런 일은 성령께서 우리가 거룩하고 성결하게 자라게 하기 위해서 지속적으로 우리의 죄를 지적해 주시기 때문에 발생합니다. 사실 우리는 우리 자신의 죄를 깨달을 능력도 없고, 그 죄로 인하여 슬퍼할 능력도 없습니다. 성령께서 오시어 죄에 대하여 세상을 책망하시기에 가능한 것입니다(요16:8).

그런데 성령께서 우리의 모든 죄(죄성)를 한 번에 다 지적해 주지 않으십니다. 성령께서 우리를 그렇게 다루시는 것은 우리의 모든 죄를 한 번에 다 보여주실 경우 우리가 그것을 도저히 감당할 수 없기 때문입니다. 이런 사실들은 죄에 대한 우리의 지식이 연속적이며, 점진적인 특성을 지니고 있다는 것을 가르쳐 줍니다. 따라서 성도가 이전에는 결코 알지 못했던 죄성을 의식하게 되었다고 해서 근심하거나 당황할 필요가 없습니다.

오 할레스비[50]는 성령께서 그렇게 점진적으로 죄를 깨닫게 하시는 이유를 하나님께서 그 자녀들로부터 평화와 자신감을 빼앗지 않기 위해서라고 말합니다. 그렇다면 하나님께서 우리에게 죄성을 지적하실

---

50) 오 할레스비, 배응준 역, 「영의 보호」 (서울: 규장, 2010) pp.166-167.

때는 더욱 하나님의 큰 사랑과 보호를 통해, 우리가 그 죄를 이기고 우리가 더욱 하나님의 은혜 아래에서 그리스도의 장성한 분량으로 자라게 하려는 목적으로 그렇게 함을 알 수 있습니다.

오 할레스비는 또 다음과 같이 말합니다.

> 덴마크의 신학자 키에르케고르는 '하나님을 믿는 것은 15만 미터 깊이의 심연에 자신을 던지는 것과 같다'고 말했습니다. 하나님께서 우리의 죄를 자각하게 해주심으로써 우리가 그 죄를 참을 수 없이 불쾌한 것으로 여기게 될 때, 우리는 비로소 그렇게(15만 미터 깊이의 심연에 몸을 던지는 것: 역자주) 할 수 있는 용기를 얻게 됩니다.[51]

그러므로 하나님의 은혜로 자신 안의 큰 죄성을 본 성도는 복이 있는 성도입니다. 그는 죄를 극도로 미워하여, 오직 그 죄를 이기게 하는 더 깊은 그리스도의 사랑의 심연 속으로 자신을 기꺼이 던질 것입니다. 그는 사도 바울처럼 자신은 죽고 오직 예수만 사는 경지를 사모하고 언젠가 그 놀라운 경지까지 이르게 될 것이기에 그렇습니다.

---

51) 요한 아른트, 노진준 역, 『진정한 기독교』(서울: 은성, 2004) p.53. 요한 아른트는 독일을 루터교 신학자로 제2의 루터로 불리는 학자입니다.

거짓 겸손을 조심하라

자신이 끔찍한 죄인임을 깨달은 성도는 세상적인 것을 부인하게 됩니다. 왜냐하면, 이 세상의 것들은 참 행복과는 거리가 멀다는 것을 깨달았기 때문입니다. 물론 돈과 섹스, 권력 같은 것들을 전적으로 부인하는 것은 힘든 것이지만, 하나님의 온전하심을 체험한 성도로서 그런 것들에게 더 이상 마음을 빼앗기지 않는 것입니다. 그래서 더 이상 이것들이 우상이 되지를 못하는 것입니다. 이러한 자기 부인은 제2의 루터교 신학자로 불리는 요한 아른트가 말한 대로, 사기, 간음, 도적질, 탐욕, 그리고 명백한 '외적 우상들'에 대하여 죽는 것을 의미합니다. 그런데 또 다른 종류의 자기 부인이 있습니다. 이것은 자기를 높이려는 자연스러운 경향에 대한 '자기 부인'입니다. 요한 아른트는 이것을 '내적 회개'라고 불렀는데, 이것은 외적인 자기 부인보다 차원이 높고 깊은 것으로서 '자아의 교만'에 대하여 죽는 것을 말합니다. 성령으로 거듭나지 못한 사람도, 자신의 명예나 건강 등에 손실이 가기에 '외적 우상들'을 부인할 수 있습니다. 그러나 자기 교만이라는 '내적 우상'은 성령으로 거듭난 성도가 아니면 그것을 부인한다는 것은 불가능한 것입니다.

예를 들면, 세상의 모든 쾌락은 다 버렸으면서도 자기의 교만을 버리지 못한 은둔자들이 있습니다. 조나단 에드워드도 그들에 대하여 다음과 같이 말했습니다.

> 그들은 그리스도를 위해 자신들을 부인하지 않았다. 그들은 다른 한 욕망을 채우기 위해 한 가지 욕망만을 팔았을 뿐이다. 그들은 짐

승의 욕망을 팔아 마귀의 욕망을 충족시키고자 했기 때문에 결코 나을 것이 없으며, 오히려 그들은 나중보다 더 악하게 되어 버렸다."

이런 영적인 교만은 다음의 몇 가지 특징을 가지고 있습니다. 첫째는 자신의 영성을 다른 사람의 것보다 우월하게 여긴다는 것입니다. 바리새인들은 자신들의 영성이 다른 사람들보다 낫다는 사실에 감사했습니다. 둘째는 다른 사람들을 가르치기 전에는 절대로 만족을 모른다는 것입니다. 그는 스스로 "소경의 길을 인도하는 자요 어두움에 있는 자의 빛이요 어리석은 자의 교사요 어린아이의 선생이라고 스스로 믿는다"(롬2:19, 20)는 것입니다.

그러나 참으로 겸손한 성도는 교회 안에 있는 선생들이 더 큰 심판을 받을 줄(약3:1)을 알며, 자기보다 남을 더 낮게 여기는(빌2:3) 사람인 것입니다. 물론 그렇다고 선생이 필요 없다는 말이 아닙니다. 교회 안에서 가르치는 은사, 지도자의 은사는 교회의 유익을 위해서 반드시 필요한 것입니다. 성경도 은사의 사용을 말씀하고 있습니다(롬12:4-8). 은사를 제공하는 것과 자신이 반드시 남을 가르치는 지도자가 되어야 한다는 것과는 다른 것입니다. 영적으로 교만한 사람은 자신의 은사를 우러러 보지만, 겸손한 사람은 "심령이 가난한"(마5:3) 사람인 것입니다.[52] 토마스 아 켐피스는 "영광에 들어가면 갈수록 그들은 더욱 더 겸손해지는 것이다."라고 말했습니다.

참으로 겸손은 성도의 중요한 덕목입니다. 베네딕트 수도회에서 겸손은 계율의 밑바탕에 깔려 있는 덕목이라고 합니다. 성 그레고리 대

---

[52] 제랄드 R. 맥더못. 황규일 역. 앞의 책. pp.165-168에서 재인용.

제는 겸손을 '온갖 미덕의 어머니요, 여왕'이라고 말했습니다. 칼빈은
어거스틴의 말을 지지하면서 이렇게 말했습니다. "만약 나에게 기독
교에서 무엇이 첫째 교훈이고, 둘째 교훈이며, 셋째 교훈인가를 묻는
다면, 첫째도 겸손, 둘째도 겸손, 셋째도 겸손이라고 대답할 것이다."

그리고 칼빈은 또 다음과 같이 말합니다. "온갖 교만을 버리고 참
된 겸손을 기꺼이 받아들이지 않는다면 절대로 구원에 다가갈 수 없
다…. 겸손이란 겸손의 결핍과 고통을 뼈저리게 인식했을 때, 휘몰아
쳐 오는 거짓 없는 마음으로 진실하게 순종하는 것이다."

아빌라의 데레사는 겸손을 건물의 기초와 같다고 다음과 같이 말
했습니다. "만약 겸손이 올곧은 모습으로 자리 잡고 있지 않다면, 바
로 당신 자신을 위하여 주님께서는 그 건물이 땅바닥으로 주저앉지
않도록 결코 높은 건물을 세우지 않으실 것이다."

그리고 고든 스미스는 그의 저서 『온전한 회심』이라는 책에서 다음
과 같이 말합니다.[53]

"그러므로 겸손은 또한 이 세상과 우리 삶에서 죄의 실체를 시인함
으로써 죄 가운데 살아가는 것은 그릇된 삶이며, 우리의 유일한 소
망은 하나님의 자비 안에서 살아갈 때에만 찾을 수 있다는 것을 인
정하는 것이다. 또한, 인간의 도덕적 체계는 공허하고 무의미하다
는 점을 인정하는 것이다. 기독교 영성은 도덕, 성공, 성취의 영성이
아니다…. 그러나 가장 중요한 것은 겸손의 길이 그리스도의 길이

---

53) 고든 스미스, 임종원 역, 『온전한 회심』, (서울: CUP, 2010), p.248. 그리고 겸손에 대한 칼빈 등의 말을
이 책 pp.244-247에서 재인용했음.

며 십자가의 길이라는 점이다. 그리스도인에게 겸손의 원리는 예수 그리스도 안에서 보여주신 하나님의 겸손과 동떨어져 생각할 수 없다…. 겸손의 최고의 목적은 겸손 그 자체가 아니라, 그리스도와의 연합이다."

그리고 그는 겸손을 목적 자체로, 영성 생활의 목표로 바라보는 것은 그릇된 겸손의 한 형태라고 말합니다. 그는 "겸손은 결코 목적이 될 수 없으며, 겸손은 언제나 우리의 존재의 근거이신 그분 안에서 살아가도록, 우리가 원래 모습 그대로 자연스럽게 살아가도록 돕는 수단이며, 겸손의 진정한 목적은 그리스도의 형상을 닮는 것이다"라고 그는 말합니다. 그렇습니다. 우리의 목표는 겸손도 거룩도 아닙니다. 오직 예수 그리스도입니다. 그리스도를 닮아 가면 겸손도 거룩도 사랑도 따라오는 것입니다.

유명한 알버트 슈바이처 박사를 아실 것입니다. 아프리카에서 흑인들을 상대로 의술을 베풀어 아프리카의 성자, 20세기의 성자로 불리었던 사람입니다. 간디와 데레사 수녀와 함께 박애주의를 실천한 대표적인 사람으로 추앙을 받은 사람입니다. 그는 인류를 향한 형제애에 이바지한 공로로 1952년 노벨상을 받기도 했습니다. 그리고 그는 의사일 뿐 아니라, 신학자요, 철학자요, 오르간 연주자이기도 합니다.

그런데 그가 위대한 일을 했기에 대부분의 사람들은 그가 신실한 크리스찬으로 알고 있는 경우가 많습니다. 그러나 그의 논문이나 행적을 보면, 그는 거듭난 성도가 아닙니다. 그는 '역사적 예수'(역사적 예수란 과학적인 사고에 기초해서 예수님의 기적을 다 빼버리고 '진짜' 예수를 찾고자 했던 이단적인 운동입니다)를 연구했습니다. 그는 '성경에서 말씀하는 예수'를 믿지 않고 '자신만의 예수'를 찾으려고 했습니다.

그래서 그의 사상을 한마디로 말하면, "나는 하나님의 아들로서의 예수를 믿지 않는다. 그러나 모든 인류 가운데 최고의 자비와 희생을 보여준 선각자로서의 예수를 믿었기에 그를 본받아 나도 헌신과 섬김의 삶을 살기로 했다"는 말로 요약할 수 있습니다. 그는 산상 수훈만이 예수님의 가르침의 핵심이라고 여겼습니다. 그는 예수님의 십자가에서의 대속하는 죽음을 이해하지 못했습니다. 그는 성령으로 거듭나지 않았고, 자신이 죄인 됨에 대한 깨달음도 없었습니다. 결국, 그는 자신의 죄의 문제를 해결하지 못하고 죽은 것입니다. 그는 죄인을 향한 하나님의 사랑인 예수 그리스도를 자신의 '구세주'와 '주님'으로 받아들이지 않았습니다. 그는 하나님 앞에서 겸손한 사람이 아니라, 교만한 사람으로 죽었습니다. 그는 그리스도와의 연합을 바라지 않고, 자신의 노력으로 그리스도를 흉내 내었습니다. 그는 '그리스도를 목적'으로 삼지 않고, '자신의 겸손과 희생을 목적'으로 삼았던 사람입니다. 이것은 엄청난 박애주의자로 살고, 일생을 다른 사람을 위해 자신을 희생하면서도, 하나님과 아무 상관이 없는 사람들이 있을 수 있다는 것을 보여줍니다. 이런 사람들의 겸손은 거짓 겸손이요, 그들의 희생도 하나님 보시기에 하나님과는 아무 상관이 없는 거짓 희생에 불과한 것입니다.

아프리카 원주민들은 선교사 리빙스턴이 죽었을 때는, 그의 관을 붙들고, "우리 파파(아빠)를 데려가지 못한다"고 울었다고 합니다. 그러나 슈바이처를 알았던 원주민들은 슈바이처 박사는 자신의 희생을 통해서 자신을 높였던 사람으로 알고 있었다고 합니다. 그는 그리스도의 이름을 내걸고는, '자기 영광'을 위해 희생했던 것입니다. 그러므로 참된 겸손은 성령으로 거듭나서 거룩하신 하나님 앞에서 죄인임을 깨달은 성도가, 성령의 감동에 순종하여 헌신한 경우에만 해당된다고 할 수 있는 것입니다.

또 한 사람, 유명한 러시아의 대문호인 톨스토이가 있습니다. 그 역시 성경에 나오는 예수님에 대한 것 중에 기적은 다 빼버렸습니다. 그리고 부활과 그리스도가 성취한 예언들도 생략했습니다. 그도 슈바이처처럼 예수님의 가르침에만 주목했습니다. 실제로 그는 러시아의 귀족으로서 그는 방탕한 삶을 살았습니다. 그러던 그가 50세에 회심을 했다고 전해지는데 그것도 분명하지 않습니다. 그의 회심이 그리스도에게로 돌아온 회심이 아니라, 타인을 위해 살겠다는 윤리적인 회심인데 그것이 참된 회심으로 오해되고 있다고 합니다.[54]

슈바이처 박사와 톨스토이 같은 사람의 겸손은 조나단 에드워드가 율법적 겸손이라고 부른 것에 해당한다고 생각됩니다. 조나단 에드워드는 복음적인 겸손을, 다음과 같이 말합니다. "하나님의 아름다우심을 마음으로 깨닫고 거기에 압도되어야 한다. 율법적 겸손은 양심의 죄를 깨닫기는 하지만 아직 영적 이해는 없다. 의지가 깨어지지도 않았고, 마음의 성향도 바꾸지 않았다"고 말합니다.[55]

아빌라의 데레사는 이렇게 말합니다. "하나님을 알고자 힘쓰지 않으면 우리는 결코 자신을 다 알 수 없다. 우리는 그분의 웅대하심을 보아야 자신의 비천함을 알 수 있고, 그분의 정결하심을 보아야 자신의 부정함을 볼 수 있고, 그분의 겸손을 생각해야 자신이 얼마나 겸

54) 박태양, 「눈먼 기독교」 (서울: 국제 제자 훈련원, 2013), pp.38-41.
55) 게라 토마스, 앞의 책. pp.236-238.

손과 거리가 먼 것인지를 알 수 있다." 그리고 파스칼은 다음과 같이 말합니다. "기독교는 이상하다. 기독교는 사람에게 자신이 악하고 심지어 가증스러운 존재임을 깨닫게 한다. 그러면서도 동시에 하나님을 닮고 싶은 마음을 품게 한다. 이런 평형추가 없으면 우리는 너무 높아져 한없이 자만해지거나 반대로 너무 비하되어 한없이 처참해질 것이다."

그리고 이런 겸손과는 달리, 긍정적인 자아상을 주장하여 유명한 미국의 수정교회의 로버트 슐러 목사도 복음을 벗어난 범주에 속한다고 생각됩니다. 개혁주의 신학자인 안토니 후크마는 로버트 슐러 목사의 성도를 위한 긍정적인 자아상의 중요성을 강조한 것에는 높은 평가를 하나, 죄를 매우 피상적으로 다루고 있다는 점에서는 크게 비판하고 있습니다. 슐러 목사는 "죄를 하나님에 대한 반항이라고 부르는 것은 인간에 대한 천박스럽고 모욕적인 언사"라고 말했습니다. 그는 또, "복음의 메시지가 만약 어떤 사람을 끌어올리기에 앞서 먼저 그를 끌어 내리려 한다면 그 복음의 메시지는 위험의 가능성을 포함하고 있다"고까지 말했습니다. 이런 그의 인간관은 예수님이 보시는 것과 또 사도 바울과 앞에서 살펴보았던 위대한 성도들의 인간관과는 매우 다른 것입니다. 그러므로 그의 주장은 비성경적인 것입니다. 적어도 그는 성도들에게 자신들의 죄성을 보지 못하게 하여, 죄를 피상적인 것으로 만들어 성도의 성화를 막고 있는 거짓 선지자인 것입니다.[56)]

---

56) 안토니 A. 후크마, 유호준 역, 『개혁주의 인간론』 (서울: 기독교문서선교회, 1993), pp.184-185. 슐러 목사와 같은 계열에 노만 빈센트 필 박사가 그 원조이고, 그리고 조엘 오스틴 목사 등이 있습니다. 여기

이제 우리 자신을 살펴봅시다. 우리는 성령으로 거듭나서–새 마음, 새 영을 받아서–성령의 빛에 자신의 죄임 됨을 깨닫고 애통하는 사람이 되었습니까? 아니면, 바리새인처럼 마음의 변화에는 아무 관심도 없고, 자신이 좋아하는 주님의 말씀 한두 마디를 붙들고, "나는 예수님을 믿는다고 고백을 했고, 그리고 주님을 영접하는 결단을 했으니, 그리고 교회를 잘 다니고 있으니 나는 전혀 죄가 없다"고 강변하는 위선자는 아닙니까? 아니면, 하나님의 은혜를 받아서 자신의 죄인 됨을 깨닫고 더욱 주님의 영광을 더욱 사모하는 겸손한 사람이십니까?

아니면 혹 교회에서 헌신은 하되, 성령의 감동으로 하는 것이 아니라, 슈바이처 박사처럼 희생과 헌신을 통해 자기 영광을 위해서 하지는 않습니까? 바리새인처럼 종교적인 희생과 경건의 모양은 주님에게는 단지 외식(外飾) 즉 위선(僞善)이었다는 것을 우리는 기억해야 할 것입니다. 하나님의 은혜와 함께 자신이 죄인이라는 감각, 즉 겸손이 없다는 것은 심각한 것입니다.

영국의 목회자이자 시인인 조지 허버트의 '제단'이라는 시를 소개합니다(참고로 제가 좋아하는 시입니다). 우리 심령의 단단함과 완악함에도 불구하고 우리의 심령을 깨뜨리는 주님의 사랑을 노래하고 있습니다. 이 시는 조지 허버트 목사가 세상을 떠나던 해에 발표된 시입니다. 그의 고백은 로버트 슐러 목사와 얼마나 다른가를 알 수 있습니다.

에 대한 신랄하고도 논리적인 지적은 박남훈 목사의 『여호야김 왕의 면도칼』 (부산: 세컨리폼, 2014)을 참고하길 바랍니다.

제단(祭壇)

주여

당신의 종이 찢어진 심령과 눈물로 상한 제단을 짓고 있나이다.

주님의 손이 친히 뼈대를 지으시니

이 세상 훌륭한 목수의 연장이 그에 미치지 못하나이다.

종의 심령이 마치 단단한 돌과 같아

당신의 능력으로만 쪼갤 수 있으니

완고한 심령 조각조각들이

뼈대 안에서 서로 만날 때

주님의 이름을 찬양하나이다.

만일 내가 주님의 은혜로 마음의 평정을 잃지 않는다면

이 조각난 돌들이 쉼 없이 주님을 찬양하겠나이다.

이 제단에서 드리는 희생을

축복하시고

이 제단을 거룩하게 하사

받으옵소서.

✝

3장

─

거듭남에 대한
두 거장의 견해

01

존 라일 목사

저는 거듭남에 대해서 오늘날 교회에서 잘 강조되지 않는 것을 중심으로 몇 가지 중요하다고 생각되는 것을 말씀을 드렸습니다. 이제는 거듭남에 대한 전반적인 견해를 말씀을 드릴까 합니다. 여기서는 위대한 설교자인 존 라일 목사와 로이드 존스 목사의 거듭남에 대한 견해를 소개합니다. 여기서 제가 빠뜨렸던 부분이 추가되어 거듭남에 대한 성경적인 지식이 풍성하게 될 것입니다. 또 저의 주장이 이분들에 의해서 반복하고 있는 것도 볼 수 있을 것입니다.

먼저 존 라일 목사의 견해입니다. 그는 『거듭난 생활』[57] 이란 글에서 요한일서를 통해서 거듭남이 무엇을 말하는지를 다음과 같이 소개하고 있습니다.

첫째, 사람마다 거듭나는 시기가 다 다르다고 말합니다. 세례 요한 같이 태중에서 거듭나는 것 같이 보이는 사람도 있고, 또 예레미야 같이 유아 때 거듭난 것처럼 보이는 사람도 있고, 또 늙어서 거듭나는 사람도 있다고 합니다. 그러면서 그는 엄청나게 많은 수의 사람들

---

57) 존 라일, 지성우 역, 『거듭난 생활』 (서울: 기독교문서 선교회, 1999), pp.165-191.

이 전혀 거듭남을 경험하지 못하고 무덤으로 간다고 말합니다(그렇게 보면 시대마다 거듭나지 않고 교회를 다니는 사람들이 많이 있다는 것을 알 수 있으며 이것을 존 라일 같은 목사들이 심각하게 여겼다는 것을 알 수 있습니다).

둘째, 거듭남은 그 결과에 의해서만 알려지고 식별될 수 있다고 합니다. 예수님의 말씀처럼(요3:8) 바람이 임으로 불기에 그 소리는 들을 수 있어도 어디로 가는 것을 모르듯이 성령으로 난 사람도 그러한 것입니다. 그러나 그 결과는 알 수 있다고 그는 주장합니다.

셋째, 이 거듭나는 변화는 어떤 사람이 스스로 그 자신에게 줄 수 있거나 혹은 다른 사람에게 줄 수 있는 것이 아니라고 합니다. 왜냐하면, 그들은 "혈통으로나 육정으로나 사람의 뜻으로 나지 아니하고 오직 하나님께로부터 난 자들이기(요1:13)" 때문입니다. 그래서 이 땅의 어느 목회자도 자기 임의로 회중 가운데 한 사람에게도 그 은혜를 부어줄 수 없다고 말합니다. 물론 목회자가 복음을 충실하게 선포할 수는 있습니다. 그러나 거듭나게 하시는 이는 오직 하나님이십니다. 목회자는 삼위 하나님의 이름으로 세례를 베풀 수는 있습니다. 그러나 그 세례 의식에 성령께서 축복하시지 않는 한 어떤 일도 일어나지 않는다고 그는 말합니다(그런데 왜 오늘날 목회자들 중에는 4영리를 제시하고 영접기도를 따르라 하고는 그의 구원을 선포해 주는 것일까요? 물론 주님을 영접하라고 권면하는 것은 잘못이 아닙니다. 그러나 거듭나게 하는 분은 주님이십니다).

그래서 그는 내적 세례, 곧 마음이 성령으로 거듭난 성도는 복이 있는 자들이라고 말하고 있습니다. 그는 거듭남은 교회의 구성원이 되는 신분의 변화가 아니라, 마음의 변화라고 말합니다. 그리고 그는 거듭남의 표징을 요한일서를 중심으로 다음과 같이 말하고 있습니다.

첫째, 거듭난 성도는 습관적인 죄를 범하지 않는다는 것입니다.

하나님께로부터 난 자마다 죄를 짓지 아니하나니 이는 하나님의 씨가 그의 속에 거함이요 그도 범죄하지 못하는 것은 하나님께로부터 났음이라 •요일3:9

하나님께로부터 난 자는 다 범죄하지 아니하는 줄을 우리가 아노라 •요일5:18

둘째, 거듭난 성도는 예수 그리스도가
유일한 구세주임을 믿는다는 것입니다.

예수께서 그리스도임을 믿는 자마다 하나님께로부터 난 자니 또한 낳으신 이를 사랑하는 자마다 그에게서 난 자를 사랑하느니라 •요일5:1

존 라일 목사는 이런 성도는 누가 온 세상을 다 준다고 해도 그리스도를 포기하지 않을 것이라고 말합니다.

세 번째, 거듭난 성도는 의로운 사람이라고 말합니다.

너희가 그의 의로우신 줄을 알면 의를 행하는 자마다 그에게서 난 줄을 알리라 •요일2:29

존 라일 목사는 거듭난 성도의 목표와 갈망은 "마음을 다하고 뜻을 다하고 힘을 다하여 네 하나님을 사랑하는 것(신6:5)"이 되며, 이웃을 자기의 몸처럼 사랑하는 것이 된다고 말합니다. 그러나 거듭난 성도라고 할지라도 완전하지는 못합니다. 그래서 거듭난 성도라고 할지라도 내재하는 타락의 무게로 인해 신음하며, 그리고 끊임없이 은혜에 대항하여 싸우는, 그리고 그를 하나님으로부터 떨어뜨리려고 하는 악한 원리를 그 자신 안에서 발견한다고 말합니다. 성도는 그런 악한 원리가 존재하는 것을 막을 수는 없지만, 그것에 동조하지 않으며, 그런 결함에도 불구하고 그의 평균적인 경향과 성격은 성결하다고 그는 말합니다.

넷째, 거듭난 성도는 그리스도의 참된 제자들에 대한
특별한 사랑을 가지고 있다고 말합니다.

예수께서 그리스도임을 믿는 자마다 하나님께로부터 난 자니 또한 낳으신 이를 사랑하는 자마다 그에게서 난 자를 사랑하느니라 •요일5:1

우리는 형제를 사랑함으로 사망에서 옮겨 생명으로 들어간 줄을 알거니와 •요일 3:14

다섯째, 거듭난 성도는 옳고 그르건 세상의 의견을
자신의 법칙으로 삼지 않는다고 말합니다.

무릇 하나님께로부터 난 자마다 세상을 이기느니라 •요일5:4

그는 거듭난 성도는 세상을 기쁘게 하는 일은 부차적인 것이며, 그의 첫째 목적은 하나님을 기쁘시게 하는 것이라고 말합니다.

여섯째, 거듭난 성도는 그 자신의 영혼에 대하여
매우 유의한다고 말합니다.

하나님께서부터 나신 자가 그를 지키시매 악한 자가 그를 만지지도 못하느니라
•요일5:18

이 부분에서 존 라일 목사는 다른 사본을 인용하고 있습니다. 즉 표준 원문과 시내 사본에는 '하나님께로부터 나신 자'를 '성도'라고 보고 있습니다. 그래서 존 라일 목사는 성도는 자신의 영혼에 대하여 유의한다고 말한 것입니다. 그러나 여기서 '하나님께로부터 나신 자'는 그리스도를 지칭하는 것이며, 그리스도께서 성도를 지킴으로 악한 자는 감히 만지지도 못하는 것입니다. 악한 자(사탄)가 만지지도 못한다는 것은 어떤 영향력도 못 미친다는 뜻은 아닙니다(이 원문의 해석과는 상관이 없다 하더라도 성도가 자신의 영혼을 유의한다는 그 자체가 틀린다고 말할 수는 없다 하겠습니다).

로이드 존스 목사

다음은 로이드 존스 목사의 견해입니다.[58] 그 역시 요한일서를 통해서 거듭난 성도의 증거를 보여주는 4개의 시금석과 요한일서가 아닌 다른 성경에서 2개의 시금석을 덧붙여 다음과 같이 이야기합니다.

첫째, 예수께서 그리스도이심을 믿는 것입니다.

사랑하는 자들아 영을 다 믿지 말고 오직 영들이 하나님께 속하였나 분별하라 많은 거짓 선지자가 세상에 나왔음이라 이로써 너희가 하나님의 영을 알지니 곧 예수 그리스도께서 육체로 오신 것을 시인하는 영마다 하나님께 속한 것이요 •요일 4:1-2

이 말씀은 예수 그리스도가 영원한 하나님이시며, 복되고 거룩하신 삼위 하나님 중의 한 인격으로 믿는 것을 말합니다. 예수 그리스도가 하나님이시다는 것을 시인할 뿐이라, 그 하나님이 육체로 이 땅에 오셨다는 것을 말하는 것입니다.

---

58) 로이드 존스, 이순태 역, 『성령 하나님』 (서울: 기독교 문서선교회, 2000), pp.136-149.

두 번째, 예수님이 말씀하신 계명들을 지키는 것입니다.

우리가 그의 계명을 지키면 이로써 우리가 그를 아는 줄로 알 것이요 •요일2:3

하나님을 사랑하는 것은 이것이니 우리가 그의 계명들을 지키는 것이라 그의 계명들은 무거운 것이 아니로다 •요일5:3

성령으로 거듭나 하나님의 자녀가 된 성도들은 예수님이 말씀하신 계명들을 지키기를 즐거워하는 사람인 것입니다. 성도의 마음 안에는 성령님이 계심으로 예수님의 계명을 지키는 것이 어렵지 않습니다(예수님의 계명은 크게는 하나님 사랑과 이웃 사랑입니다. 그리고 산상 수훈을 비롯하여 신약 성경에 예수님의 계명이 잘 나와 있습니다. 그래서 성도는 말씀을 가까이하고 말씀에 비추어 자신을 살피며 말씀대로 살아가야 하는 것입니다).

세 번째, 예수님께서 자신의 거룩한 영을
성도들에게 주셨다는 것입니다.

그의 계명을 지키는 자는 주 안에 거하고 주는 그의 안에 거하시나니 우리에게 주신 성령으로 말미암아 그가 우리 안에 거하시는 줄을 우리가 아느니라 •요일3:24

성도는 자신이 하나님의 영을 받아 하나님은 그 마음 안에, 그리고 그는 하나님 안에 거하는 사람임을 체험적으로, 인격적으로 안다는 것입니다.

네 번째, 형제애입니다.

> 우리는 형제를 사랑함으로 사망에서 옮겨 생명으로 들어간 줄 알거니와 사랑하지 아니하는 자는 사망에 머물러 있느니라 •요일3:14

로이드 존스 목사는 하나님과 성도간의 신비적으로 연합되어 있고, 또 다른 형제들도 하나님과 신비적으로 연합이 되어 있으므로 서로 지체들 간에 서로 사랑할 수밖에 없다고 말합니다.

다섯 번째, "내부의 투쟁의식"입니다.

이것은 그가 요한일서가 아닌 다른 성경에서 찾아낸 것입니다. 그는 이것은 매우 가치 있는 시금석이라고 말하며 갈라디아서 5:17절을 인용합니다. "육체의 소욕은 성령을 거스르고 성령은 육체를 거스르나니 이 둘이 서로 대적함으로 너희가 원하는 것을 하지 못하게 하려 함이니라."

로이드 존스 목사는 거듭난 성도의 특징 중의 하나가 성령과 육체-악의 지배를 받는-의 두 권세를 인식하는 사람이라는 것입니다. 그는 이렇게 말합니다.

> 그러므로 사람들이 다시 태어남(거듭남)의 매우 훌륭한 한 표시는 사탄의 존재와 그 역사를 그들이 이전에 알았던 것보다 더 정확하게 알고 있다는 점입니다…. 그러나 일단 사람이 하나님과 빛의 왕국으로 옮겨지면, 마귀는 새로운 노력을 하며 영적인 방법으로 그들에게 접근하여 공격합니다. 그리고 그들은 자신들의 존재를 위한

이러한 싸움이 있다는 것과 이 싸움에서 자신의 대적이 되는 다른 실존을 알고 있습니다. 육과 영, 이 갈등이 바로 중생의 증거입니다.

여섯 번째, 하나님에 의해서 복을 받고 싶다는
갈망이 아니라, 하나님 자신을 더 깊이
알고자 하는 갈망을 가진 사람이 곧 하나님의
자녀라는 표지라고 그는 말합니다.

이상으로 거듭난 성도의 표징을 살펴보았습니다. 물론 존 라일 목사는 거듭난 성도라고 할지라도 이러한 표징들이 깊이나 명료성의 정도의 차이는 있다고 말하고 있습니다. 그러나 비록 미미할지라도 이런 표지는 성경에서 말씀하는 것이니 성도라면 반드시 이런 표징이 있어야 하는 것입니다. 우리의 신앙의 표준은 항상 성경 말씀이 기준인 것입니다.

†

4장

자신의 거듭남을
알 수 있는가?

이제는 사람들은 자신이 거듭났음을 알 수 있는가? 자신의 마음 안에서 성령님과의 친밀한 교제가 일어나는 것을 알 수 있는가? 즉 성도의 마음에 성령님이 내주하는 것을 알 수 있는가? 하는 문제를 생각해 보도록 하겠습니다. 앞에서 살펴본 것처럼, 오늘날 거짓 회심과 거짓 구원의 확신을 심어주는 목회자와 교회들이 더러 있습니다. '나는 공개적으로 예수님을 나의 구세주로 영접하는 기도를 따라 했다. 예수님은 영접하는 자에게 들어오신다'고 했으니 '나의 느낌이나 감정과는 아무 상관없이 나는 구원받았다'고 믿어라고 가르칩니다. 그리고 그렇게 믿고 있는 분들이 있습니다. 그러면서 이런 반발도 할 것입니다. 미국의 유명한 목사님들이 만든 4영리를 이름도 없는 목사인 네가 부정하는 것이냐? 고. 그러나 이미 4영리의 문제점은 살펴보았습니다. 이제 거듭나지 않고 신앙생활을 잘하고 있다고 생각하다가, 성령으로 변화된 성도를 살펴보겠습니다.

인격적으로 하나님을 만난 성도들

자신은 예수님을 잘 믿는다고 생각하고 있었으나, 자신의 믿음이 잘못되었다는 것을 깨닫고 난 뒤, 하나님께 간구하여 인격적으로 하나님을 만나 성령으로 거듭난 성도들 중에 대표적인 두 사람이 있습니다. 그들은 조지 휘필드와 요한 웨슬레입니다(이들의 간증은 잘 알려져 있으며 또한, 이미 앞에서 조지 휘필드는 일부 소개했지만, 그의 간단한 생애와 함께 다시 소개합니다).

조지 휘필드

조지 휘필드(1714-1770)는 18세기 영국과 미국을 깨웠던 위대한 설교자입니다. 그는 1714년 12월 16일 영국 글로스터에 있는 벨이라는 여관에서 태어났습니다. 할아버지는 영국 국교회 목사였으나, 아버지는 큰 여관을 경영했습니다. 꽤 부유하고 유력한 집안이었습니다. 그는 소년 시절을 이렇게 말합니다.

"진심으로 말하건대 나는 어머니의 뱃속에서부터 성품이 잔인했다. 거짓말, 욕설, 어리석은 농담 등에 빠져 있었다. 거짓 맹세도 하고, 저주의 말도 했다. 어머니의 돈을 훔치면서도 도적질이라고 생각하지 않았다. 나는 수많은 안식일 등을 범했고, 하나님의 성소에서 아주 불경하게 행동하기 일쑤였다. 나는 내기에 많은 돈을 썼고, 카드놀이, 연애소설을 읽는 것이 큰 낙이었다."

그러면서 한편으로 이렇게 말합니다.

"그러나 나는 어렸을 때부터 성령이 내 마음에 주시는 감동을 아주 일찍부터 느낄 수 있었다. 나는 어렸을 때부터 죄에 대한 자각이 있었다. 어머니에게 훔친 돈의 일부를 가난한 자들에게 나누어 주기도 했고, 내가 다른 사람 몰래 가져온 책 중에는 경건 서적도 있었다"라고 말하고 있습니다.

그는 옥스퍼드 대학에서 인생의 큰 전기를 맞이하게 됩니다. 그곳에서 그는 요한 웨슬리, 그리고 그의 동생 찰스 웨슬리를 알게 되었고, 홀리 클럽의 회원이 되었습니다. 당시 세속적인 옥스퍼드에도 신앙적으로 열심히 있는 학생들의 모임이 있었는데, 그들이 홀리 클럽이었고, 그들의 별명이 '성경 벌레들', '성경꾼들', '성찬중시자들', '형식주의자들', '홀리 클럽' 등으로 불렸습니다.

그리고 휘필드는 홀리 클럽의 영향 아래서 그의 사고방식을 완전히 바꿔 놓은 책 한 권을 접하게 됩니다. 그것은 스코틀랜드 사람 헨리 스쿠걸이 쓴 『인간의 영혼 속에 있는 하나님의 생명』이라는 제목의 책이었습니다. 사실 그때까지만 해도 휘필드는 웨슬레 형제처럼, '중생'(거듭남)에 대해 아무것도 몰랐습니다. 그도 선행으로서 천국의 도상에 이를 수 있다고 생각하고 있었던 것입니다. 그러나 그 책을 읽고 그는 지금까지의 그런 생각들이 완전히 잘못된 것이었음을 깨닫게 되었습니다. 그때 그는 자신의 생각이 잘못되었다는 것을 깨닫고, 근심에 휩싸였습니다. 그는 그때의 심정을 이렇게 표현했습니다.

"하나님께서는 나는 거듭나야 하며 그렇지 않은 경우 저주를 받는다는 것을 보여주셨다. 어떤 사람이 교회를 나가고 기도를 하고 성찬에 참여할지라도 사실은 그리스도인이 아닐 수 있다는 것을 나는 알게 되었다. 이 책을 태워 버릴까? 던져버릴까? 아니면 이 책이 말하는 것을 추구해 볼까?" 나는 그 책을 더 연구했고, 하나님께 "하나님 제가 진정한 기독교인이 아니라면, 제가 멸망하지 않도록 예수 그리스도를 위해…. 제게 기독교가 뭔지 보여 주소서!" 라고 기도했습니다. 그는 그 책에서 하나님과 연합해야 한다는 것을 발견하고. 하나님의 생명을 찾아 구하기 시작했습니다. 그러다가 그는 두려움과 공포가 자기의 영혼을 압도하고, 가슴이 짓눌리는 체험도 하게 됩니다. 그는 수많은 밤을 무엇인가에 억눌려 지내면서, 또 사탄에게 나를 떠날 것을 명령하며 지냈습니다. 그는 몇 날 몇 주를 땅에 엎드린 채로 보냈다고 말하고 있습니다.

그러나 그런 고생도 하나님의 임재를 가져다주지 못했습니다. 그래서 그는 더욱 자기 부인의 길을 걸었습니다. 맛있는 음식을 끊고, 누더기 옷을 입고, 더러운 신을 신었습니다. 말수도 줄였습니다. 지도교수가 그의 정신이 이상해졌다고 생각할 정도였습니다.

1734년 가을부터 다음해 사순절이 가까워져 올 무렵까지 그는 피나는 노력을 계속했습니다. 그는 사순절 기간 거친 빵과 차만 먹는 부분 금식을 합니다. 고난 주간이 가까워지자, 몸이 너무 허약해져서, 계단을 기어 올라가야 할 정도가 되었습니다. 의사는 그에게 7주간 침대에 누워 있으라는 처방을 내렸습니다. 그런데 그는 침대에 누워 있으면서도, 과거에 지은 목록을 작성하여…. 매일 아침저녁으로 하나님께 고백하는 일을 계속했습니다. 그러나 그 어떤 노력으로도 하나님의 생명을 얻을 수가 없었습니다.

그래서 그는 극도의 절망 상태에 빠져 자포자기했습니다. 그리고 오직 하나님의 자비에 몸을 맡겼습니다. 그러자 놀랍게도 성령께서 그의 영혼 속에 하나님의 생명을 허락하셨습니다. 그날의 기쁨을 그는 이렇게 말합니다.

"오, 죄의 무게가 사라지고 수심에 잠긴 내 영혼에 하나님의 사랑에 대한 의식이 자리를 잡게 되었을 때, 내 영혼이 얼마나 큰 기쁨으로 가득 찼던가! 그것은 말로 설명할 수 없는 기쁨이었고, 영광으로 가득 찬 기쁨이었다. 내 기쁨은 마치 홍수처럼 강둑을 넘어 범람했다."

그리고 1939년 1월 1일 요한 웨슬레, 찰스 웨슬레와 그리고 60여 명이 페더래인에서 애찬(愛餐)을 나누기 위해서 모였습니다. 여기서 다시 큰 은혜를 체험하게 됩니다. 휘필드는 그 체험을 이렇게 말하고 있습니다.

"우리는 마치 새 포도주로 채워진 듯한 느낌을 자주 받았다. 우리는 사람들이 하나님이 임재하신다는 생각에 압도되어 '하나님께서 정말 땅 위에서 인간과 함께 거하시도다! 이곳이 얼마나 두려운 곳인가! 이곳은 다름 아닌 하나님의 집이요, 천국의 문이로다!'라고 외치는 소리를 자주 들었다."

휘필드는 이런 체험을 한 후, 거듭남의 중요성을 깨닫고 그는 설교에서 원죄와 거듭남에 대해 자주 설교했습니다. 어떤 사람이 그가 왜 그렇게 자주 거듭나야 한다는 설교를 하느냐고 물었습니다. 그의 대답은 이랬습니다. "왜냐하면, 당신이 거듭나야 하기 때문이오!" 그렇습니다. 거듭나지 않으면 하나님의 자녀도 아니요, 성도도 아니요, 예수님과 아무 상관이 없으며, 천국에 들어갈 수 없기 때문에 그런 말을 한 것입니다. 거듭남의 중요성을 깨달은 그는 거듭나야 한다는 설교(참고로 그는 순회 설교자입니다)를 무려 300회 이상한 것으로 알려졌습니다.

요한 웨슬레

요한 웨슬레는 감리교의 창시자입니다. 그는 아버지와 할아버지도 목회자인 집안에서 태어났습니다. 어머니 수산나 여사는 그리스어, 라틴어, 프랑스어에 능통해 19남매를 직접 가르치며, 아이들이 규칙적인 생활과 기도를 하도록 하였습니다. 수산나의 가정교육은 유명합니다. 그리고 그는 부모의 특별한 배려로 10세 때인 1714년 런던의 챠터 하우스(Charter House)에 입학하여 16세에 졸업하기까지 이 학교에서 공부하였습니다. 그는 이 시기의 종교생활에 대하여 이렇게 썼습니다.

"나는 성경을 읽고 아침저녁으로 기도하였다. 나는 다른 사람들처럼 불량하지 않고, 종교에 대하여 선의를 가지며, 성경을 읽고 교회에 출석하며 기도함으로 구원 얻기를 바랐다."

그는 1720년 여름 옥스퍼드 크라이스트처치대학에 입학합니다. 이 시기에 웨슬리는 토마스 아 켐피스의 『그리스도를 본받아』와 테일러의 『거룩한 삶과 죽음』, 그리고 윌리엄 로의 『중대한 부름』이라는 책과 『그리스도인의 완전론』이란 명저들을 읽고 큰 감명을 받았습니다. 그리고 이 시기는 웨슬레의 생애에서 큰 전환기였습니다. 그가 그리스도를 믿음으로 구속받는 중생의 경험은 이로부터 13년 후에 얻었으나 하나님과 인류를 위하여 몸을 바쳐 살겠다는 목적을 이때부터 세웠습니다.

그는 동생 찰스 웨슬레, 그리고 조지 휘필드 등과 홀리 클럽을 결성하고, 성결에 힘을 썼습니다. 기도하고 성경을 공부하며, 매주 1차의 성찬식을 거행하고, 1주 2회의 금식을 하면서 자신들의 생활을 반성하며 하나님의 뜻대로 열심히 살았는가를 살폈습니다. 그들은 처음에는 매 주일 저녁에만 모였으나 그 다음에는 일주일에 한 번씩 모였고, 나중에는 매일 밤마다 6시부터 9시까지 모였습니다. 처음에는 기도를 하고, 그 다음에는 희랍어 성경과 고전 문학을 연구하고, 그 후에는 그 전날 공부한 것을 복습하고, 그 다음에는 그 다음 날의 순서를 정하고 마지막으로는 검소한 식사로써 마쳤습니다. 세월이 지나 웨슬레는 목사 안수를 받고 선교하러 미대륙으로 떠나게 됩니다. 약 8주간의 향해 중에 요한 웨슬레는 성령 충만한 모라비아 교도들을 만나게 됩니다. 항해 중에 심한 풍랑을 맞아 돛이 찢어지고 다들 놀라 우왕좌왕하였을 때에도, 전혀 두려움 없이 참으로 평안하게 찬송을 부르는 26명의 모라비아 교도들에게 그는 깊은 감명을 받게 됩니다. 웨슬레는 미대륙에서 주야를 가리지 않고 선교하였지만, 열매는 거의 없었습니다.

귀국한 후 1738년 5월 24일에 올더스게이트 가에서 열린 작은 영국 교회의 집회에서 누군가가 루터의 로마서 주석의 서문을 읽는 중에 회심의 경험을 하게 됩니다. 다음은 그날의 일기입니다.

1738년 5월 24일 (수)

"그 날 저녁에 나는 올더스게이트가에 있는 기도모임에 별로 가고 싶은 마음이 없었으나 참석했다. 거기서 어떤 사람이 루터의 로마서 강해 서문을 읽고 있었다. 밤 9시 15분쯤, 그 낭독자가 우리가 그리스도를 믿을 때 하나님께서 우리 마음에 변화를 가져오시는 일을 묘사하는 말을 듣는 중에 나는 내 마음이 이상스럽게 뜨거워짐을 느꼈다. 나는 내가 그리스도를 참으로 믿고 있음을 느꼈고 구원을 위해서 그리스도만을 의지한다고 느꼈다. 그리고 주께서 내 모든 죄를 없이 하였다는 확신이 생겼고 나 같은 자의 죄를 다 사하시고 죄와 죽음의 법에서 나를 구원해 주셨음을 확신하게 되었다."

웨슬레는 그날 영적 생명을 얻은 것입니다. 그날 그는 성령으로 거듭나 하나님의 자녀가 된 것입니다. 이 일이 있은 지 4일 후인 5월 28일 주일 저녁 허튼 씨네 서재에 모여 있는 많은 사람들 앞에 웨슬레는 이런 고백을 합니다.

"닷새 전에는 내가 그리스도인이 아니었습니다. 이것은 닷새 전에 내가 이 방에 와 있지 않았던 것만큼 확실합니다. 당신들도 그리스도인이 되려면, 모두들 현재 자신이 그리스도인이 아님을 믿고, 시인하셔야 합니다"라고 말했습니다. 그러나 평소에 같이 신앙을 나누던 그들은 격렬히 반대했습니다. 그러나 그는 이제까지의 신앙생활이 잘못되었다는 것과 중생해야만 진정한 성도라는 사실을 말하지 않을 수 없었던 것입니다.

그리고 그 이듬해 1월 1일에 그는 두 번째 성령의 세례를 받게 됩니다. 홀리 클럽의 멤버들과 60여 명의 사람들이 런던에서 기도회로 모였는데…. 하나님의 영이 그들 위에 강하게 강림하셨습니다. 그러자 많은 사람들이 성령에 압도되어 그 자리에서 쓰러졌습니다. 그 모임은 새벽까지 계속되었습니다. 그의 일기에는 이렇게 기록하고 있습니다.

"홀, 킨친, 웬함. 휘필드, 내 동생 찰스는 패더레인에서 열린 애연(愛宴: 사랑의만찬)에 참석했다. 새벽 3시쯤 우리가 계속 기도를 드리고 있을 때, 하나님의 능력이 우리 위에 힘 있게 임했다. 많은 사람들이 기쁨을 이기지 못하여 울부짖었으며… 나머지 사람들은 바닥에 쓰러졌다. 우리가 하나님의 위엄과 임재로인한 외경심과 충격에서 정신이 조금 들었을 때, 우리는 한목소리로 '당신을 찬양하나이다. 오 하나님, 당신은 주님인 것을 인정하나이다.'"

이때부터 웨슬리, 휘필드 등을 통해서 영국에 부흥의 불길이 일어나게 되었던 것입니다. 홀리 클럽을 만들어 나름대로는 신앙생활을 잘하고 있다고 믿었던 휘필드와 웨슬레는 성령으로 거듭나는 체험을 함으로 참된 성도로 변화되었던 것입니다. 또 그들은 두 번째로 성령세례, 즉 성령의 충만을 경험하고, 많은 영혼을 하나님께로 돌아오게 하는데 크게 쓰임을 받았습니다.

물론 그렇다고 모든 성도가 이 두 사람과 같은 똑같은 체험을 해야만 한다는 것은 아닙니다. 체험의 강도는 사람마다 다를 수 있습니다. 그러나 한 가지 분명한 것은, 웨슬레나 휘필드처럼 성령으로 거듭나지 않고도 자신은 신앙생활을 잘하고 있다고 믿는 사람들이 있을 수 있다는 것과 또, 성령으로 거듭나는 체험을 하면 그 사람 안에, 새 영과 새 마음을 받았다는 것을 자신이 '안다'는 것입니다.

요한 웨슬레가 성령으로 거듭난 후, 그가 평소에 성경 공부를 같이 하던 허튼씨 네에 모여 있는 사람들에게 가서, "닷새 전에는 내가 그리스도인이 아니었습니다. 이것은 닷새 전에 내가 이 방에 와 있지 않았던 것만큼 확실합니다. 당신들도 그리스도인이 되려면, 모두들 현재 자신이 그리스도인이 아님을 믿고, 시인하셔야 합니다"라고 말해야 했던 것을 생각해 보십시오. 그는 자신이 체험한 진리를 말하지 않을 수 없었던 것입니다. 앞에서 언급했던 존 라일 목사의 말을 다시 인용합니다.

"중생 없이 구원도 없다. 신생 없이 영적인 생명도 없다⋯. 성경이 말하는 대로 칭의와 성화와 중생을 경험하지 못하고 죽는 사람은 마지막 날에는 영생을 얻을 수 없다."

존 라일 목사는 "거듭남은 영원한 운명을 결정짓는 중대한 사안이며, 구원받기 원하는 사람이라면 누구든지 스스로 느끼고, 스스로 알고, 스스로 경험해야 할 문제이다"라고 말했습니다. 이 중요한 중생은 스스로 체험하여 알아야 한다는 뜻입니다. 그리고 앞에서 언급했습니다만, 사도 바울은 사람의 마음 안에 성령이 내주(內住)하는가 아닌가를 가지고, 그리스도인가 아닌가를 구별하는 시금석으로 삼았습니다.

> 만일 너희 속에 하나님의 영이 거하시면 너희가 육신에 있지 아니하고 영에 있나니 누구든지 그리스도의 영이 없으면 그리스도의 사람이 아니라 •롬8:9

성령은 그리스도의 영이자, 하나님의 영이십니다. 그러므로 어떤 사람을 성도인가 아닌가를 구별하는 것을 사도 바울은 그 속(마음)에 그리스도의 영이 있느냐 없느냐로 구별하고 있는 것을 볼 수 있습니다. 다음의 구절도 마찬가지입니다.

> 또 그리스도께서 너희 안에 계시면 몸은 죄로 말미암아 죽은 것이나 영은 의로 말미암아 살아 있는 것이니라. 예수를 죽은 자 가운데서 살리신 이의 영이 너희 안에 거하시면 그리스도 예수를 죽은 자 가운데서 살리신 이가 너희 안에 거하시는 그의 영으로 말미암아 너희 죽을 몸도 살리시리라 •롬8:10, 11

> 그가 또한 우리에게 인치시고 보증으로 우리 마음에 성령을 주셨느니라 •고후 1:22)

사도 바울은 "예수를 죽은 자 가운데서 살리신 이의 영이 너희 안에 거하시면"이라고 말씀합니다. 이를 보아 사도 바울은 성도의 마음속에는 성령이 거하신다고 확신을 하고 있는 것을 알 수 있습니다. 그리고 사도 바울은 성령이 성도들 안에 계시는 것을 성도가 알고 있다는 것을 전제로 이 말씀을 하고 있는 것을 알 수 있습니다. 성도의 마음 안에 성령이 거하는지 아닌지를 모른다면, 사도 바울처럼 위와 같은 말을 할 수가 없을 것입니다.

성도가 자신에게 성령이 있는지 없는지 모르는 경우가 있다면, "우리 마음에 성령을 주셨느니라"와 같은 말씀을 절대로 해서는 안 되는 것입니다. 사도 바울은 성령의 인도를 받는 사람은 곧 하나님의 아들이며(롬8:14), 양자의 영을 받아(롬8:15), 우리가 하나님을 "아빠 아버지!"라고 부르짖는다고 말씀합니다(롬8:15). 성도는 양자의 영을 받았다는 것을 알기에 양자의 영을 받았다고 말씀하는 것입니다. 더구나 성령께서 친히 우리의 영과 더불어 우리가 하나님의 자녀임을 증언하신다(롬8:16)고 말씀합니다. 그리고 이 질문을 스스로에게 해 보시길 바랍니다. "성령님은 친히 나에게 '너는 하나님의 자녀'라고 증거하고 있는가?"

그리고 고린도전서 3:16, 17에서는 이것을 더욱 분명하게 가르치고 있습니다.

> 너희는 너희가 하나님의 성전인 것과 하나님의 성령이 너희 안에 계시는 것을 알지 못하느냐 누구든지 하나님의 성전을 더럽히면 하나님이 그 사람을 멸하시리라 하나님의 성전은 거룩하니 너희도 그러하니라 •고전3:16–17

성도는 하나님의 영이 거하시는 성전(聖殿)인데, 성도는 그 마음에 성령님이 거하신다는 것을 성도가 알고도 남음이 있다고 강조하며 말씀하고 있습니다[강조법 중에는 의문형식으로 된 설의법(設疑法)이라는 수사법이 있는데 사도 바울은 그 수사법을 사용하여, 성도 안에 성령님이 내주하시는 것을 알고도 남음이 있다고 강조하고 있는 것입니다].

더구나 고린도후서 13:5에서는 매우 강력한 어조로 성도들에게 자신의 믿음을 점검하라고 말씀하면서, 성도라고 하면서 성령님의 내주하심을 스스로 모른다면 그 사람은 믿음도 없고, 심지어 버림받은 자라고 말씀하고 있는 것을 볼 수 있습니다.

> 너희는 믿음 안에 있는가 너희 자신을 시험하고 너희 자신을 확증하라 예수 그리스도께서 너희 안에 계신 줄을 너희가 스스로 알지 못하느냐 그렇지 않으면 너희는 버림받은 자니라 •고후13:5

여기서 믿음이란 그리스도가 성도의 마음에 계시는 것으로 사도 바울은 말씀하고 있는 것을 볼 수 있습니다. 그리고 에베소서 3:17에서도 "믿음으로 말미암아 그리스도께서 너희 마음에 계시게 하시옵고"라고 말씀하고 있습니다. 예수님이 그 마음에 계시는 것을 사도 바울은 '믿음'이라고 표현하고 있는 것입니다. 그리고 예수님이 마음에 계시는 것을 스스로 알 수 있으며, 만약에 그것을 모른다면 버림을 받은 자라는 말씀을 하고 있습니다. 성령으로 거듭난 성도는 예수님의 영(靈)이 자신 안에 거한다는 것을 '스스로 안다'는 것입니다. 만약 모른다면 버림받은 자라는 말씀입니다.

물론 오늘날 이런 말씀은 교회에서 인기가 없습니다. 그러나 성도라면 이런 하나님의 말씀을 참으로 무서운 말씀으로 알고, 마음에 오신 주님을 사랑하고 경배함으로 주님과의 친밀한 사랑의 교제가 끊이지 않아야 할 것입니다.

그런데 성령님이 자신 안에 거하시는 것을 스스로 모른다는 것은, 다음의 세 가지 경우가 가능합니다.

첫째 가능성은 애초에 성령으로 거듭나지 않았다는 것입니다.

두번째 가능성은 성령으로 거듭났으나 성령을 소멸하여, 성령님이 그 마음에 계시지 않고 떠났다는 것입니다. 성령으로 거듭난 성도가 성령을 완전히 소멸할 수 있다는 것을(저 개인적으로는 믿지 않습니다만), 주님과의 첫사랑을 잃어버린 에베소 교회에 주신 말씀(계2:4)이나, 성령을 소멸하지 말라(살전5:19)는 말씀이 있는 것으로 보아 그럴 가능성이 전혀 없다고 할 수는 없을 것입니다(나의 의견보다 하나님의 말씀이 더 정확할 것입니다).

세 번째의 가능성은 비록 성령으로 거듭난 성도라고 할지라도 '영혼의 어두운 밤'[59]이라고 하여 하나님의 임재를 전혀 느끼지 못하는 그런 광야 같은 시기인, 영적인 침체의 시기가 찾아온 경우입니다. 사실 '영혼의 어두운 밤'이라는 체험을 말하고 있는 분들은 신앙이 매우 깊은 분들입니다. 그래서 이런 분들이라면 하나님의 임재가 사라

---

59) 영혼의 어두운 밤이라는 말은 십자가의 요한이 한 말입니다. 이 말은 하나님의 부재(不在)를 의미하기도 하지만, 우리의 하나님에 대한 무지, 즉 하나님에 대한 지식의 부재에 대한 것이라고도 합니다. 리차드 포스터, 게일 비비, 김명희, 양혜원 역, 『영성을 살다』 (서울: IVP, 2009).

졌다는 것을 예민하게 느끼고 기도하고 사모하여 곧 다시 은혜를 회복하는 것입니다.

그러므로 그가 '영혼의 어두운 밤'을 지나고 있는 경우가 아니라면, 성도에게 하나님의 임재가 없다는 것은 심각한 문제가 있는 것입니다. 성경은 성령님이 그 마음에 없는 사람을 두고, 그는 그리스도인이 아니다라고 분명하게 말씀하고 있습니다.

혹 여러분이 '영혼의 어두운 밤'을 지내고 있습니까? 그게 아니라면, 아직 거듭나지 않았는데도 스스로를 속이고 있는 것은 아닙니까? 아니면, 성령을 소멸하여 멸망의 길을 달려가고 있는 것이 아닙니까?

그러면 이 멸망의 길에 돌이키는 방법은 없느냐는 것입니다. 물론 있습니다. 애초에 성령으로 거듭나지 않았다고 생각되는 사람은, 자신 안에 성령님이 안 계시는 것과 자신이 거듭나지 않았다는 것을 솔직히 인정해야 합니다. 그리고 앞서 소개한 조지 휘필드처럼, 성령으로 거듭날 때까지 하나님께 간구해야 합니다. 요한 웨슬레처럼 은혜를 사모해야 합니다.

그리고 성령님을 소멸하여, 성령님이 떠났다고 생각이 되는 성도는, 하나님과의 친밀했던 관계가 어디서부터 깨어졌는가를 보여 달라고 간구하고 하나님과의 관계를 깨뜨린 죄를 통회하고 회개하여 다시 십자가에서 피를 흘리고 계신 예수님에게로 전심으로 돌이켜야 합니다. 시편 51편의 다윗처럼 회개해야 할 것입니다.

하나님이여 주의 인자를 따라 내게 은혜를 베푸시며 주의 많은 긍휼을 따라 내 죄악을 지워주소서. 나의 죄악을 말갛게 씻으시며 나의 죄를 깨끗이 제하소서 무릇 나는 내 죄과를 아오니 내 죄가 항상 내 앞에 있나이다 내가 주께만 범죄하여 주의 목전에 악을 행하였사오니… 하나님이여 내 속에 정한 마음을 창조하시고 내안에 정직한 영을 새롭게 하소서 나를 주 앞에서 쫓아내지 마시며 주의 성령을 내게서 거두지 마소서 •시51:1-11

그리고 영혼의 어두운 밤을 지내고 있다고 생각되는 분들은 하나님의 신실하심을 믿으며 기도하며 그 메마른 시기를 여전히 '믿음'으로 보내야 할 것입니다. 영혼의 어두운 밤이 영원히 계속된다고 말하는 신앙의 선배들은 아무도 없습니다.

이제 마지막으로, 자신의 거듭남을 알 수 있는가에 대하여 예수님께서 친히 하신 말씀을 살펴보겠습니다.

그날에는 내가 아버지 안에, 너희가 내 안에, 내가 너희 안에 있는 것을 너희가 알리라 •요14:20

내 안에 거하라 나도 너희 안에 거하리라 가지가 포도나무에 붙어 있지 아니하면 스스로 열매를 맺을 수 없음같이 너희도 내 안에 있지 아니하면 그러하리라 나는 포도나무요 너희는 가지라 그가 내 안에, 내가 그 안에 거하면 사람이 열매를 많이 맺나니 나를 떠나서는 너희가 아무것도 할 수 없음이라 •요15:4, 5

"내 안에 거하라 나도 너희 안에 거하리라", "내가 그 안에 그가 내 안에 거하면"이라는 예수님의 말씀은, 참된 성도는 예수님이 자신 안에 거하신다는 것을 알고, 또한 참된 성도는 자신이 예수님 안에 거하는 것을 안다는 것을 전제로 말씀하고 있는 것입니다. 성도의 마음 안에 예수님이 들어와도 전혀 모른다면 결코 이런 말씀을 할 수 없는 것입니다.

그렇다면 저와 여러분은 예수님의 말씀대로 나의 마음에 예수님의 영이 들어와 계시는가? 또 나는 예수님 안에 거하고 있는가? 아니면 그 관계가 희미해졌다면, 어디서 그 첫사랑을 잃었는가? 회개하고 돌이켜야 할 것입니다(계2:5).

†

5장

―――

신앙의 올바른
출발

성령으로 거듭나서 하나님의 은혜와 함께 죄인임을 깨닫는 것으로부터 시작해야 한다

위에서 보듯이 조지 휘필드와 요한 웨슬레는 잘못된 전제로 그들의 신앙생활을 시작했습니다. 그러나 그들은 자신들이 잘못되었다는 것을 깨닫고, 하나님의 은혜로 살아 계신 하나님을 만나 올바른 신앙의 길로 접어 들었고, 그들은 하나님의 큰 은혜를 체험하고, 하나님의 손에 붙들리어 크게 쓰임을 받았습니다. 물론 그들의 잘못 출발했던 경건의 훈련도 하나님께서는 유용하게 사용하셨습니다. 그런데 만약 그들이 영영 하나님을 만나지 못하고 그것이 전부인 줄 알고 그 잘못된 길을 계속 걸어갔다면, 그들 자신은 물론이고, 그들의 이웃에게도 큰 해악(害惡)을 끼쳤을 것입니다.

교회 안에 속해 있지만, 하나님과 아무 인격적인 관계를 맺지 못하고 있는 분들도, 언제든지 하나님의 은혜로 새롭게 시작할 수 있습니다. 그런데 그 잘못된 상태 그대로 그것을 올바른 신앙생활인 줄 알고, 하나님을 인격적으로 만나 자신의 죄의 문제를 해결하지 못하고, 결국 바리새인들처럼 지옥으로 달려가는 사람들도 있을 것입니다. 이것은 참으로 안타깝고도 무서운 일입니다.

그만큼 바른 시작이 중요합니다. 이 엠 바운즈 목사님은 시작이 승패를 좌우한다고 하면서, 올바른 시작이 그리스도인에게 승리의 반(半)을 안겨준다고 말합니다. 첫 단추를 잘못 끼우면, 모든 것이 비틀어지듯이, 신앙생활도 반드시 올바른 것으로 시작해야 합니다. 이 엠 바운즈 목사는 그 출발이 딱 하나 있는데 그것은 '죄를 깨닫는 것'이라고 말합니다(그런데 거듭난 성도의 특징은 이 글에서 논의한 성령의 내주함과 그리고 하나님의 은혜와 함께 자신의 죄인 됨을 깨닫는 것에만 있는 것은 아닙니다. 예배, 찬양, 말씀을 즐거워함, 기도, 감사, 기쁨, 봉사, 전도 등등이 있습니다. 이 논의에서는 가장 본질적인 것만을 말씀을 드린 것뿐입니다).[60]

당연히 성령으로 거듭난 사람이 참된 성도입니다. 그리고 앞에서 논의했듯이 거듭나야만 자신이 하나님의 자녀가 되었지만, 자신이 참으로 천국에 합당하지 않은 죄인임을 깨닫게 되는 것이며 모든 것은 하나님의 은혜인 줄을 아는 것입니다. 이 엠 바운즈 목사는 그의 책 『기도하지 않으면 죽는다』에서 존 번연의 '천로역정'을 소개하면서, 천로역정에서 두 사람, 즉 '크리스찬'의 출발과 '순응하는 자(유순씨로 번역되기도 함)'의 출발을 소개하며 비교하고 있습니다.

간단히 말하면 참된 성도를 가리키는 '크리스찬'은 가난한 심령으로 시작하며, 그의 얼굴은 회개와 눈물과 기도로 얼룩져 있으나, '순응하는 자'는 죄와 통탄이 발견되지 않으며, 그의 시작에는 회개의 고통, 좁은 문으로 들어가기 위한 몸부림, 그리고 좁은 길에서 만나는 온갖 속박 때문에 깨어진 심령이 없다고 말하고 있습니다. 그는 자신의 죄를 전혀 보지 못했으며 지옥의 고통을 통해서도, 십자가의 빛을 통해서도 자신의 죄를 전혀 보지 못했다고 말합니다. 이 '순응하는 자'의

---

60) 이 엠 바운즈, 이용복 역, 『기도하지 않으면 죽는다』 (서울: 규장, 1993), p.118.

결정적인 문제는 그가 자신의 죄를 보지 못하고 있다는 것입니다. 그러므로 그는 죄로 말미암아 생기는 굴욕과 수치심과 죄책감 때문에 괴로워한 적이 없으며, 그의 내적 골수가 죄책감의 창에 찔리지 않았으면, 성령의 검(劍)이 그의 마음까지 파고들지 않았다고 말합니다.

이 엠 바운즈 목사의 지적처럼 죄를 깨닫는 것은 참으로 중요합니다. 아마 여러분 중에는 이 글을 읽고, 이 글은 은혜보다 죄에 대하여 지나치게 강조하고 있다고 생각하는 분들이 있을 것입니다. 그렇습니다. 이 글은 오늘날 교회에서 별로 강조하지 않는 죄에 대해서, 특별히 강조하고자 하는 목적도 있습니다. 더구나 오늘날은 죄에 대하여 너무나 가볍고 너무나 피상적(皮相的)으로 말해지고 있는 시대입니다. 죄가 피상적으로 이해될 때, 사실상 은혜도 피상적인 것으로 취급되어 항상 값싼 은혜가 되었습니다. 우리는 이 역설을 이해해야 합니다.

신학자 제임스 패커의 말대로 "성경은 인간의 죄라는 문제에 대한 하나님의 답"인 것입니다. 그렇습니다. 예수 그리스도는 인간의 죄에 대한 하나님의 답인 것입니다. 이 엠 바운즈 목사의 말을 더 들어봅시다.

"죄의 자각은 회개의 첫걸음이다. 죄의 자각은 영혼이 죄와 단절하는 첫걸음이다. 이것은 죄를 느끼는 것이요, 하나님의 진노를 깨닫는 것이요, 그분의 진노를 받아 마땅하다고 느끼는 것이요, 스스로의 능력으로는 죄에 대한 책임과 하나님의 진노에서 벗어날 수 없다고 느끼는 것이다. 죄의 자각이 강하면 영적 출생 이후의 생명이 강해지고, 죄의 자각이 약하면 영적 이후의 생명이 약해진다. 통렬

하고도 강력한 죄의 자각은 그리스도의 성품에 지속성과 깊이를 더해 준다. (중략)

지금은 자각이 과거만큼 깊지 않고 과거만큼 명백히 표현되지 않는다. 과거에는 죄의 자각이 영적 분투에서 매우 중요한 위치를 차지했지만, 이제는 거의 주목받지 못하고 있다. 사실, '죄의 자각'이라는 이름과 영토가 우리의 영적 지도에서 사라져 버렸다. 왜 이렇게 되었는가? 하나님 앞에서 죄책감을 느끼는 일이 왜 이제는 박물관에나 진열해 놓는 골동품처럼 되어 버렸는가? 죄라는 것이 시대의 변화에 따라 달라지는 것인가? 죄에 대한 부끄러움과 책임감이 없어도 하나님과 교제를 나눌 수 있는 새로운 방법이 발견되었는가? 죄는 신화에 불과한가? 하나님의 자비는 단지 허구에 불과한가? 죄책(罪責)이 없다면, 어떻게 자비가 성립되는가? 죄를 깨닫지 못하면 죄책이 무슨 의미가 있는가? (중략)

거룩한 교회는 사람들로 하여금 죄를 깨닫게 하는 힘을 가득 저장하고 있다. 거룩한 교회는 죄를 철저히 대적하면서, 분위기를 거룩한 교회의 분위기로 바꾸어 간다. 죄의 실재(實在)와 거대함을 깊이 의식하는 거룩한 교회는 교회 안에 들어오는 모든 사람들로 하여금 역시 죄를 깊이 의식하도록 만든다. 신령한 교회에서 태어난 신앙인들은 출생의 고통을 보여주는 지워지지 않는 흔적을 지니고 있다."[61]

그러므로 어떤 성도가 죄에 대한 깊은 각성(覺醒)을 하고 있다는 것은, 역설적으로 그가 하나님의 큰 은혜 아래에 있다는 표지입니다. 더 큰 은혜 아래에 있을 때에 그는 더 큰 은혜와 함께 죄에 대한 더

---

61) 이엠 바운즈, 앞의 책, pp.126-129.

깊은 각성(자각, 또는 체험)을 하게 되는 것입니다. 그래서 부흥의 때에는 은혜는 항상 죄의 깊은 각성과 함께 왔습니다. 사도행전을 보십시오. 베드로의 성령 충만한 설교에 찔린 대중들은 "어찌할꼬!" 하며 죄에 대해 깊이 각성했습니다. 그리고 그들은 변화되었습니다. 진정한 회심은 언제나 죄에 대한 각성과 함께 오는 것입니다.

이미 언급했습니다만, 욥, 다니엘, 이사야가 자신의 죄를 크고 깊게 각성한 것이 언제였습니까? 거룩하신 하나님의 큰 영광을 뵈었을 때가 아니었습니까? 성숙한 신앙인이었던 사도 요한이 죽은 듯이 엎드려진 것은, 영광의 주님을 뵈었을 때가 아니었습니까? 1907년의 우리나라 평양의 대부흥이 회개의 부흥이요, 죄의 각성과 함께 오지 않았습니까? 미국의 1, 2차 대각성 운동이 왜 대각성 운동으로 불리어지는 것이겠습니까? 하나님의 강력한 은혜가 그런 죄에 대한 더 깊은 각성을 가져온 것이 아니겠습까?

위의 부흥의 경우처럼 하나님께서 특별한 하나님의 임재로 인해 강력한 체험(영적 자각, 혹은 영적 각성)을 하게 하시는 때가 있습니다.

그런데 성도의 부흥의 때의 체험이나 자각이 거듭남의 표준이 될 수는 없습니다. 부흥은 특별한 것입니다. 성도는 부흥의 때가 아니더라도, 잠잠한 은혜로 거듭나기도 하는 것입니다(이런 경우가 훨씬 더 많을 것입니다). 그리고 성도마다 회심의 체험(또는 자각)은 각양각색이라, 회심의 정확한 표준을 정하는 것은 어렵습니다. 그럼에도 이 글에서 강조하고자 하는 것은, 부흥의 시기와 같은 강력한 체험은 아닐지라도, 성경을 믿는 성도에게 상식이 되는 진리가 있다는 것입니다. 그것은 '모든 믿는 자는 성령을 받는다'(행2:38, 갈3:2)는 진리입니다. 이렇게 성도가 받은 성령은 '보증'으로 성도가 하나님께 속했다는 표지입니다(고후1:22, 엡1:13). 그리고 성령은 성도 안에 내주하십니다(롬8:11).[62]

성령이 그 심령 안에 내주하는 성도는, 정도의 차이는 있을지언정 하나님의 은혜와 함께 자신이 죄인이라는 자각은 있는 것입니다. 그리고 성령께서는 거듭난 성도를 인도하사 자기를 부인하고 더욱 그리스도로 닮아가게 인도하시는 것입니다. 그러므로 무엇보다 참된 성도의 표지는 성도가 지금 그리스도를 닮아가는 성화(聖化)의 길을 걷고 있는가 하는 것이 가장 확실한 증거가 될 것입니다. 제임스 패커는 성도의 성화에 대하여 다음과 같이 말합니다.

더욱더 거룩해진다는 표현은 무엇보다도 하나님이 어떤 분인지에 대하여 더욱 민감해지고, 따라서 자신의 죄악과 결점을 더욱 분명히 파악하게 되고, 그래서 하나님의 용서와 깨끗하게 하시는 은혜가 끊임없이 필요하다는 사실을 점점 더 강하게 깨닫게 된다는 뜻이다. 은혜가 자란다는 말은 이런 면에서 볼 때 아래로 자라는 것이다. 그렇게 볼 때, 자기만족의 성결이나, 스스로 의롭게 여기는 성결, 하나님이 주시는 의가 그다지 필요하지 않다고 주장하는 성결은 모두 기만적이며 사람을 호리는 불경건한 생각이다. 그것들의 진짜 이름은 바리새주의이며, 결코 기독교의 성결이 아니다.[63]

---

62) 제임스 패커, 홍종락 역, 『성령을 아는 지식』 (서울: 홍성사, 2002), p.99.
63) 제임스 패커, 앞의 책, p.149.

내가
누리는 예수 천국,
세상에 보여주기

내 영혼과 나의 구원자 사이에 아무것도 없네

내 영혼과 내 구주 사이에는 아무것도 없네.
이 세상의 헛된 꿈도 없네.
나 죄악 된 모든 즐거움 모두 버렸네.
예수는 내 것이니, 그분과 나 사이에 아무것도 없네.

내 영혼과 내 구주 사이에는 아무것도 없네.
세상적인 즐거움처럼, 삶의 습관이 해가 없어 보여도
내 마음 그분에게서 절대 빼앗지 못하네.
그분은 내 모든 것, 그분과 나 사이에 아무것도 없네.

내 영혼과 내 구주 사이에는 아무것도 없네.
교만이나 신분처럼, 자아나 친구도 끼어들 수 없네.
내게 큰 고통이 있어도
나 변함없네. 그분과 나 사이에 아무것도 없네.

내 영혼과 내 구주 사이에는 아무것도 없네.
많은 시련이 찾아오고
세상이 모두 나를 대적하더라도

나 기도하며 자기를 부인하며
마침내 승리하리라. 그분과 나 사이에 아무것도 없네.

아버지여, 아버지께서 내 안에, 내가 아버지 안에 있는 것 같이 그들도 다 하나가 되어 우리 안에 있게 하사 세상으로 아버지께서 나를 보내신 것을 믿게 하옵소서.

• 요17:21

✝

1장

성화(聖化)는 거룩해지는 것,
이 땅에서의 성공이 아니다

거듭난 성도는 그리스도를 닮아 가는 장성한 분량에 이르기까지 자라기 시작합니다. 그것을 성화라고 합니다. 그런데 성화는 몇 가지 단계가 있습니다. 아기가 태어나 자라듯이 성숙의 단계가 있습니다. 그런데 성화의 단계를 논하기 전에, 먼저 성화를 바르게 이해할 필요가 있습니다. 더러 성화를 이 세상에서의 성공으로 결부시키기 때문입니다. 그래서 영적인 성공과 세속적인 성공을 구분할 필요가 있습니다. 우리는 잘못하면 예수님을 잘 믿으면, 모든 게 잘 된다. 즉 유명해지고, 부자가 된다 등으로 생각할 위험이 있습니다. 물론 부자가 될 수도 있고, 아닐 수도 있습니다. 유명해질 수도 있고 아닐 수도 있습니다.

성화란 말 그대로 성도가 더욱 거룩해지는 것입니다. 예수님을 닮아가는 것을 말합니다. 그 마음을 천국의 영으로 가득 채우는 것을 말합니다. 그러니까 영적인 성공이라고 할 수 있습니다. 그런데 영적인 성공이 반드시 세상적인 성공을 보장하는 것은 아닙니다.

오순절 날 성령 충만을 받은 예수님의 제자들은, 복음을 전하다가 사도 요한을 제외하곤 다 순교했습니다. 특히 사도 야고보는 큰일을 해 보지도 못하고 바로 순교했습니다. 그리고 사도 요한도 끓는 가마 솥에도 들어가고 밧모 섬에서 귀양살이를 해야만 했습니다. 이런 모습들은 세상적인 눈으로 볼 때 성공과는 거리가 멉니다. 그러나 영적으로 볼 때, 즉 하나님의 눈으로 볼 때, 그들은 성공한 것입니다.

성도가 거듭나는 순간부터 그는 이 세상이 전부가 아니라는 것을 깨닫게 됩니다. 영의 세계, 특히 천국이 있다는 것을 깨닫게 되며, 자신이 지옥의 백성이었는데, 예수님의 피의 공로로 천국의 백성, 곧 거룩하신 하나님의 자녀가 되었다는 것을 알게 됩니다. 이 충격은 참으로 큽니다. 그러나 세월이 지남에 따라 구원의 감격이 그대로 유지되는 것은 아닙니다. 그래서 성경에 성도들을 향한 경고의 말씀이 왜 있는가를 깨닫고 거룩한 길, 좁은 길을 가야 한다는 것을 알게 되는 것입니다. 성도라고 할지라도 성령을 소멸할 수 있으며, 다시 죄에 빠질 수 있으며, 거듭남이 구원의 완성이 아니라, 구원의 시작임을 깨닫고 주님을 따라가는 좁은 길을 걷게 되는 것입니다.

그래서 구원받은 성도에게 있어 성화는 선택 사항이 아니라, 필수적인 것입니다. 성도는 거룩하기 위해서 부름을 받았으며, 거룩함이 없이는 아무도 주를 보지 못한다는 말씀(히12:14)을 두려워하며 거룩을 향한 길을 걷게 되는 것입니다. 물론 거룩 자체가 성도의 목적은 아닙니다. 성도가 닮기를 바라는 것은 오직 예수 그리스도입니다. 예수 그리스도를 닮으면 거룩은 자연스럽게 따라오는 것입니다.

성도가 성화의 길을 가는 데는 사탄의 유혹과 방해가 있습니다. 사탄은 성도를 영적으로 자라게 하지 못하게 죄로 유혹합니다. 사탄은 성도와 함께 하는 하나님을 공격할 수는 없습니다. 대신에 죄로 성도를 유혹하여 하나님과 성도의 관계에 상처를 줄 수는 있습니다. 그러므로 성도도 유혹을 받을 수 있으며 고난도 받을 수 있습니다. 그러나 하나님의 은혜는 그 유혹과 고난도 성도의 성장의 방편으로 이용하기도 하십니다. 그 유혹과 고난을 통한 연단을 통해 성도로 하여금 죄를 이기는 강한 자로 만들어 가는 것입니다.

그런데 이런 것들보다 더 위험한 사탄의 유혹이 있는데, 그것이 성공이라는 유혹입니다. 마귀는 우리를 성공하라고 부추기는 전술을 사용합니다. 사탄도 예수님을 유혹할 때, 이 세상의 명예를 취하라고 부추긴 적이 있습니다(마4:8~11). 물론 주님은 기록된 성경 말씀을 사용하여 마귀를 물리쳤습니다. 성도에게 있어 큰 위험 중에 하나는 성공에 대한 잘못된 견해입니다. 예수를 믿어 세상에서 잘되는 것이 성공이며, 그 성공이 곧 내가 예수를 잘 믿고 있다는 것으로 왜곡할 수 있다는 것입니다.

성도의 성공의 기준은 "내가 이전보다 더 거룩한가?" "내가 이전보다 더 예수님을 닮았는가?"인 것입니다. 사업성공, 목회성공, 세상에서 이름을 내는 것, 출세하는 것, 자녀들이 잘되는 것 등등이 성공의 기준이 되어서는 안 되는 것입니다. 역으로 실패하는 것, 가난한 것 그 자체도 영적인 성공도 실패도 아닙니다. 성도는 부자든 가난하든, 예수님을 닮은 거룩함이 곧 성공의 기준이 되어야 하는 것입니다. 그러므로 성도는 영적인 승리와 이 세상에서의 성공을 잘 분별해야 합

니다. A. W. 토저는 다음과 같이 말합니다.[64]

하지만 예수님을 따르는 길은 전혀 다른 세계 속으로 들어가는 것이다. 신약성경은 오늘날 세계를 움직이는 모든 동기를 다 합친 것보다도 더 무한히 높은 영적 철학을 소개하고 있다. 그리스도의 가르침에 따르면, 영적으로 가난한 자들이 축복을 받고 온유한 자들이 땅을 상속받는다. 게다가 처음 된 자가 나중 되고, 나중 된 자가 처음이 된다. (중략)

우리 주는 명백한 실패자로 죽으셨다. 기성 종교인에게는 신뢰받지 못하는 자로 죽으셨다…. 그러나 부활이라는 사건이 일어나자 그제야 그리스도가 어떻게 영광스럽게 승리하셨으며 (예수님을 못 박아 죽인 당시) 통치자가 얼마나 비참하게 실패했는가가 드러났다. 그런데 안타깝게도 현대 교회들은 이러한 사실에서 아무것도 배우지 못하는 것 같다. (중략)

그러나 우리들의 가장 큰 영광은 예수님과 같아지는 데 있다. 예수님을 영접하는 사람들에게는 영접 받고, 예수님을 거절하는 사람들에게는 거절당하고, 예수님을 사랑하는 사람들에게는 사랑받고, 예수님을 미워하는 사람들에게는 미움을 받을 줄 알아야 한다. 그리스도인에게 이보다 더 큰 영광이 어디 있겠는가?

성도는 주님의 제자들처럼 핍박을 받고 순교할 수도 있습니다. 그러나 성도는 언젠가 자기의 심령 안에 있는 성령님으로 인하여 예수님처럼 부활함으로 영생을 누리게 될 것을 압니다(롬8:11). 그러므로 이 땅에서의 성공을 보장하는 것이 기독교라고 생각했다면, 기독교를 착

---

64) 에이든 토저, 한상국 역, 『능력』 (서울: 생명의말씀사, 2006), pp.84-87.

각한 것입니다. 예수님은 그런 것이 본질적인 것이 아님을 분명히 하셨습니다. 예수님의 우선순위는 먼저 하나님의 나라와 그 의를 구하는 것이었습니다(마6:33). 물론 그 말씀 이후에 이 모든 것을 더 하시라는 약속도 하셨습니다. 그러나 고난도 받을 것도 함께 말씀하셨다(막10:29–31)는 것을 우리는 기억해야 할 것입니다. 사도 사울은 예수님을 발견하고 나서는 이 세상의 자랑거리를 배설물로 여겼습니다. 그리고 예수님의 성공도 십자가의 죽음 후에 부활로 찾아왔습니다. 우리도 그럴 것입니다. 더구나 우리는 예수님처럼 사흘 만에 부활하지도 않을 것입니다.

그런데 오늘날 교회 안에서도 성도라면 성공적인 삶을 살아야 한다는 은근한 부추김이 있습니다. 그러지 않으면 하나님을 잘못 믿어서, 죄를 지어서 그런 것이라는 눈총을 받기가 쉽습니다. 그러나 기독교는 그런 것이 아닙니다. 주님은 죄인을 부르러 오셨고, 실패한 인생을 부르러 오신 분이십니다. 탕자를 부르러 오신 분이십니다. 병든 자를 고치기 위해서 오신 분이십니다. 수고하고 무거운 짐 진 사람을 부르러 오신 분입니다. 주님은 그런 사람들에게 천국의 평안을 주기 위해서 오셨습니다.

건강한 자에게는 의사가 쓸데없고 병든 자에게라야 쓸 데 있느니라 너희는 가서 내가 긍휼을 원하고 제사를 원하지 아니하노라 하신 뜻이 무엇인지 배우라 나는 의인을 부르러 온 것이 아니요, 죄인을 부르러 왔노라 •마9:12, 13

수고하고 무거운 짐 진 자들아 다 내게로 오라 내가 너희를 쉬게 하리라 •마11:28

인간들은 타락할 때부터, 마귀로부터 '나, 나'라는 '자아'를 하나님처럼 높이고, 자기중심으로 살아야 한다는 부추김을 통해 '나를 높이고 성공해야 한다'는 무거운 짐을 지고 살아왔습니다. 그러나 마귀의 부추김은 속이는 것이며 공허한 것입니다.

완전하신 하나님을 떠난 인간에게는 허무함과 공허함이 찾아왔습니다. 이러한 공허함은 어디서나 찾아볼 수 있습니다. 유명한 테니스 선수인 보리스 베커는 공허함으로 오는 절망감 때문에, 운동선수로 성공했음에도 불구하고 무엇인가를 잃어가고 있었습니다. 다음은 그의 고백입니다.

나는 두 번이나 윔블던 대회를 휩쓸었으며, 그중에 한 번은 최연소 선수로 이룬 것이다. 나는 부자였다. 필요한 건 돈이든 자동차든 여자든, 모든 물질적인 것은 다 가지고 있었다. 그러나 이것들이 나의 행복을 의미하지는 않았다. 옛날 영화의 주제가 가사처럼 자살해 버린 팝 스타들을 안다. 그들은 모든 것을 가지고 있었지만, 행복하지 못했다. 나는 내적 평안을 가지고 있지 못했다. 꼭두각시 인형 같을 뿐이었다.

잭 히긴스라는 인기 절정의 영국의 공포작가가 있습니다. 그에게 누가 "좀 더 일찍 깨달았으면 좋았다고 생각하는 것이 있는가?"라는 질문을 했습니다. 그는 이렇게 대답했습니다. "최정상에 올라도 거기에는 아무것도 없다는 것을 깨닫는 것"이라고 대답했습니다.

그렇습니다. 자기 영광을 위하여 많은 사람들이 성공과 부를 꿈꿉니다. 그러나 보리스 베커의 말대로 정상의 자리에 서 보았자 결국 공허할 뿐입니다. 히긴스의 말대로 그곳에는 아무것도 없는 것입니다.

이런 공허함은 인간이 영원한 하나님을 떠난 결과로부터 온 것입니다. 하나님만이 채울 수 있는 인간의 마음을 완전한 사랑이신 하나님 아닌 것으로, 즉 성공과 출세와 부로 채우니 여전히 공허한 것입니다. 즉, 인간은 영적인 존재로서 하나님의 형상을 반영하는 존재로 지음을 받은 존재였으니 하나님 외에는 인간의 영혼을 만족하게 채울 수 없는 것입니다. 어거스틴의 유명한 고백처럼, 인간은 '하나님을 만나기까지는 진정한 안식이 없는' 것입니다.

그래서 이들이 느낀 그대로, 사탄의 미혹에 빠진 '자아'가, 이 세상에 속은 것을 반영하고 있는 것입니다. 마귀의 유혹으로 최정상에 올라도 거기엔 아무것도 없는 것입니다.

그런데 '출세하라, 성공하라'는 마귀의 유혹은 세상 사람들에게만 있는 것이 아닙니다. 성도에게도 찾아오는 것입니다. 예수님을 이런 성공과 명예욕으로 부추겼던 마귀가 성도라고 유혹하지 않을 리가 없는 것입니다. 또 마귀는 이 유혹이 잘 먹힌다는 것도 잘 알고 있습니다. 그러므로 성도는 성경 말씀을 깊이 연구하고 마음에 새겨 예수님처럼 말씀으로 마귀의 유혹을 이기는 성령의 검으로 사용해야 합니다. 그리고 세상적인 성공이 곧 영적인 성공이 아님을 깊이 인식하고 있어야 합니다. 그래서 성령님과의 친밀한 교제가 끊이지 않아야 하는 것입니다.

기독교의 본질은 '낮아지는 것'이며, '십자가에서 죽는 것'이며, 나의 모든 삶이 나의 영광을 위한 것이 아니라, '하나님의 영광을 위한 것'

이어야 한다는 것을 성도는 깊이 인식하고 있어야 합니다.

주님은 우리를 이 세상에서 성공하라고 요구하지 않습니다. 그러나 세상에서 성도가 무슨 직업을 가지든, 성도는 거룩해야 한다고 요구하십니다. 주님은 '내가 거룩하니 너희도 거룩할지어다'(레11:45, 벧전1:16)라고 말씀하십니다. 성도의 참된 성공은 '거룩'인 것이며 예수님을 닮아 자기는 낮아지고 죽는 것이며, 오직 하나님의 영광을 위한 삶인 것입니다. 그래서 오늘날 성도가 부유해지는 것이 성공이라는 인상을 심어주는 일부 목회자들의 주장은 심각한 문제가 있는 것입니다.

앞에서 살펴보았듯이 성령으로 거듭난 성도의 특징 중의 하나는 자신의 죄성을 깊이 깨닫게 되는 것입니다. 주님을 만나 거듭난 성도는 자신이 죄인이며, 수고하고 무거운 짐을 진 자인 줄을 비로소 알게 되는 것입니다. 이에 대한 오스왈드 챔버스의 말을 더 들어 보겠습니다.[65]

> 주 예수 그리스도께서 나를 보시는 대로 내가 내 자신을 보게 될 때, 부끄러움과 공포와 처절한 죄책감을 느끼게 된다. 이때 나를 놀라게 하는 것은 내가 지은 어떤 끔찍한 사회적인 죄악들이 아니라, 주 예수 그리스도를 지독히도 대항하는 자신 안에 있는 교만한 속성이다. 성령께서 우리에게 주님을 계시하시면 우리는 예수 그리스도의 빛 가운데서 자신에 대하여 깨닫게 된다. 이것이 은혜로 주어지는 참된 회개의 의미이며 결과이기도 하다.

---

65) 오스왈드 챔버스, 스데반 황 역, 『그리스도인의 제자 훈련』(서울: 토기장이, 2011), pp.124-125.

성도는 이렇게 두 가지를 깨닫는 것입니다. 자신이 본질이 비참한 죄인 됨과 그럼에도 불구하고 사랑으로 품어주시는 그리스도의 놀라운 사랑을 깨닫게 되는 것입니다. 그래서 그는 말씀과 그리고 기도를 통해서 성령의 도움으로 죄성을 죽이며, 기꺼이 자기 부인의 길을 걷게 되는 것입니다. 그러므로 성화의 길은 한편으로는 그리스도의 은혜 안에서 그리스도를 닮아가며 자라가는 즐거운 길이요, 한편으로는 자아를 깨는 아픔이 있는 고통스런 길인 것입니다. 존 라일 목사는 다음과 같이 말했습니다.[66]

거룩한 사람은 겸손을 추구한다…. 그는 세상의 다른 누구에게서 보다 자신의 마음속에서 더 많은 악을 본다. 그는 "나는 티끌이나 재와 같사오나"라고 말한 아브라함의 심정을 깊이 이해한다.

나는 우리가 더 많은 빛 가운데 거할수록, 우리의 죄성을 더 많이 보게 된다고 확신한다. 천국에 가까이 갈수록 겸손으로 옷 입게 되기 때문이다.

은혜 안에서 자란다는 것은 이런 의미다. 곧 그의 죄의식이 더 깊어지고, 그의 믿음이 더 강해지며, 그의 소망이 더 분명해지고, 그의 사랑이 더 광대해지며, 그의 영적인 마음 자세가 더 명료해지는 것이다.

그는 또 다음과 같이 말합니다.

---

66) 론 로스, 정옥배 역, 『1001가지 기독교 명언』 (서울: 디모데, 2012), p.23, p.33, p.228, p.202, 등에서 인용. 그리고 존 에버렛은 p.228에서, 토마스 아 켐피스의 다음의 말은 이 책 p.29에서 인용했습니다.

사람들은 자신들이 지옥에 떨어질 수 있다는 사실을 뼈저리게 느끼기 전까지는 절대 하늘을 향해 가는 순례자처럼 살지 않는다.

그리고 존 에브렛이라는 기독교 지도자도 이렇게 말했습니다.

자신이 지옥에 가는 것이 마땅하다는 사실을 먼저 확신을 할 때까지는 어느 누구도 결코 천국에 들어갈 수 없다.

토마스 아 켐피스도 다음과 같이 말합니다.

사람이 영적으로 살려고 애쓸수록, 이 땅에서의 삶은 더욱 고통스러운 것이 된다. 왜냐하면, 그는 인간 부패로 인한 결함들을 더 잘 인식하고 더 분명하게 보기 때문이다.

존 스토트 목사도 은혜는 "돌아보고 자신을 낮추고 구해주는 것이다"라고 말했습니다. 그렇습니다. 하나님의 은혜는 성도들 자신을 하나님 앞에서 돌아보게 하고 자신을 낮추게 합니다. 그리고서는 하나님의 수준으로 끌어올리는 것입니다. 물론 지옥 백성이 천국 백성으로 변화되는 것이니 성화의 길은 쉬운 길이 아닌 것입니다. 오히려 성화의 길은 거듭나기 전보다 힘든 길입니다. 거듭나기 전에는 제 마음대로 살면 그만이었지만(물론 그 결과로 지옥으로 떨어지겠지만), 이제 거듭난 성도는 성령의 인도와 도움을 받으면서도, 자기의 옛사람을 십자가에 못 박으며 주님을 따라가는 길이기에 힘든 길이기도 한 것입니다. 그래서 더욱 은혜 안에서 자라고자 하는 성도에게는 주님을 닮아가는 성화의 길은, 더욱 고통스러운 '좁은 길'이 될 것입니다. 그러나 존 라일 목사의 말대로 죄의식은 더 깊어지겠지만, 그러나 이전보다 더 깊은 하늘의 위로와 은혜도 함께하는 길인 것입니다.

그래서 성도는 성령으로 거듭남으로, 이제 자신의 본질이 어떠한가를 깨달았기에 성도는 주님 앞에 나아갈 때, 형편없는 자신의 모습 그대로를 인정하며 오직 그리스도의 피의 공로에 의지해서 나아가는 것입니다. 그리고 하나님께서 깊이 숨어 있는 죄성을 보여주실 때도 기꺼이 그 죄성이 드러나는 것을 보고 자신의 사악함에 놀라서 탄식하는 동시에 또한 기뻐하는 것입니다. 왜냐하면, 하나님의 사랑이 죄를 들추어낼 때는 결코 정죄하기 위한 것이 아니라, 그 자녀들을 더욱 그리스도를 닮게 하기 위해서, 더욱 거룩하게 하기 위해서인 것을 알기 때문입니다.

그러나 자신이 마치 죄성이 하나도 없는 듯이, 마치 온전한 듯이 주님 앞에 나아가는 믿음은 정직하지 못한 믿음이며, 위선(僞善)과 가식(假飾)으로 가면을 쓴 채 주님 앞에 나아가는 꼴이 될 것입니다. 사람들에게는 그런 가식이 통할지 모르나 주님에게 통하지 않을 것입니다. 그런 사람은 죄인을 십자가의 피로 덮어 주시는 그리스도의 놀라운 사랑을 외면하고, 여전히 '자기 의(義)'를 주장하고 있는 것입니다. 바리새인들의 위선이 수많은 사람들은 물론, 심지어 자신마저 속였지만, 주님에게는 통하지 않았던 것을 기억하면 도움이 될 것입니다.

그러므로 존 라일 목사의 말처럼 역설적이지만 성화란, 성도가 하나님의 은혜와 함께 자신의 죄인 됨을 더욱 깊이 깨달아가는 것이라고 할 수도 있습니다. 물론 그런 죄인 됨에도 불구하고, 변함없이 큰 사랑으로 품어주시는 하나님의 사랑을 더욱 넓고, 더 깊이 깨닫는 것이 성화이기도 합니다. 그래서 성화의 과정에 있는 성도에게는 '죄인 됨과 그리스도의 큰 사랑' 사이에서 '회개'는 끊임없이 반복될 것입니다. '나는 날마다 죽노라'는 고백도 '날마다' 반복될 것입니다. 그리고 하나님의 은혜도 '날마다' 더욱 깊어질 것입니다. 이런 과정을 거치면서 그토록 끔찍한 죄인임에도 불구하고 죄인을 사랑하시는 하나님의 사랑에 대한 믿음도 더욱 깊어질 것입니다.

그리고 하나님의 사랑을 입은 성도를 하나님은 더욱 거룩하게 만들기 위해서 연단하실 것입니다. 그러므로 성화의 과정에는 성도의 연단을 위하여 도움이 되는 고난이나 시험, 영적인 침체와 같은 일이 일어날 것을 각오해야 할 것입니다.

도가니는 은을, 풀무는 금을 연단하거니와 여호와는 마음을 연단하시느니라 •잠 17:3

보라 내가 너를 연단하였으나 은처럼 하지 아니하고 고난의 풀무 불에서 택하였노라 •사48:10

그러므로 만군의 여호와께서 이와 같이 말씀하시되 보라 내가 내 딸 백성을 어떻게 처치할꼬 내가 그들을 녹이고 연단하리라 •렘9:7

그러나 내가 가는 길을 그가 아시나니 그가 나를 단련하신 후에는 내가 순금같이 되어 나오리라 •욥23:10

인내는 연단을, 연단은 소망을 이루는 줄 앎이로다 •롬5:4

단단한 음식은 장성한 자의 것이니 그들은 지각을 사용함으로 연단을 받아 선악을 분별하는 자들이니라 •히5:14

너희 믿음의 확실함은 불로 연단하여도 없어질 금보다 더 귀하여 예수 그리스도께 나타나실 때에 칭찬과 영광과 존귀를 얻게 할 것이니라 •벧전1:7

신구약을 통해서 수많은 하나님의 사람들이 연단을 받았고 그들은 성숙해져 갔습니다. 그러므로 성도가 이 땅에 사는 동안에도 성화의 길에도 분명히 연단이 있을 것입니다. 물론 넘어지고 자빠지는 일도 있을 것입니다. 좀 더 정직하게 말하면 성화의 길은 무수한 우리의 실패로 점철될 것입니다. 그러나 우리에게는 우리의 연약함을 알고, 죄인 됨을 아시면서도 우리를 무한히 사랑하시는 분이 있습니다. 우리는 우리가 생각하는 것보다 훨씬 더 악하다는 것을 깨달을 때마다, 그런 죄인 됨에도 불구하고 우리를 사랑하사 피를 흘리신 주님의 놀라운 사랑에 충격을 받을 것입니다. 그러므로 무수한 실패를 통해서, 결코 우리를 떠나지 않고 우리를 거룩하게 만들어 가시는 하나님의 사랑을 더 깊이 깨닫고, 우리는 우리 자신을 의지하지 않고 주님을 더 의지하는 법을 배우게 될 것입니다. 우리의 무수한 실패가 오히려 우리를 의지하지 않고 오직 그리스도에게로 인도한다는 것을 깨닫게 될 것입니다.

그리고 그는 마침내 이제 조금도 자신을 의지하지 않을 뿐 아니라, 하나님의 크신 은혜로 혐오스런 자아를 마침내 십자가에 완전히 못 박아, '나는 죽고, 오직 내 안에 그리스도만이 산다'는 그런 깊은 믿음의 경지에 이르게 될 것입니다. 그것이 영적인 성공입니다.

성도는 주님의 은혜로 성령 충만한 상태로 변화된 삶을 살아야 합니다. 그러나 성도의 본질이 죄인인 것을 잊어서는 결코 안 될 것입니다. 그래서 성도는 죽을 때까지, 아니 영원히 하나님의 은혜에 의지해야만 하는 존재라는 것을 잊어서는 안 되는 것입니다. 하나님의 은혜를 의지하지 않는 순간부터 그는 '나, 나'를 내세우는 교만의 길을 걷게 될 것입니다.

루터 교인이며 저술가인 헤르만 자세라는 분은 루터의 마지막 말 "우리는 거지들이다. 참말이다"는 말을 묵상하다가 다음과 같은 글을 썼습니다.[67]

> 루터는 완전히 반대 의견을 펼쳤다. "그리스도는 죄인들 안에만 거하신다." 성찬식은 죄인을 위해서 오직 죄인을 위해서만 마련된 것이다. 이 예식을 통해 우리는 죄의 용서를 위해 그분의 진정한 몸과 진정한 피를 받는다. 이미 사죄 선언을 받았다 해도 마찬가지다. 여기서 루터의 입장이 완전 성경적이라는 사실에는 더 이상의 증명이 필요하지 않다. 신약의 모든 페이지에는 '죄인을 구원하는 것과 잃은 자를 찾아 구원하는 것'이 예수의 사명이라고 말하고 있다. 그리고 예수님이 갈릴리에서 세리 및 죄인들과 어울림으로써 바리새인들을 경악시켰을 때부터 십자가 위의 강도에게 낙원을 약속하셨을 때까지 예수님의 구원사역 전체는 모든 이성을 초월한 궁극의 기적이었다. "그리스도는 죄인들 안에 거하신다."

---

67) 마이클 스펜서, 정성묵 역, 『순전한 교회로 돌아가자』 (서울: 두란노, 2011), p.175에서 재인용.

✝

2장

ー

천국으로 마음을 채우기

: 성화의 3단계

천국은 이 땅에서도 어느 정도 누릴 수 있습니다. 하늘의 말씀과 하늘에서 오신 예수님을 믿을 때, 성도가 성령으로 거듭나 천국의 백성이 됩니다. 그래서 성도는 하나님의 영으로 거듭난 사람으로서 이 땅에서도 천국인 그리스도를 맛보고 누리며 살 수 있습니다. 물론 온전한 천국은 우리가 죽어 저 하늘나라에서 영원히 누릴 것입니다. 혹은 우리가 죽기 전에, 주님이 재림하시고, 하나님의 나라의 도성인 새 예루살렘이 이 땅에 하늘로부터 내려온다면, 그때 온전한 천국을 누릴 것입니다. 그런데 그렇다고 우리가 천국의 기쁨을 이 땅에서 더 많이 누릴 수 있는 길이 없는 것은 아닙니다. 그것은 성도가 더욱 자신의 심령을 하나님의 영이신 성령으로 충만하게 채움으로 가능한 것입니다.

그런데 성도가 이렇게 성령으로 충만하게 채워짐으로 그리스도의 장성한 분량으로 자라는 길이 있느냐는 것입니다. 성경도 그렇게 자라가야 한다고 말씀하고 있습니다.

그러므로 성도는 자신 안에 그리스도로 충만해지는 정도에 따라,

천국을 이 세상의 사람들에게도 보여줄 수 있는 것입니다. 주님도 우리가 성숙해져서-성령으로 충만해져서- 천국도 모르고, 천국에서 내려온 예수 그리스도를 몰라 지옥으로 가고 있는 이 세상 사람들에게 천국의 자녀가 된 성도들을 통해서 예수 그리스도를 보여주고 싶어 하십니다. 그래서 그들도 다 예수를 믿고 천국에 가길 원하시는 것입니다. 그래서 성도는 반드시 영적으로 성숙해져서, 자신과 불신자들을 위해서도, 하나님의 영광이신 그리스도를 보여주기 위해서도 반드시 자라야 하는 것입니다.

그런데 성령으로 거듭나는 것은 순간적입니다(물론 거듭나기까지 하나님의 오래 참으심이 있습니다). 그러나 성도가 그리스도의 장성한 인격으로 자라는 과정은 남은 일생을 통해서 이루어지는 긴 여정입니다. 마치 아기가 태어나는 것이 순간적이고, 자라는 것은 일생을 통해서 계속되어야 하는 것과 같다고 할 수 있습니다.

성도가 그리스도를 닮아가는 것을 성화(聖化)라고 합니다. 말 그대로 하면 성화란 성령으로 거듭난 성도가 점점 더 거룩해져간다는 뜻입니다. 성도는 예수님의 은혜로 믿음으로 의롭다 칭함을 받았으나, 아직 예수님처럼 완전한 거룩의 경지에 이른 것은 아닙니다. 그래서 성도가 거듭난 후에도 주님의 은혜를 받으며 주님처럼 닮아가야 할 부분이 있음을 알 수 있습니다. 변화되어야 할 부분이 있는 것입니다. 그래서 성도가 자라는 과정이 있으니 성숙에도 단계가 있습니다. 그러나 성화의 단계를 정확하게 잘라 말하기는 어렵습니다.

사도 요한은 요한일서 2:12-14에서 성도의 자라는 단계를 크게 3단계, '어린이 단계, 청년 단계, 아비 단계'로 나누고 있는 것을 볼 수 있습니다.

자녀들아 내가 너희에게 쓰는 것은 너희 죄가 그의 이름으로 말미암아 사함을 받았음이요 아비들아 내가 너희에게 쓰는 것은 너희가 태초부터 계신 이를 알았음이요 청년들아 내가 너희에게 쓰는 것은 너희가 악한 자를 이기었음이라 아이들아 내가 너희에게 쓴 것은 너희가 아버지를 알았음이요 아비들아 내가 너희에게 쓴 것은 너희가 태초부터 계신 이를 알았음이요 청년들아 내가 너희에게 쓴 것은 너희가 강하고 하나님의 말씀이 너희 안에 거하시며 너희가 흉악한 자를 이기었음이라 •요일2:12-14

위의 말씀을 요약하면, 다음과 같습니다.

① 어린이 단계: 죄 사함을 받은 단계. 하나님을 인격적으로 앎. 즉 성령으로 거듭나서 하나님과 교제를 시작한 단계로 마치 아기가 태어나 부모를 알아가는 것과 같은 단계

② 청년 단계: 성숙하고 강하여 흉악한 자, 즉 사탄을 이긴 단계, 하나님의 말씀이 내주하여 악한 자를 이긴 단계, 부모의 뜻을 알고 그 뜻대로 살아가는 단계라 할 수 있음

③ 아비 단계: 태초부터 계신 하나님을 앎. 그리스도를 거의 닮은 완성 단계

사도 베드로도 베드로후서 1:5-7절에서 "그러므로 너희가 더욱 힘써 너희 믿음에 덕을, 덕에 지식을, 지식에 절제를, 절제에 인내를, 인내에 경건을, 경건에 형제 우애를, 형제 우애에 사랑을 더하라"고 말씀합니다. 성도가 예수님을 믿음으로 시작하여 점점 영적으로 성숙한 단계로 자라라는 권면인 것입니다.

사도 바울도 에베소서 3장에서 에베소 성도들이 "그리스도의 사랑의 너비와 길이와 높이와 깊이를 깨달아, 하나님의 모든 충만하신 것

으로 충만해지기"를 기도했습니다. 에베소서 4장에서도 "그리스도의 장성한 분량이 충만한 데까지 이르고" 성도가 어린아이의 일을 버리고 "범사에 그에게까지 자랄지라. 그는 머리니 곧 그리스도라"고 말씀하고 있습니다. 그리고 에베소서 6장에서는 성도들이 "주 안에서와 그 힘의 능력으로 강건하여지고, 하나님의 전신갑주를 입고, 마귀의 간계를 대적하라"고 권면하고 있습니다. 이로 보아 성숙을 향해 자라는 성도들은 영적인 전쟁을 해야 한다는 것을 알 수 있습니다. 사실 신약 성경 어디에서나 믿음이 자라야 한다는 사도들의 권면의 말씀을 볼 수 있습니다.

구약의 이스라엘에서도 성도의 성숙과 관련된 하나님의 임재의 정도를 가늠할 만한 것을 찾아볼 수 있습니다. 출애굽 한 이스라엘 백성들과 그리고 그 백성들 중에서 시내산 위에 오르는 것을 허락받았던 장로들이 있습니다. 그리고 하나님 더 가까이 나아간 여호수아와 모세가 있습니다. 그리고 홀로 하나님의 등을 본 모세가 있습니다. 이렇게 하나님에 대한 다른 차원을 체험하는 여러 경지가 있는 것입니다.

이사야가 성전의 환상에서 주님의 옷자락이 성전에 가득하였습니다(사6:1). 그런데 '성전에 가득하였고'라는 말은 이미 옷자락이 성전에 가득하였지만, 계속해서 성전을 채우고 있다는 의미도 있습니다. 성도는 열린 하늘 문 아래에 있습니다. 그래서 하나님의 임재 가운데 있습니다. 그러나 계속해서 하나님의 영광의 임재는 성도를 더욱 채우며 다가오고 있는 것입니다.

구약의 성도들의 삶을 통해서 영적인 성숙의 단계를 보여주는 지표들을 발견할 수 있습니다. 아브라함이나, 야곱, 요셉, 모세, 다윗 같은 구약의 성도들의 삶에 나타난 성숙해 가는 모습들에서도 그것을 발견할 수 있습니다. 또 유월절, 오순절, 장막절 같은 절기를 통해서도 성숙의 정도를 발견할 수 있습니다. 그리고 성막을 통해서도 그것을 유추할 수도 있습니다. 즉 성막의 뜰의 단계, 성소단계, 지성소 단계 등으로 성도의 신앙의 성숙 단계를 유추할 수 있습니다. 그리고 에스겔 47장에 나타난 성전에서 흘러내리는 물이 점점 발목에서, 무릎, 그리고 허리, 그리고 헤엄을 쳐야 할 정도로 물이 가득한 모습이 하나님의 나라의 확장을 가리킨다고 할 수도 있지만, 성도의 성숙과 무관하다고 할 수는 없을 것입니다. 이스라엘의 출애굽부터 광야를 거쳐 가나안 정복까지의 이야기도 신앙의 성숙의 단계를 유추할 수 있게 하는 것입니다.

우리 신앙의 선배들도 신앙의 성숙의 단계를 여러 단계로 나누기도 했습니다. 『거룩한 등정의 사다리』를 쓴 7세기의 요한 클리마쿠스는 33단계를 말하고 있습니다. 알렉산드리아의 오리기네스는 이스라엘이 광야에서 세운 42개의 진(陣: 민33장)과 우리가 하나님과 친밀해 가는 여정을 42단계를 비교하여 말하고 있습니다.

성경에 나오는 여러 단계를 사도 요한의 3단계를 따라 나누면 다음과 같다고 할 수 있을 것입니다.

어린이 단계는 이스라엘이 유월절 어린 양의 피를 문설주와 인방에 바르고 출애굽하여 홍해를 건넌 단계입니다. 절기로는 유월절 단계요, 성막으로는 성막의 안 뜰의 단계입니다. 성막의 뜰에는 예수님의 십자가의 모형인 번제단과 물두멍이 있는데, 그리스도의 피로 구원을 받았음과 회개를 상징합니다. 즉 성령으로 거듭나서 죄성을 회개하며 자신을 거룩하게 만들어 가는 단계로 성령으로 하나님의 자녀로 태어나서 아이로 자라고 있는 어린이 단계라고 할 수 있을 것입니다. 성전의 흘러나온 물로 보면, 발목 단계에서 무릎까지가 어린이 단계라고 할 수 있을 것입니다. 물론 이것은 저의 개인적인 견해입니다. 사람이 태어나 자라듯이 각 단계가 분명하게 칼로 자르듯이 구별되지는 않습니다. 그러므로 이러한 구별은 성경 말씀을 통해서 유추해 본 것에 지나지 않습니다.

청년의 단계는 이스라엘로 비유하면 시내산에서 하나님이 강림하시고. 율법을 받는 단계에서 시작한다고 할 수 있을 것입니다. 절기로는 오순절 단계에서 청년의 단계가 시작된다고 생각됩니다. 가나안 정복 전쟁을 시작하는 것도 여기에 일부 포함이 된다고 생각합니다. 물론 성경에는 40년의 광야의 방황도 있듯이 개인차에 따라 성숙보다는 성령을 점차 소멸하고 방황하는 성도도 있을 수 있다는 것을 보여주기도 합니다.

성막으로는 성소에 들어가는 단계라 할 수 있습니다. 성전에서 흘러나오는 물로 보면, 무릎에서 허리를 지나 점점 물이 차오르는 단계로 생각됩니다.

아비 단계는 가나안 정복 전쟁에서 싸워 승리하여 정복한 단계로, 절기로는 초막절의 단계입니다(영적으로 보면, 초막절은 가나안의 정복, 그리고 주님의 재림과 관련이 있다고 생각되는 절기인데, 아직 주님이 재림하지 않았으니. 이렇게 단계를 나누는 것이 딱 맞아 들어가지는 않는 것을 볼 수 있습니다. 그래서 이런 분류가 신앙성숙의 지표라기보다 성도들에게 성숙에 대한 도전이 되기를 바라는 마음으로 나누어 본 것입니다). 성전으로 보면 성소를 지나 지성소에 머무는 단계입니다. 성전에서 흘러나오는 물로 보면, 온 세상에 이

물이 창일하게 흘러 물이 흐르는 곳마다 생명들이 살아나는 단계라고 할 수 있을 것입니다. 교회사에 있었던 대 부흥 때 크게 쓰임 받은 성도들이 여기에 해당된다고 생각됩니다(물론 부흥으로 쓰임을 받지는 않았을지라도. 이름 없이 그리스도를 닮은 거룩한 성자처럼 산 분들도 영적인 아비에 해당된다고 할 수 있을 것입니다).

이제 사도 요한이 요한일서 2:12-14절에서 말씀하는 성도의 단계를 따라 성도의 성숙과 관련된 성화를 단계별로 대강 살펴볼까 합니다. 그리고 이 글에서는 그런 단계를 구별하는 것보다는 성도가 자라야 할 원리에 대하여 중점을 두고 말씀을 드릴까 합니다. 아이가 자라거나 청년이 자라거나 아비까지 자라는 영적 원리는 같습니다.

그래서 먼저 세 단계의 대강의 특징을 알아보고, 성경과 교회사의 위대한 성도들의 삶과 간증을 통하여 영적 성장의 원리를 살펴보도록 하겠습니다.

01

어린이 단계

🕊 하나님 자녀로 태어나서 하나님을 인격적으로 알아감

앞에서 언급한 성령으로 거듭난 성도의 상태가 어린이 단계입니다. 사도 요한은 "자녀들아 내가 너희에게 쓰는 것은 너희 죄가 그의 이름으로 말미암아 사함을 받았음이요"라고 말씀합니다. 어린이 단계는 자녀들이 예수님의 이름으로 죄 사함을 받았다는 것입니다. 또, 사도 요한은 "아이들아 내가 너희에게 쓴 것은 너희가 아버지를 알았음이요"라고 말씀합니다. 이것은 자녀들이 성령으로 거듭나서 하나님 아버지를 인격적으로 알았다는 뜻입니다. 성령으로 거듭난 성도는 회심하여 예수님의 피로 죄를 씻고, 죄 사함을 받아 의롭다 칭함을 받습니다. 그리고 성령으로 거듭난 성도는 그 마음에 내주하시는 하나님을 인격적으로 알고 친밀하게 교제를 시작하는 것입니다. 그리고 성경을 공부함으로 자신의 참 부모가 누구인지, 자신이 어떤 처지에서 구원을 받았는지 알아가는 단계입니다. 마치 아이가 태어나 부모님의 사랑과 보살핌을 체험하면서, 또 부모의 집안의 내력을 알아가며 자라는 것과 같습니다.

참으로 거듭나는 것은 중요합니다. 하나님의 자녀로 태어나야 하나님의 가족이 되는 것처럼 거듭남이 없으면, 그는 하나님의 자녀가 아닌 것입니다. 그런데 성령으로 거듭나 하나님의 자녀가 되는 것도 중요하지만, 자라는 것도 중요합니다. 아이가 태어났는데도 자라지 않는 아이가 있다고 생각해 봅시다. 여러분의 자녀가 태어났는데, 10년, 20년, 30년이 지나도 자라지 않고 어린아이 상태 그대로 있다면, 이는 심히 부모를 근심시키는 심각한 문제가 아닐 수 없습니다.

때가 오래되었으므로 너희가 마땅히 선생이 되었을 터인데 너희가 다시 하나님의 말씀의 초보에 대하여 누구에게서 가르침을 받아야 할 처지이니 단단한 음식은 못 먹고 젖이나 먹어야 할 자가 되었도다 •히5:12

그러므로 우리가 그리스도의 도의 초보를 버리고 죽은 행실을 회개함과 하나님께 대한 신앙과 세례들과 안수와 죽은 자의 부활과 영원한 심판에 관한 교훈의 터를 다시 닦지 말고 완전한 데로 나아갈지니라 •히6:1, 2

여기서 말씀의 초보, 도의 초보는 기독교의 기본 진리를 말합니다. 기독교의 기본 진리는 이미 다 알고 있는 것이니, 그것을 가지고 다시 왈가왈부하지 말라는 것입니다. 그래서 위의 히브리서를 통해서 성도들이 자라지 않고 여전히 어린아이 상태로 머물러 있는 것을 볼 수 있습니다. 고린도 교회의 성도들에게도 사도 바울은 "너희는 아직도 육신에 속한 자로다 너희 가운데 시기와 분쟁이 있으니 어찌 육신에 속하여 사람을 따라 행함이 아니리요"(고전3:3)라고 말씀했습니다. 이것을 보면 거듭난 성도라고 해서 모두가 다 성숙한 청년의 단계로 자라지 않는다는 것을 알 수 있습니다.

사실 기독교의 기본 진리—창조주 하나님과 인간의 전적 타락, 회개와 믿음 그리고 성령으로 거듭남, 성화와 주의 재림과 최후 심판 등등—는 참으로 중요합니다. 더구나 오늘날 같이 기본 진리를 왜곡하는 흐름이 있을 때 기독교의 기본 진리는 다시금 바르게 강조되어야 합니다. 그러나 이미 이 기본 진리를 다 알고 있을 뿐 아니라, 성령으로 거듭난 체험을 한 성도가 자라지 않고 있다면—즉 성화되지 않고 있다면— 이는 심각한 문제가 있는 것입니다.

달라스 윌라드 박사는 예수님의 은혜를 받는 것을 좋아하나, 예수님의 제자 되기를 거부하는 성도들을 두고 그의 저서 『잊혀진 제자도』에서 이런 말을 했습니다.

> 오늘날 크리스찬들 사이에는 그릇된 신화가 있습니다. 제자가 되지 않고서도 '크리스천'일 수 있다는 것입니다. 제자가 되기 위해서는 자기 찢어짐과 비움, 돌이킴이 있어야 합니다. 그런데 그것이 없이도 크리스찬이 될 수 있다는 시대에 살고 있습니다. 이것이야말로 이 시대의 비극입니다. 모두들 '지상명령(The Great Commissin)'에는 관심을 가지고 있습니다. 그러나 예수 그리스도가 말한 '이 모든 것을 가르쳐 지키게 하라'는 말씀은 여지없이 빠뜨리고 있습니다. 우리 신앙 가운데 '위대한 누락(The Great Omissin)'이 있는 것이지요. 제자들은 그리스도를 따르며 어디에서든지 그리스도의 성품과 능력으로 사는 사람들입니다. 그 제자들의 삶 속에서 '하나님이 함께 하시는 사랑과 선함의 우주적 공동체의 흔적'을 찾을 수 있습니다. 그러나 지금 시대 그리스도인들에게서 이런 모습은 찾아보기 어렵습니다.[68]

---

68) 이태영, 『더 있다』 (서울: 규장출판사, 2012), p.48에서 재인용.

그는 오늘날 예수님의 제자 되기를 거부하는 성도들을 두고 '뱀파이어 크리스찬'이라는 자극적인 용어를 사용하며 질책하고 있습니다. 구원을 위해서 필요한 예수님의 피에만 관심이 있을 뿐, 그리스도인으로서 순종하며 예수님의 제자로서의 삶에는 전혀 관심이 없는 크리스찬을 그는 '뱀파이어 크리스찬'이라고 지칭했던 것입니다.

그런데 달라스 윌라드 박사가 말하는 '뱀파이어 크리스찬'이 애초부터 성령으로 거듭나지 않고 그저 종교 생활을 하는 성도들을 가리키는지, 아니면 성령으로 거듭났으나 성장하지 않는 크리스찬을 가리키는 것인가는 분명하지 않습니다. 그는 독일의 본 회퍼 목사를 언급하고 있습니다. 본 회퍼 목사는 나치 독일 치하에서 히틀러의 암살 음모에 가담했던 신앙과 정치의 일치를 추구했던 사람입니다. 본 회퍼는 기독교는 '종교가 아니라 기독교의 핵심에는 하나님이 생생히 자리 잡고 있으며 기독교는 하나님과 대면하는 것'이라고 말했습니다. 달라스 윌라드 박사는 오늘날 미국의 목회자들이 참된 제자도가 없는 그리스찬들에게 어떤 권세와 어떤 근거로 세례를 주며 감히 그들과 하나님이 화목한 사이라고 선포할 수 있습니까? 라고 묻고 있습니다. 사실, 성령으로 거듭난 성도는 하나님과 화목케 된 것입니다. 그래서 하나님을 인격적으로 아는 것입니다. 그래서 달라스 윌라드 박사가 말하는 '뱀파이어 크리스찬'이 애초부터 성령으로 거듭나지 않은 성도를 가리키는 것 같습니다만 정확하게 어떤 상태의 성도를 가리키는지는 잘 모르겠습니다. 아마 거듭나지 않은 성도와 거듭나도 그리스도에게 전적인 헌신이 없는 둘 다를 가리키는 것 같기도 합니다. 보혈의 은혜를 맛보고서 성령으로 거듭나도 영적으로 성장하지 않는 성도들이 있는 것도 사실입니다. 오히려 성령을 소멸하여

퇴보하는 성도들이 있기도 합니다.

존 라일 목사도 이런 말을 했습니다.

> 진정한 기독교는 싸움이다…. 지금 세상에는 진정한 진짜 기독교
> 가 아닌 종교가 엄청나게 많다. 그런 종교는, 뭐 검열을 통과하고,
> 꼬박꼬박 졸고 있는 양심은 만족하게 해줄 테지만, 별로 대단한 소
> 득은 못 된다…. 주일마다 수천 명의 남녀가 교회를 향하지만, 그들
> 의 종교에서 당신은 아무런 '싸움'도 보지 못할 것이다. 그들은 영적
> 싸움, 분투, 투쟁, 자기 부인, 그리고 전쟁에 대해서는 전적으로 무
> 지하다.[69]

거듭난 성도에게는 악의 영들과의 영적인 싸움과 자기 부인 등의
싸움이 있습니다. 그런데 존 라일이 목회하던 시절에도 그런 영적인
싸움을 하며 자라고 있는 성도가 적었다는 것을 알 수 있습니다. 어
쨌든 성령으로 거듭난 성도라고 할지라도 예수님의 장성한 분량에까
지 영적인 전쟁을 치르며 자라야 한다는 것은 두말할 필요가 없는 것
입니다. 성도는 반드시 영적으로 성숙하여 청년의 단계로 넘어가야
하는 것입니다. 성령으로 거듭난 성도는 모든 면에서 예수님의 장성
한 분량에까지 자라는 것을 목표로 삼아야 할 것입니다. 그리고 성
숙한 성도라고 할지라도 다윗처럼 죄에 빠지고 넘어지는 일들이 있을
수 있습니다. 아이들이 넘어지고 다치면서 자라듯이 성도도 넘어지고
실수하면서도 자라는 것입니다. 그리고 성도마다 그 성품과 기질에

---

69) 티머시 켈러, 『예수를 만나다』 (서울: 베가북스, 2014), p.175에서 존 라일의 글을 재인용.

있어, 강한 부분이 있고, 약한 부분이 있을 수 있습니다. 그래서 정확하게 성숙의 3단계를 딱 잘라 말하기는 참으로 어려운 것입니다. 그래서 이 글은 그런 단계의 특징보다는 성도의 영적 성장을 위한 성화의 길을 제시하는데 중점을 두었음을 말씀드립니다.

'아직은 미완성'이라는 마르다 노리스의 시가 있습니다. 이 시처럼 우리는 미완성품입니다. 그러나 우리는 전능하시고 사랑이 많으신 토기장이신 그리스도의 손에 붙들린 사람들입니다. 그 시를 소개합니다.[70]

> 조금만 참아 주세요.
> 나는 아직 미완성품이거든요.
> 토기장이가 능수능란한 솜씨로 다듬어 주면
> 매끄럽지 않은 부분들이 많이 없어질 거예요.
> 그리고 그의 사랑으로 가득 채워진 나는
> 아주 유용한 그릇이 될거라구요.
>
> 조금만 참아 주세요.
> 나는 아직 미완성품이거든요.
> 토기장이가 내게
> 사랑과 기쁨,
> 인내와 친절,
> 온유와 절제를 심어줄 거예요….

---

70) 바이올라 왈덴, 안보현 역, 『아직은 미완성』 (서울: 생명의말씀사, 1996), pp.4-5.

조금만 참아 주세요.
나는 아직 미완성품이거든요.
많은 결함과 흠집들,
그리고 이기적인 동기
이런 것들 때문에
나는 아직 유용한 그릇이
되지 못하고 있어요.
그러나 조금만 참아 주세요.
토기장이의 손은
사랑으로 가득 차 있거든요.

청년의 단계

🕊 청년은 강한 자, 이기는 자다

청년의 단계의 특징을 사도는 다음과 같이 말씀합니다. "청년들아 내가 너희에게 쓰는 것은 너희가 악한 자를 이기었음이라" "청년들아 내가 너희에게 쓴 것은 너희가 강하고 하나님의 말씀이 너희 안에 거하시며 너희가 흉악한 자를 이기었음이라"고 말씀합니다. 청년은 강해서 악한 자, 즉 흉악한 자, 즉 사탄을 이기었다는 것입니다. 그것도 하나님의 말씀이 그 안에 거해서 흉악한 자를 이겼다는 것입니다.

그런데 이미 말씀드렸듯이, 각 단계를 칼로 무를 자르듯이 나눌 수 없습니다. 드물기는 하지만 성령으로 거듭나는 순간에 성령의 세례를 받아 바로 크게 쓰임을 받은 찰스 피니 같은 사람도 있고, 거듭난 후에 오랫동안의 기도와 간구 끝에 성령세례를 받아 주의 일에 크게 쓰임을 받은 성도들도 있습니다. 그리고 거듭난 후, 계속 성장하기도 하고 이따금 성령의 충만을 받으며 이름 없이 조용히 교회와 이웃을 섬기는 분들도 있습니다. 아마 대부분의 성도가 이 경우에 해당된다고 여겨집니다. 또 더러는 거듭나기는 했지만, 주님의 은혜를 거의 소멸하고, 겨우 믿음의 명맥만 유지하는 분들도 있을 것입니다. 그리고 지금 교회에 다니고는 있으나 아직 성령으로 거듭나지 못하고 있다가 어떤 계기로 성령으로 거듭나고 또 성령 세례를 받아 언젠가 크게 쓰임을 받을 분도 있을 것입니다. 거듭나게 하고 자라게 하시는 이는 오직 하나님이신 것입니다(고전3:6).

이스라엘 백성들은 출애굽하고 홍해를 건넌 감격으로 춤추고 노래했습니다. 그것이 성령으로 거듭났을 때의 구원의 감격의 예표입니다. 그러다가 마라의 쓴 물을 만나고, 아말렉과의 싸움을 경험합니다. 물론 마라의 쓴 물이 단물로 변하고, 아멜렉을 이기며, 또 엘림에서 샘을 발견하는 기쁨과 반석에서 물이 나오는 하나님의 은혜를 경험합니다만, 가나안으로 가는 광야 길에는 어려움도 있다는 것을 그들은 깨닫기 시작합니다. 그리고 마지막으로는 가나안 일곱 부족과의 전쟁도 기다리고 있습니다. 이렇게 이스라엘의 구원의 여정을 보아도 성도의 신앙에 반드시 성숙함을 위한 연단과 영적인 전쟁이 있다는 것을 알 수 있습니다.

마찬가지로, 불신자로 살다가 예수님을 믿어 성령으로 거듭나는 감격은 이루 말할 수 없는 큰 기쁨입니다. 이 세상에 그보다 더 큰 감격이 있을 수 없는 기쁨이 있습니다. 그러다가 시간이 흐르면서, 신앙생활이 기쁨으로만 가득한 것이 아니라는 것을 깨닫게 되는 것입니다. 어려운 환경도 있고, 또 싸워야 할 적이 있다는 것을 깨닫게 되는 것입니다. 그런데 그 핵심적인 원수가 다름 아닌 사탄이기도 하지만, 동시에 '자아'라는 것을 발견하고 충격을 받기도 합니다.

어쨌든 성령으로 거듭난 성도는 자신의 마음에 살아계신 하나님의 영이 들어오셨으니, 이제 거룩하고도 사랑이 넘치는 성령님으로 자신의 마음을 가득 채우기를 원하는 사람이 되는 것입니다. 그리고 성령으로 거듭난 성도만이 한 때 자신이 본질상 하나님의 진노의 자식이었다는 것을 깊이 깨닫기 때문에, 성령을 거스리는 죄를 미워하게 되는 것입니다.

> 그는 허물과 죄로 죽었던 너희를 살리셨도다 그때에 너희는 그 가운데서 행하여 이 세상 풍조를 따르고 공중의 권세 잡은 자를 따랐으니 곧 지금 불순종의 아들들 가운데서 역사하는 영이라 전에는 우리도 다 그 가운데서 우리 육체의 욕심을 따라 지내며 육체와 마음의 원하는 것을 하여 다른 이들과 같이 본질상 진노의 자녀이었더니 •엡2:1-3

위의 말씀에서, 비록 성도라고 할지라도, 성령으로 거듭나기 전에는 (1)죄와 허물로 죽었던 사람이며, (2)이 세상의 풍조를 따르고, 공중 권세 잡은 자(사탄)를 따랐던 사람이며, (3)그래서 하나님이 보실 때, 그 본질상, 즉 마음의 본질이 죄악으로 가득 차서 하나님의 진노를 받아 마땅한 자녀들이었다는 것입니다. 그러므로 성령으로 거듭나서 하나님의 자녀가 된 성도들만이, 자신이 거듭나기 전의 비참한 모습-이 세상 풍조를 따르고, 마귀를 따르며, 그래서 하나님의 저주 아래 있는 자-을 깨닫게 되는 것입니다.

그래서 성도는 그 심령으로 하나님과 친밀하게 교제하는 가운데, 자신의 마음에 남아 있는 죄성을 깨닫고, 특히 그 죄성이, '자아'라는 것을 성령의 도움으로 깨닫고는 "내 속 내 육신에 선한 것이 거하지 아니하는"(롬7:18) 것을 알게 되는 것입니다. 그래서 사도바울처럼 "오호라, 나는 곤고한 사람이로다"(롬7:24)라는 탄식을 하게 되는 것입니다.

그래서 성령으로 거듭난 성도도 죄에서 구원받은 성도이지만, 한편으로는 죄성이 남아 있기에 이 죄성과의 치열하게 싸우는 역설적인 면이 있는 것입니다. 파스칼의 단장(B534-L700)에서 다음과 같이 말했습니다.

> 두 종류의 인간이 있을 뿐이다. 하나는 스스로를 죄인이라고 생각하는 의인, 또 하나는 스스로를 의인이라고 생각하는 죄인이다.

거듭난 참된 성도는, 루터와 파스칼이 말한 대로 스스로를 '죄인이라고 생각하는 의인'인 것입니다. 이게 구원받은 성도의 모습입니다.

그래서 하나님의 은혜로 자신 안에 죄성이 있다는 것을 깨달은 성도는 한편으로는 (1)더욱 큰 은혜를 사모하고 (2)한편으로는 자신의 내부에 있는 죄성과 (3)이 세상의 공중 권세를 잡은 사탄과 악령들과의 싸움도 해야 하는 것입니다. 사도 바울은 성도가 더욱 큰 은혜를 사모해야 함을 다음과 같이 말씀합니다.

내가 기도할 때에 기억하며 너희로 말미암아 감사하기를 그치지 아니하고 우리 주 예수 그리스도의 하나님, 영광의 아버지께서 지혜와 계시의 영을 너희에게 주사 하나님을 알게 하시고 너희 마음의 눈을 밝히사 그의 부르심의 소망이 무엇이며 성도 안에서 그 기업의 영광의 풍성함이 무엇이며 그의 힘의 위력으로 역사하심을 따라 믿는 우리에게 베푸신 능력의 지극히 크심이 어떠한 것을 너희로 알게 하시기를 구하노라 •엡1:16-19

이러므로 내가 하늘과 땅에 있는 각 족속에게 이름을 주신 하나님 아버지 앞에 무릎을 꿇고 비노니 그의 영광의 풍성함을 따라 그의 성령으로 말미암아 너희 속사람을 능력으로 강건하게 하시오며 믿음으로 말미암아 그리스도께서 너희 마음에 계시게 하시옵고 너희가 사랑 가운데서 뿌리가 박히고 터가 굳어져서 능히 모든 성도와 함께 지식에 넘치는 그리스도의 사랑을 알고 그 너비와 길이와 높이와 깊이가 어떠함을 깨달아 하나님의 모든 충만하신 것으로 너희에게 충만하게 하시기를 구하노라 •엡3:14-19

술 취하지 말라 이는 방탕한 것이니 오직 성령으로 충만함을 받으라 •엡5:18

청년은 '강한 자'라고 사도 요한은 말씀했습니다. 성도에게 강한 자란 표현을 쓴 것은 그들이 성령으로 거듭나고 이제는 영적으로 자라서 성령으로 충만하여 적과 싸워 이기는 자라는 뜻입니다. 이런 청년의 모습으로 성도들이 자라가야 합니다.

이런 '이기는 자'의 모습은 요한계시록에 있는 소아시아 일곱 교회에 주신 말씀 중에 나타납니다. 소아시아 일곱 교회에 '이기는 자가 되라'는 말씀은 우리가 싸워 '이겨야 할 것'이 있다는 뜻입니다. 이것을 참고하면 우리의 신앙 성숙에 큰 도움이 될 것입니다. 참고로 소아시아 일곱 교회에 주신 '이겨야 할 것'을 소개합니다.

에베소교회-주님과의 첫 사랑을 방해하는 것을 이겨야 한다. 서머나 교회-고난의 위험이 있을 때 배교의 유혹을 이겨야 한다. 버가모교회-우상숭배를 이겨야 한다. 두아디라 교회-혼합주의와 우상숭배를 이겨야 한다. 사데 교회-더러운 옷을 빠는 것 즉, 하나님 앞에서 온전하고 거룩한 삶을 사는 데 방해되는 것 제거해야 한다. 빌라델비아 교회-말씀을 지키지 못하게 하는 것과 주님의 이름을 배반하게 하는 유혹들을 이겨야 한다. 라오디게아 교회-자신이 영적으로 비참한 상태에 있는 것을 깨닫는 것을 방해하는 것을 깨닫고,

그리스도와 깊이 연합을 방해하는 모든 것을 깨닫고 그것을 이겨야 한다. 등등입니다.

이상의 교회들에게 주시는 말씀을 보면, 거듭난 성도(교회)라고 할지라도 영적으로 올바르게 성장하는 것이 쉬운 일이 아님을 알 수 있습니다. 그래서 성도에게는 여전히 부족한 것은 회개하여 주님의 은혜를 더욱 구하여, 싸워 이겨야 할 것들이 있으며 그래서 주님이 기뻐하시는 단계에까지 계속해서 자라야 한다는 것을 알 수 있습니다.

그런데 성도의 승리는 우리의 힘이 아니라, 주님과의 친밀한 관계에서 나오며, 곧 성령의 능력과 하나님의 진리의 말씀에서 나오는 것입니다. 그래서 청년기의 성도는 본질적인 것-하나님과의 친밀한 관계를 유지하기 위한 기도와 말씀 순종-에 더욱 집중해야 하는 것입니다. 요한 클리마쿠스도 우리는 우리보다 강한 적과 싸우려 들어서는 안 된다고 말합니다. 예를 들어, 음란의 귀신과의 싸움에서 우리 육체의 본성으로는 싸워 이기기 어려운데, 우리 육체의 본성이 그의 편이기 때문입니다. 그래서 그는 자신의 무력함을 인정하고 우리의 연약한 본성을 주님께 올려드려야 한다고 조언합니다.[71] 우리는 마귀를 대적하되, 늘 주님의 도우심이 필요한 존재라는 것을 결코 잊어서는 안 되는 것입니다.

오늘날 사탄은 이단 사설이나, 포스터 모더니즘과 같은 혼합주의

---

71) 게리 토마스, 윤종석 역, 『하나님을 향한 목마름』(서울: CUP, 2014), p.126 재인용.

사상과 이 세상 풍속으로 성도를 유혹하며 미혹합니다. 그래서 이들과는 논리를 통해서 그리고 또 영적으로 싸우기도 해야 하지만, 이단과 싸우며 정죄하다 보면, 주님의 사랑을 잃어버릴 위험이 있으므로 조심해야 할 것입니다. 그리고 오늘날도 물질, 출세, 권력이라는 이 세상의 우상들이 교묘한 형태로 성도들에게 접근합니다. 부와 명예나 권력이 그 자체로 악한 것은 아니지만, 이런 것들이 주님의 자리를 대치할 위험은 매우 큰 것입니다. 오늘날 우리나라 교회에서 번영신학이 크게 유행했습니다. 물론 신명기 28장에는 분명히 순종의 축복과 불순종의 저주가 나와 있습니다. 예수님을 믿고 성령으로 거듭난 구원받은 성도가 하나님의 말씀에 순종하면 복을 받습니다. 그런데 이스라엘 백성들을 보면 순종이 절대 쉬운 것이 아님을 알 수 있습니다. 그리고 예수님은 예수님을 따르는 성도에게는 복과 함께 고난도 따른다고 분명히 말씀하셨습니다(막10:29-30). 중요한 것은 성도의 번영이 성경에서 가르치는 것 중에서 본질적인 것인가? 하는 것입니다. 성경에는 물질을 사랑하는 것을 조심하라는 경고의 말씀이 많이 있습니다. 오히려 물질이나 명예와 권력 때문에 성도가 넘어지는 일이 많습니다. 성도가 하나님과의 친밀함과 그리고 말씀 순종에 집중한다면, 성도가 부자가 되거나 가난해지거나 하는 것 자체가 별문제가 안 될 것입니다. 물론 물질이나 명예에 조금도 흔들리지 않는 성결하고 거룩한 성도로 살아가는 것은 결코 쉬운 일은 아닐 것입니다. 어쨌든 분명한 것은 성도는 본질적인 것을 잘 붙들고 그 본질적인 일에 집중하는 것이 참으로 중요하다고 할 것입니다.

오늘날 우리나라 교회는 라오디게아 교회의 상황과 비슷하다고 생각하는 분들이 있습니다. 저도 그렇게 생각합니다. 성도들이 영적으로 가난해도 자신이 영적으로 벌거벗은 줄을 모릅니다. 더구나 성령으로 거듭나지 않았어도, 자신은 잘 믿고 있다고 생각하고 있습니다. 그래서 거듭남을 중요하게 생각하지도 않습니다. 그리고 거듭난 성도라고 하지만, 하나님과의 첫사랑을 잃어버리고 하나님과의 친밀함을 겨우 명맥만 유지하는 성도도 있습니다. 그래서 주님의 임재가 사라져도 성도들이 그것을 모릅니다. 어느 목사님으로부터 들은 북한에서 탈북한 한 성도의 간증이 기억납니다. 그는 남한에 와서 예배를 마음껏 드릴 수 있어서 좋겠다고 생각했는데, 어느 날 서울에서 제법 큰 교회에 간증을 하러 갔는데, 기도 중에 주님이 이렇게 말씀하시더랍니다. "이 교회에는 내가 없다." 그래서 놀라서 고개를 들고 성도들을 바라보니, 흰옷을 입은 성도들이 겨우 드문드문 보이더랍니다. 이게 하나님이 보시는 오늘날 우리나라 교회의 실제 모습은 아닌지 모르겠습니다.

성령으로 거듭남이 없어도 구원받은 줄 착각하고 있는 교인들, 그리고 거듭나도 늘 주님의 임재를 더욱 사모하여, 자기 부인의 길, 십자가의 길을 걷지 않는 성도들- 이런 모습이 우리나라 교회가 영적으로 청년의 단계로 자라고 있지 않고 여전히 어린아이 단계에서 머물고 있는 현실은 아닌가 생각됩니다. 거듭난 성도가 성숙하려면 반드시 해야 할 일들이 있습니다. 청년이나 아비로 자라기 위해서는 이런 성숙의 원리를 따라 대가를 지불해야 합니다.

🕊 청년은 말씀에 굳게 선다

사도 요한은 청년들의 특성을 "청년들아 내가 너희에게 쓴 것은 너희가 강하고 하나님의 말씀이 너희 안에 거하시며 너희가 흉악한 자를 이기었음이라"고 말씀했습니다. 청년은 하나님의 말씀이 그 안에 거해서 흉악한 자–사탄–를 이겼다는 것입니다. 하나님의 말씀의 중요성은 두 말할 필요도 없을 것입니다. 예수님의 주장처럼 일점일획도 땅에 떨어지지 않을 것입니다.

지금까지 성경에 근거해서 구원에 관한 하나님의 말씀을 증거해 왔습니다. 구원에 관한 가장 확실한 말씀은, 예수님의 말씀처럼 반드시 성령으로 거듭나서, 하나님의 자녀가 되는 것입니다. 그런데 오늘날 예수님이 말씀하신 '믿음'이 아닌 '다른 믿음'이 교회에 들어왔습니다. 그 대표적인 것이 4영리입니다. 4영리는 안타깝게도 예수님이 '말씀하신 그대로의 믿음'을 무시했습니다. 그래서 '주님의 말씀과 다른 믿음'을 제시했습니다. 그 문제점은 앞에서 '말씀을 통해서' 살펴보았습니다. 그리고 성령으로 거듭난 성도의 여러 특징들을 소개함으로 자연스럽게 4영리의 '믿음'의 문제점이 드러났다고 생각합니다.

오늘날 하나님의 엄중한 말씀이 사람들의 입맛에 맞추어 변질되어 가고 있습니다. 값싼 복음, 반쪽 복음, 목 잘린 복음 등으로 불리는 변질된 복음이 교회에 들어왔습니다. 그러므로 성경에서 가장 본질적인 것, 즉 구원에 관한 성경 말씀들은 묵상하고 연구할 뿐 아니라, 교회사의 위대한 성도들의 글들을 연구함으로 올바르게 다루어져야 하고, 또 자기의 것으로 삼아야 합니다. 그리고 자신의 신앙도 하나님의 말씀에 비추어 점검해야 합니다. 그래야 변질된 복음에 자신의 신앙이 왜곡되지 않고, 또 이단 같은 무리의 잘못된 가르침에 빠지지 않을 것입니다.

그리고 신실한 목회자라면 올바른 말씀을 가감 없이 성도들에게 가르쳐야 할 것입니다. 성경에서 말씀하고 있는 것 중에서 본질적인 것에는 어떤 경우에도 타협이 있어서는 안 될 것입니다. 물론 그것을 전할 때 사랑으로 전해야 할 것입니다. D. L. 무디는 "지옥을 설교할 때는, 적어도 눈에 눈물을 머금고 말씀을 전해야 한다"고 말했습니다. 그러나 때로는 예수님이 그랬듯이 바리새인 서기관들과 같은 형식적인 신앙을 꾸짖을 때는 단호함도 필요한 것입니다. 유명한 벤자민 프랭클린[72]이 휘필드의 설교를 다음과 같이 묘사했습니다.

모든 종파, 모든 교파를 가리지 않고 수많은 군중들이 그의 설교를 듣기 위해 몰려왔다. 나도 그 집회에 참가했던 사람 중 한 사람이었는데, 거기서 나는 그의 웅변이 청중들에게 얼마나 특별하게 큰 영향을 끼치는지를 관찰했다. 그리고 그가 청중들을 향하여 그들은 천성으로 "반은 야수이고 반은 악마"라는 욕을 하는데도 불구하고, 그들이 얼마나 그를 존경하고 사랑하는지를 발견할 수 있었다. 우리 주민들의 태도가 급격하게 변하는 것을 보는 것은 놀라운 일이었다. 그들은 종교에 대해선 아무런 생각도 관심도 없이 있다가, 마치 온 세상이 종교적으로 경건해진 것 같았다. 누구든지 저녁에

---

72) 벤자민 프랭클린(1706년 1월 17일–1790년 4월 17일)은 미국의 "건국의 아버지"(Founding Fathers) 중 한 명이자 미국의 초대 정치인 중 한 명입니다. 그는 특별한 공식적 지위에 오르지는 않았지만, 프랑스 군(軍)과의 동맹에 있어 중요한 역할을 해, 미국 독립에 중추적인 역할을 했으며, 그는 계몽사상가 중 한 명으로서, 유럽의 과학자들의 영향을 받았으며 피뢰침, 다초점 렌즈 등을 발명하였습니다. 달러화 인물 중 대통령이 아닌 인물은 알렉산더 해밀턴(10달러)과 벤저민 프랭클린(100달러) 두 명뿐입니다.

시내에 나가보면, 거리마다 각 가정에서 부르는 찬송가 소리를 듣지 않고는 걸어 다닐 수가 없었다.[73]

휘필드가 청중을 향하여 "당신들은 천성적으로 반은 야수이며 반은 악마!"라고 그들의 죄악된 본성을 지적하는데도, 청중들은 휘필드를 존경하고 사랑했다는 것입니다. 조나단 에드워드도 '하나님의 손에 붙들린 죄인들'이라는 무서운 설교를 통해서, 형식적인 신앙생활을 하고 있던 영혼들이 회개하고 주님께로 돌아오게 했습니다(그의 설교의 내용은 무서운 것이었지만, 그는 설교할 때 고함을 지른 것은 아닙니다. 그는 설교문을 눈에 대고 읽었다고 합니다). 이처럼 무섭게 정죄하는 그의 설교가 미국의 제1차 대각성 운동의 기폭제가 되었던 것이며, 조지 휘필드는 제1차 대각성 운동의 후반부의 부흥을 주도했습니다. 이것을 보면, 설교 내용이 참으로 중요하고 또, 설교 태도도 중요하지만, 목회자는 성령이 충만하게 역사하는 설교를 해야 함을 알 수 있습니다. 그러므로 우리는 무엇보다 조나단 에드워드나, 조지 휘필드는 기도의 사람이었으며, 성령으로 충만한 설교자였다는 것을 기억해야 할 것입니다.

구원에 있어 본질적인 말씀은 가감해서는 안 될 것입니다. 그러나 비본질적인 것을 가지고 서로 정죄하거나 이단시하는 일은 없어야 할 것입니다. 그러므로 청년의 성숙으로 자라고 있는 단계에 있는 성도는 본질적인 하나님의 말씀 위에 자신의 신앙을 굳게 세우고 있는 성도라고 할 수 있을 것입니다.

---

73) 윌리엄 데알테가, 예영수 역, 『성령을 소멸하는 자들』 (서울: 예루살렘출판사, 2003), pp.56-57에서 재인용.

성도가 회심함으로 성령으로 거듭나는 것과 점점 예수님처럼 거룩해져 가는 성화는 구원에 있어서 본질적인 것 중에서도 본질적인 것입니다. 성도가 이런 본질적인 말씀에 굳게 서 있으면, 어떤 악한 공격에도 쉽게 이길 수 있는 것입니다. 그리고 비본질적인 문제에 있어서는 다른 생각을 가지고 있는 성도들이나, 다른 교단과 이해하고 연합할 수 있어야 할 것입니다. 참고로 이제까지 논의해 왔던 구원에 관한 본질적인 말씀을 몇 가지 소개합니다.

- 인간은 하나님을 반역한 죄인이다.
- 인간은 죄를 회개하고 하나님의 아들 예수 그리스도를 믿음으로, 즉 회심하여 반드시 하나님의 영(성령)으로 거듭나야 한다. 그래야 하나님의 자녀가 된다.
- 성령으로 거듭난 성도와 그리스도 사이에는 신비한 연합이 있다.
- 성령으로 거듭난 성도에게는 예수님이 이 세상에서 가장 귀한 분이 된다. 그래서 예수님과 친밀하게 기도로 교제하는 것을 기뻐하며 쉬지 않는다.
- 성령으로 거듭난 성도는 늘 주님 임재 안에 거하며, 또한 자신 안에 성령이 내주하는 것을 가장 귀하게 여긴다.
- 그는 성령의 조명으로 인해 자신 안에 끔찍한 죄성이 있음을 깨닫고, 이 죄성과 영적으로 말씀과 성령의 도움으로 싸우며 그리스도의 형상으로 점점 거룩한 성품으로 자라게 된다.
- 성령으로 거듭난 성도는 내주하시는 성령의 감동을 따라 살게 된다. 그래서 예수님을 높이고 복음을 전하는 일 등 주님이 기뻐하는 일에 헌신하게 된다.

- 성령으로 거듭난 성도가 죄를 지으면 반드시 하나님의 징계가 있고, 그 징계를 통해 회개하고 다시 하나님과의 친밀한 관계를 회복한다(이 부분은 다루지 않았으나 성도의 삶 속에서 일어나는 일이기에 소개합니다).

03

아비의 단계

아비의 단계의 경지는 어떤 경지를 말하는지 정확하게 알 수가 없습니다. 물론 간단히 말하면 성령 충만한 단계일 것입니다. 어쨌든 가장 성숙한 성도의 단계임은 분명하다고 할 것입니다. 먼저 사도 요한이 말씀하고 있는 것을 다시 살펴보겠습니다.

> 아비들아 내가 너희에게 쓰는 것은 너희가 태초부터 계신 이를 알았음이요 •요일 2:13

아이들의 단계와 다른 것이 있다면, 아비들은 '태초부터 계신 이'를 알았다는 것입니다. 한 가정에서 아이들이 태어나 부모를 알아가는 단계가 있습니다. 어린아이들이 부모를 아는 때와 성숙한 청년의 때가 다릅니다. 그리고 더욱 성숙한 아비의 단계는 참 부모이신 하나님 아버지의 마음을 더욱 깊이 알고 이해하는 단계라고 할 수 있을 것입니다. 사도 요한이 어린아이 단계는 "너희가 아버지를 알았다"고 말씀하는데 비해, 아비 단계의 성숙한 성도들에게는 "너희가 태초부터 계신 이를 알았다"고 말씀합니다. 그러면 여기서 말하는 태초부터 계신

이가 삼위 하나님 중 누군가 하는 문제가 있습니다.

사도 요한은 자주 '태초'라는 말을 많이 사용합니다. 요한일서 1:1에도 '태초부터 있는 생명의 말씀에 관하여는'으로 시작하고, 요한복음 1:1절에서도 '태초에 말씀이 계시니라'로 시작합니다. 그리고 요한계시록 1:17절에서도 "나는 처음이요 마지막이니" 라고 말씀합니다. 이 '처음과 마지막'은 물론 '예수 그리스도'입니다.

그러므로 요한일서 2장에서 말씀하는 '태초에 계신 분'은 사람의 몸을 입고 온 성육신 하신 예수 그리스도를 가리킨다고 할 수 있습니다. 그런데 요한일서는 당시 이단인, 예수님이 육신으로 오지 않았다고 주장한 영지주의 이단을 조심하라는 내용이 포함되어 있습니다. 당시 헬라의 이원론의 영향으로 영은 선하고, 육은 악하다고 주장한 영지주의는 예수님 같은 선한 하나님이 악한 육신을 입고 오지 않았다고 주장했습니다. 예수님의 성육신을 부인한 것입니다. 그래서 이것을 염려한 사도 요한은 태초에 말씀으로 육신을 입고 오신 분이 예수 그리스도임을 밝히고 있는 것입니다. 그래서 성숙한 성도는 이런 영지주의와 같은 이단을 분별할 능력이 있는 성도라고 할 수 있을 것입니다. 오늘날 한국 교회 안에 있는 어떤 이단이라도 분별할 수 있는 영적으로 성숙하고 또한 말씀에도 정통한 성령 충만하고 지혜 있는 성도가 아비 단계에 있는 성도라고 할 것입니다(그러면 신학자가 아비된 성도가 아닌가 생각하기 쉽습니다. 그러나 오늘날 우리나라 일부 신학자들 중에는 자유주의 신학자도 있다고 합니다. 이들은 아비 단계의 성숙한 성도가 아니라, 교회를 해치는 마귀가 심어 놓은 가라지일 것입니다).

그리고 또 하나, 아비의 단계의 성도는 창조부터 종말까지 하나님의 뜻을 잘 이해하는 성도라고 할 수 있을 것입니다. 성도가 성령으로 거듭나도, 성경에 나타난 하나님의 뜻을 금방 다 알 수는 없습니다. 하나님의 자녀로 거듭났을 때 하나님의 놀라운 사랑을 받았다는 것을 깨닫고 감격해 합니다. 출애굽 후의 이스라엘이 그랬습니다. 그러다가 자라면서 가나안 땅을 정복해야 하는 전쟁도 있음을 깨닫게 됩니다. 그리고 열방을 위한 제사장으로 부름을 받았다는 것도 깨닫게 되는 것입니다. 그래서 아비 된 성도는 연약한 성도를 위해 중보기도하며, 이 세상에 복음을 증거하는 '왕 같은 제사장'적인 삶을 살게 되는 것입니다.

그리고 또 성숙한 아비가 된 성도는, 성경에 나타난 하나님께서 이 세상을 창조하신 목적과 종말에 대한 비전을 가지고 있어야 합니다. 성경을 통해 하나님께서 하시고자 하는 우주적인 목적을 이해해야 합니다. 아비가 된 성도는 '창조와 새 창조', '타락과 회복', '영적인 전쟁과 이 세상의 박해', '주님의 재림과 궁극적인 사탄의 멸망' 등등에 대한 성경의 전체적인 것에 대하여 신학적으로 올바르게 이해하는 성도라 할 것입니다. 그래야 교회 안에 연약한 성도들을 돌보고, 또 이단에 빠지지 않게 지켜줄 수 있으며 교회가 나아가야 할 올바른 방향성을 지킬 수가 있는 것입니다. 성도가 성경 전체를 제대로 보지 못하고 부분만 본다면, 왜곡된 성경 해석을 할 위험이 있는 것입니다. 그래서 교회 안에 아비 단계의 성숙한 성도는 이런 전체를 보는 자질이 갖추어진 성도라 할 것입니다.

예수님께서 이 땅에 오신 목적을 제대로 이해하지 못했던 베드로는 예수님께서 십자가를 지실 것을 말씀하시자, 그것을 말리다가 "사탄아 내 뒤로 물러가라"는 주님의 질책을 들었습니다. 그리고 그는 변화산에서 체험이 너무 좋아 세상으로 내려가기를 싫어할 정도였습니다. 하나님의 깊은 뜻을 이해하지 못한 결과인 것입니다. 그래서 성경 전체에서 말씀하고 있는 하나님의 목적을 이해하는 것은 성숙한 성도의 몫입니다.

그래서 성숙한 성도는 성경 전체를 보는 신학적인 지식도 갖추어야 합니다. 그뿐 아니라, 늘 성령 충만하여 날마다 자기를 부인하며 거룩한 삶, 성결한 삶을 살아야 합니다. 그래야 교회의 모범이 될 것이기 때문입니다. 이것이 말로는 쉬우나, 실제로 이런 삶을 사는 것은 쉬운 일은 아닐 것입니다. 그러므로 실제로 자신의 삶 속에서 거룩을 이루어가면서 주님과 동행하며 하나님의 뜻과 비전을 따라가는 교회의 모범이 되는 성도가 아비 된 성도라고 할 수 있을 것입니다.

✝

3장

영적 성숙의 원리들

성도는 성령으로 거듭나서 주님과 연합하게 됩니다. 주님은 우리의 마음을 받으시고 성도의 마음에 내주하시는 것입니다. 그리고 1부에서 살펴보았듯이, 거듭난 성도는 예수 그리스도의 영광을 알게 되고, 동시에 자신이 참으로 비참한 죄인임을 깨닫게 되는 것입니다. 주님께서 성도 안에 있는 죄성을 보여주시는 것은, 우리를 성화시키기 위한 것입니다. 성도가 은혜로 거듭났으나 자라야 할 부분이 있으며 깨뜨려야 할 부분이 있다는 것을 보여주시는 것입니다. 그리고 그것은 하나님의 은혜로만 가능하다는 것을 깨닫게 하시고, 전적인 순종이자, 전적인 믿음의 자리까지 자라게 인도하십니다.

이렇듯 거듭난 성도라고 할지라도, 주님이 보시기에 변화가 되어야 할 부분들이 여전히 남아 있습니다. 그래서 주님께서 우리의 마음의 방들(마음에 방이 여럿 있다는 것은 아빌라의 데레사에게 빌려온 개념입니다)을 열고, 그 방안에 주님을 초청하여 주님이 그 방의 주인이 되게 하여야 하는 것입니다. 성도가 어떤 방은 주님에게 개방했는데, 아직 어떤 방은 문을 걸어 잠그고 자신이 주인 노릇을 하고 있는 방이 있을 수 있습니다. 그래서 모든 방을 다 열고, 주님이 그 방의 주인이 되게 주님에게 내어드리는 전적인 믿음까지 자라야 합니다. 그래서 성도는 자신의 마음이나, 자신의 삶 속에서 주님이 주인 되지 못하게 하는 부분이 없는지, 자신의 마음을 주님이 탐사(探査)하게 하는 일이 필요할 것입니다. 그리고 프란시스 하버갈은 다음과 같이 말합니다.

> 온전한 성별(聖別)이란 어떤 의미에서는 순간적인 행위이며, 어떤 의미에서는 평생의 일이다. 성별이 실제적이기 위해는 완전해야 하지만, 실제적이라면 항상 불완전하다. 성별은 쉼의 자리이지만, 영원한 전진의 자리이기도 하다.

그렇습니다. 성도는 한편으로는 이미 받은 은혜를 누리며, 또한 한편으로는 일생을 주님께 전적으로 헌신하는 데까지 자라면서 나아가야 하는 것입니다. 성도의 믿음이 자라면서 그 헌신이 점점 더 깊어질 것입니다. 주님과의 결혼 생활은 단 하루만 사는 것이 아닙니다. 일생을 신랑 되신 주님과 사랑하며, 또 순종하며 사는 것입니다. 그러므로 성도가 성령으로 거듭나는 순간은, 순종이 완성된 것이 아니라, 일평생을 주님께 맡긴다는 순종―산제사―의 시작에 불과한 것입니다.

그러므로 성도가 일생을 주님과 함께 동행하면서 영적으로 성숙하기 위해서 해야 할 일들이 있습니다. 그것은 자기 부인과 자기 십자가를 통한 죄 죽이기 등입니다.

🕊 죄 죽이기

성령으로 거듭난 성도에게는 내적인 싸움이 있습니다. 그것은 마음에 내주하는 죄성과의 싸움입니다. 성령으로 거듭난 성도라고 할지라도 자신의 마음 안에 있는 죄성을 죽이는 것을 가볍게 여겨서는 안됩니다. 성령으로 죄를 죽이는 일은 모든 성도가 반드시 해야 할 의무입니다.

신학자 제임스 패커의 이야기입니다. 그는 자신이 거듭난 후에도 자신 안에 있는 육적인 요소, 즉 죄성이 남아 있는 것을 깨닫고 이 문제를 해결하려고 많은 곳을 기웃거렸고, 이런저런 충고를 따라 해 보았습니다. 예를 들어, '손을 놓으라. 그리고 하나님이 하시게 하라'는 충고대로 해 보았습니다. 시험이 오고 육적인 죄성이 그를 괴롭힐 때, 그는 하나님이 하시도록 손을 놓으려고 무진 애를 썼습니다. 그런데도 영적인 성숙은 없었습니다. 그러다가 그는 우연히 존 오웬의 전작집을 선물 받고 그중에 『죄 죽이기』라는 글을 읽게 되었습니다. 그리고 존 오웬의 충고를 따라 성령으로 죄를 죽이면서 자신이 성화의 바른길을 가게 되었다고 고백하고 있습니다.

성령으로 거듭나서 어린아이에서 청년의 상태로 자라려면 '반드시 죄 죽이기'(어떤 번역에는 '죄의 멸절'이라는 용어를 사용했습니다)를 해야 합니다. 죄 죽이기에 대하여 웨스트민스터 신앙고백 13문 1절에서도 이렇게 말하고 있습니다.

성도가 그리스도의 죽으심과 부활로 인해 거룩함을 입는다…. 그리스도의 말씀과… 마음에 내주하시는 성령님으로 인해… 더욱 거룩함을 입는다. 죄가 몸 전체를 지배하는 권세는 파괴되고, 그 죄의 지배함에서 나왔던… 여러 정욕들이 갈수록 더 약화되고 죽여지고, 구원하시는 모든 은혜에 있어서는 더욱 더 생기를 가지고 힘을 얻되, 참된 거룩의 실재에 이르게 되는 것이다. 아무도 참된 이 거룩함이 없이는… 주를 뵙지 못할 것이다.

성도는 성령님의 도움으로 남아 있는 죄성을 점점 죽여 감으로 더욱 참된 거룩함에 이른다는 말입니다. 물론 성화의 적극적인 측면은, 믿음의 주요 온전케 하시는 예수님을 바라보며(히12:2) 성령님을 더욱 깊이 의지하는 것입니다. 그런데 소극적인 측면에서는 성도는 성령으로 죄 죽이기를 해야 하는 것입니다. 이 둘은 회개와 믿음처럼 동전의 양면과도 같습니다. 회개는 죄를 죽이며 죄를 떠나는 것이요, 믿음은 적극적으로 그리스도를 바라보는 것입니다. 그래서 성도는 예수 그리스도의 은혜를 적극적으로 사모하면서 동시에 그 마음 안에 남아 있는 죄성을 성령의 능력으로 죽이는 일을 계속해야 합니다. 왜냐하면, 우리 힘이 아닌 오직 성령님의 능력으로만 우리 안에 남아 있는 죄성을 죽일 수 있기 때문입니다(이 글에서 죄성을 죽이는 것을, 때때로 본문 속에서 죄 죽이기로 표현했으니 오해가 없길 바랍니다).

그래서 죄 죽이기의 가장 좋은 방법은 주님을 계속해서 바라보는 것입니다. 그런데 한편으로는 우리의 몫도 있습니다. 그것은 우리도 죄를 떠나야 한다는 것입니다. 주님을 끊임없이 바라보며 거룩한 삶을 살았던 로버트 맥체인[74] 같은 목사도, 죄와 심판에 대한 설교를

---

74) 로버트 맥체인 목사(1813년 5월 21일-1843년 3월 25일)는 19세기 초반의 스코틀랜드의 목사로서 1835년부터 1843년까지 스코틀랜드 교회를 섬겼습니다. 던디의 성 베드로 교회의 목사로 일하다 29세에 발진티푸스 병으로 요절했습니다. 사람들은 그를 '작은 예수'라는 애칭으로 불렀고, 그가 설교하러 강

많이 했습니다. 그는 자신이 목회하는 성도의 영혼에 대한 부담감으로 그들이 죄에서 떠나기를 강력하게 촉구했던 것입니다.

성도는 '나 자신과 나의 환경'을 바라보기보다는 '예수 그리스도'를 끊임없이 바라보아야 합니다. 성도의 신앙의 목표가 예수님을 닮는 것이며, 하나님을 가장 사랑하는 것이며, 그 사랑으로 이웃을 사랑하는 것이라면, 성도는 자신이 가장 사랑하는 분을 가장 많이 바라보아야 합니다. 그러면서도 한편으로 성도는 주님을 바라보지 못하게 막는 자아와 죄와 세상을 미워하며 싸워야 하는 것입니다. 그러면 우리도 로버트 맥체인 목사처럼 '작은 예수'가 될 수 있을 것입니다.

그런데 솔직히 말해 오늘날 성도들의 신앙의 목표가 삼위 하나님을 더 많이 사랑하는 것이 아니고, 이 세상에서의 성공과 자기 영광이 목표가 아닌지 모르겠습니다. 목사라면 목회 성공이 목표가 된 것은 아닌지 모르겠습니다.

신앙의 핵심 중에 핵심은, 주님을 계속해서 바라봄으로 주님과의 친밀함, 주님과 사랑의 교제를 끊임없이 나누며, 더 깊이 주님을 사랑하고 친밀한 교제를 나누는 것입니다. 이것이 첫째가는 계명을 지키는 일이기도 합니다. 그리고 그 교제 중에 주님께서 남아 있는 죄성을 보여주시면 그 죄성을 죽이고, 또 주님을 바라보고 주님과의 사랑의 교제를 더 깊이 나누어야 하는 것입니다. 이것이 반복되면서 성도는 성장하는 것입니다.

단에 올라서기만 해도 성도들이 울었다는 일화는 유명합니다. 그가 남긴 〈맥체인 성경 읽기표〉가 유명합니다.

만군의 여호와께서 말씀하시되 이는 힘으로도 되지 아니하며 능력으로 되지 아니하고 오직 나의 영으로 되느니라 •슥4:6

성령으로 기름부음을 받은 성도들이 부흥에 크게 쓰임을 받았는데, 이들의 특징은 모두 기도의 사람, 말씀의 사람들이었다는 것입니다. 그들은 다 은혜를 아는 성도였습니다. 그러나 그들은 하나님께는 놀라운 것이 '더 있다'는 것을 알았고, 자신들이 하나님의 은혜로 구원받았으나, 예수 그리스도와 비교하여, 자신들이 더욱 자라가야 할 것들이 있다는 것을 알았던 사람입니다. 그래서 마치 모세처럼 그들은 이미 은혜 가운데 있었으나, 하나님의 영광의 얼굴을 보기를 구한 것처럼, 더 큰 하나님의 영광의 임재를 참으로 사모했던 사람들이었습니다. 그래서 그들의 간절한 기도로 철저히 자기를 부인하며, 오직 주님의 영광의 임재를 사모했던 것입니다.

로버트 맥체인도 철저하게 말씀과 기도 속에서 그리스도 중심으로 살았던 사람입니다. 그리고 수도원에서 접시 닦는 사소한 일을 할 때에도 주님을 계속해서 바라보며 주님의 임재(臨在), 주님의 현존(現存)을 누렸던 로렌스 형제와 그리고 필리핀의 선교사로 주님의 임재를 연습했던 프랭크 루박 선교사도 그런 삶을 살았습니다(물론 이들 외에도 그런 삶을 산 분들은 교회사에 얼마든지 많이 있습니다).

그러기 위해서는 성도의 삶 속에서 부인해야 할 것, 포기해야 할 것들이 있을 것입니다. 그리고 성도는 주님을 계속해서 바라보는 '말씀과 기도' 훈련을 끊임없이 반복해야 합니다. 루박 선교사처럼, 영성일기를 쓰는 것도 좋은 훈련의 한 방법일 것입니다(참고로 우리나라 '선한목자교회'의 유기성 목사가 이 훈련을 잘하고 있는 것으로 알고 있습니다). 그리고 주님을 바라보는 것을 방해하는 것을 한 가지씩이라도 줄이면 큰 도움이 될 것입니다. 늘 주님의 임재를 깊이 누리는 경지는 결코 하루아침에 이루어지는 것은 아닙니다. 다음은 우리에게 도움이 될 로렌스 형제의 글입니다.[75]

무엇을 하든 간에, 무엇을 말하고 행하던 간에 항상 하나님과 그의 영광을 바라보라. 영원토록 하나님을 찬미하기를 소망하듯이, 이생에서도 하나님의 가장 완전한 경배자가 되는 것이 우리의 목표가 되어야 한다. 하나님의 은총에 힘입어, 영적인 삶에서 만나게 되는 온갖 어려움을 극복하겠다고 굳게 결심하라.

영적인 삶을 시작할 때, 우리는 자신이 어떤 사람인가를 깊이 생각해야 한다. 우리는 경멸 받아 마땅한 자들이며 그리스도인이라 불릴 자격이 없다. 갖가지 불행과 무수한 우연에 시달리며 건강도 기질도 내적 성품도 고르지 못하다. 안으로나 밖으로나 우리는 하나님께서 무수한 수고와 고통을 통해 낮추셔야 할 자들이다.

영혼은 보다 높은 완성을 지향할수록 보다 높은 은총에 의지하게 되고 매순간 하나님의 도우심이 좀 더 필요하게 된다. 하나님의 도우심이 없이는 아무것도 할수 없기 때문이다. 세상과 자연과 악마는 힘을 합해 강력하고 지속적인 싸움을 걸어오므로, 매순간 도움을 구하고 겸손하게 의존하지 않는다면 영혼은 막무가내로 끌려가고 말 것이다. 이렇듯 하나님께 전적으로 의존한다는 것은 인간의

---

75) 로랑(로렌스) 형제(니콜라 에르망), 콘라 드 메스테스 엮음, 최애리 역, 『하느님의 현존 연습』 (카톨릭출판사, 2005), pp.103-122. 카톨릭 출판사의 글을 인용했기에 책 제목만 그대로 두고 나머지는 개신교에서 사용하는 언어로 변경했음을 밝힙니다.

본성으로는 어려운 일이지만, 은총은 그런 영혼 가운데 기쁘게 임하신다.

그는 초기 10년간은 하나님의 임재를 연습하는데 영적으로 많은 투쟁의 시간을 보냈습니다. 그러나 그 후에는 하나님의 임재를 깊이 누렸습니다.

나는 사십년 전부터 지적으로 하나님의 현존을 누려온 한 사람[76]을 안다. 그 체험을 그는 여러 가지 다른 이름으로 불렀다. 때로는 단순한 행위 혹은 하나님에 대한 분명하고 명확한 인식으로, 때로는 하나님께 전반적으로 애정을 바치는 막연한 느낌, 하나님에 대한 기억으로, 또 때로는 하나님에 대한 주의, 하나님과 말없는 대화, 하나님에 대한 신뢰, 영혼과 삶과 평화 등으로 말이다.

그는 하나님께서 현존하시는 위의 이 모든 방식들은 동일한 상태를 가리키는 말들이며 그 상태가 그에게는 거의 자연스럽게 느껴진다고 말했습니다.

그러한 소망 가운데서 우리는 피조물들의 하찮음을 알게 되고 거룩한 사랑에 대한 열정으로 불붙게 된다. 태우는 불이신 하나님과 항상 함께 있기 때문에, 그분을 거스를 만한 모든 것은 재가 되어버린다. 그렇게 불붙은 영혼은 더 이상 하나님의 현존을 떠나서는 살 수 없게 된다. 하나님의 현존은 그의 마음속에 거룩한 열정을,

---

76) 여기서 말하는 '한 사람'은 로렌스 자신을 가리키는 말입니다.

신성한 열의를 그리고 만물의 사랑과 섬김과 흠숭(欽崇)을 받으시는 하나님을 보고자 하는 격렬한 욕망을 불러일으킨다.

그는 위에서 '더 깊은 완성을 소망할수록 세상과 자연과 악마의 반대도 더욱 심해질 것이니, 더욱 주님을 깊이 의지해야 한다'라고 말하고 있습니다. 성숙을 원하는 성도라면 깊이 새겨들어야 할 말입니다.

그리고 그는 자신과 같이 이런 경지에 도달한 사람은 별로 없다는 것을 자신도 알고 있다고 말합니다. 그러나 그는 이어 이렇게 말합니다. "그러나 나는 이 거룩한 연습에 동참하고자 하는 이들을 위로하기 위해 이렇게 말할 수 있다. 하나님께서는 받을 만한 자세가 되어 있는 영혼들에게는 대게 주신다고. 만일 주시지 않는다고 해도, 적어도 그 분의 통상적인 은총의 도움을 받으면 하나님의 현존 연습을 통해 그 단순한 시선과 아주 비슷한 기도의 상태는 얻을 수 있을 것이다."

그는 10년의 투쟁시간을 보낸 후, 그는 비로소 늘 하나님의 거룩한 임재 가운데에서 하나님과 깊이 교제하며 살았습니다. 때로 그는 자신의 심령에 붙은 하나님의 사랑의 불이 너무 뜨거워 그 불을 완화하기 위해서 여러 가지 외적인 일을 도모해야 할 정도였던 적도 있었습니다(이 경지는 우리가 사모해야 할 경지임이 분명합니다).

참고로 요한 웨슬레의 '그리스도의 완전'이라는 글을 소개합니다. 그의 '완전론'은 많은 논쟁을 불러일으켰습니다. 그러나 어느 경건하고 지각 있는 여인에게 보낸 그의 완전론에 대한 변호의 글은, 가벼운 신앙생활에 만족하고 있는 우리들에게 크게 시사하는 바가 있습니다.

> 제가 말하는 그리스도의 완전이란 이런 뜻입니다. 1)우리의 마음이 마음을 다하여 하나님을 사랑하는 것입니다. 당신은 여기에 반대합니까? 2)마음과 삶을 송두리째 하나님께 바치는 것입니다. 당신은 이것을 덜 원합니까? 3)하나님의 형상을 온전히 되찾는 것입니다. 여기에 무슨 반론이 있을 수 있습니까? 4)매사에 그리스도께서 생각하는 것처럼 생각하는 것입니다. 이것이 너무 심합니까? 5)그리스도를 닮아 행실이 한결같은 것입니다. 그리스도인치고 여기에 반대할 사람은 없을 것입니다. 완전의 뜻이 이 이상이거나 이게 아닌 다른 것이라면 나는 거기에 조금도 관심이 없습니다.[77]

저는 웨슬레도 이런 완전한 경지에 이르렀다고 생각하지는 않습니다. 그러나 그의 숭고한 목표까지 잘못되었다고 말할 수는 없을 것입니다. 오히려 이런 거룩한 목표가 없는 것이 부끄러워집니다.

다시 제임스 패커의 이야기로 돌아갑니다. 앞서 말씀 드렸듯이 제임스 패커라는 신학자는 자신의 영혼이 성숙하는데 가장 많이 빚진 사람이 이 존 오웬의 『죄 죽이기』라는 글이었다고 고백했습니다. 성도가 성화의 삶을 살아가는데 '죄 죽이기'가 실제적으로 가장 도움이 되었다는 뜻입니다.

성령으로 거듭나 거룩한 성화의 길을 가는 성도들에게는 실제적으로 큰 도움이 되는 것은, 성령의 능력으로 심령 안에 있는 '죄를 죽이

---

77) 게리 토머스, 윤종석 역, 『하나님을 향한 목마름』, (서울: CUP, 2014), pp.36-37에서 재인용.

는' 것입니다.

그런데 여기서 조심해야 할 것은, 성령으로 거듭나지 않은 사람이 죄 죽이기를 시도해서는 안 된다는 것입니다. 기독교 신앙은 항상 하나님과 나와의 관계 속에서 이루어집니다. 죄 죽이기도 마찬가지입니다. 성령 없이 죄 죽이기는 불가능할 뿐 아니라, 하나님의 임재가 없는 죄 죽이기나 자기 부인은 다른 종교들에서 발견되는 것들입니다. 다른 종교에서 보여 지는 자기 비우기, 무념무상, 해탈, 마음 수련 등등은 결코 하나님에게로 인도하지 않습니다. 하나님의 영이신 성령님으로 하지 않는 죄 죽이기, 자기 부인은 매우 위험한 것입니다. 그러나 성령님과 함께하는 죄 죽이기는 우리를 더욱 성화시킬 것입니다.

그리고 제임스 패커는 존 오웬의 글을 소개하면서, 오늘날 교회가 강조하지 않는 문제점을 몇 가지 지적하고 있습니다. 새겨들어야 할 말씀이라 소개합니다.

첫째, 오늘날 교회가 하나님의 거룩하심을 불충분하게 강조한다는 것입니다. 그래서 하나님의 거룩하심을 얕잡아보는 경향이 있다고 합니다.

둘째, 죄의 소욕을 불러일으키는 마음의 동기를 강조하지 않는다고 합니다. 교회의 설교자들이 성도들의 마음속에 숨어 있는 죄성을 충분히 말씀하지 않고 있다는 것입니다.

셋째, 오늘날 교회가 자기 성찰의 필요성을 강조하지 않는다고 합니다. 성령님의 도움으로 자신의 심령을 살피는 성도라면 자신의 죄성과 싸우게 되어 있습니다.

넷째, 우리의 삶을 바꾸는 하나님의 능력을 충분히 강조하지 않는 점이라고 합니다.

지상의 교회는 전투 중인 교회입니다. 이스라엘을 출애굽 시킨 하나님께서 그들을 군대로 편성했듯이 성도들도 주님의 군대, 주님의 군사가 되어야 합니다. 거듭 말씀드립니다만, 성령으로 거듭나지 않은 사람은 죄 죽이기를 할 수 없습니다. 그런 사람은 자신 안에 끔찍한 죄성이 있는 것을 알지도 못합니다(앞의 1부에서 성령으로 거듭난 성도의 특징을 말씀드리면서 성도는 자신이 죄인임을 깨달은 사람임을 성경과 위대한 성도들을 통해서 이미 충분히 살펴보았습니다). 그래서 사도 바울도 다음과 같이 성도의 죄 죽이기를 말씀하고 있는 것입니다.

> 그러므로 형제들아 우리가 빚진 자로되 육신에 져서 육신대로 살 것이 아니니라 너희가 육신대로 살면 반드시 죽을 것이로되 영으로써 몸의 행실을 죽이면 살리니 •롬8:12, 13

사도는 육신에 져서 육신대로 살면 반드시 죽는다고 말씀합니다. 물론 이 육신은 단순한 육체가 아니라 인간의 죄성을 가리킵니다. 그리고 영으로써 몸의 행실을 죽이면 산다고 했습니다. 성도는 하나님의 은혜로 영생을 누립니다. 그럼에도 불구하고 사도 바울은 성도가 육신대로 살면 죽고, 영으로써 몸의 행실을 죽이면 산다고 가르칩니다. 이것은 성령으로 죄를 죽이는 것과 영생 사이에 깊은 연관이 있음을 보여줍니다.

사실 성령으로 거듭난 성도는 결코 정죄함이 없는 사람들입니다(롬 8:1). 성도는 육신에 있지 않고 영에 있는 사람입니다(롬8:9). 성도는 그리스도의 영으로 살리심을 받은 사람입니다(롬8:10, 11). 그런데 이런 성도들에게 사도 바울은 "영으로써 몸의 행실을 죽이고 사는 자가 되라"고 권면하고 있는 것입니다.

존 오웬도 하나님께서 성도들에게 성령을 허락하시고 새로운 성품을 주신 이유가 성도로 하여금 죄와 정욕을 대적할 원리를 갖게 하려 하심이었다고 말합니다.[78]

베드로후서 1:4절에서도 우리로 하여금 신의 성품에 참여하게 하신 것은, 우리로 하여금 "정욕 때문에 세상에서 썩어질 것을 피하도록" 하려는 것이라고 말씀합니다. 그러므로 하나님께서 우리의 마음에 남아 있는 대적과 싸워 이기라고 성도들을 위하여 보내주신 탁월한 지원군-성령님-을 만홀히 여겨 도움을 청하지 않으면 얼마나 어리석은 일이겠습니까? 그러므로 성도가 죄를 죽이는 일을 매일 하지 않으므로 성령을 조금씩 소멸할 수 있는 것입니다(물론 성령님은 인격적인 분이시므로 소멸된다는 표현이 옳지 않습니다만). 그러나 데살로니가전서 5:19에서도 "성령을 소멸하지 말라"고 권면하고 있습니다. 성령을 근심시키는 것도 죄입니다(마치 부모를 근심시키는 것이 자식의 도리가 아니듯이 말입니다. 그렇다고 부모님이 우리를 쫓아내지는 않습니다. 그러나 잘못을 했으면 반드시 회개하고 부모님과 관계를 바르게 하듯이 성도라면 하나님과의 친밀함을 잃지 않아야 할 것입니다).

그러므로 성령으로 거듭난 성도는 성령을 근심시킴으로 성령을 소멸하지 말고, 반드시 회개와 죄 죽이기를 실천하여 더욱 성령으로 충만하기까지 자랄 수 있도록, 기도와 말씀 순종을 철저히 생활화해야 함을 알 수 있습니다.

특히 사도 바울은 "육신대로 살면 반드시 죽는다"며 '반드시'라는

---

78) 존 오웬, 서문강 역, 「죄 죽이기」 (서울: SFC, 2004), p.40.

단어를 쓰고 있음을 기억해야 할 것입니다. 하나님의 자녀가 되려면 '반드시' 성령으로 거듭나야 하는 것처럼, 성령으로 거듭난 성도도 '반드시' 성령으로 육신에 남아 있는 죄성을 죽이는 일을 해야 한다는 것입니다.

'반드시 죽을 것이로되'에 해당되는 '멜레테 아포드네스케인'은 결과 부정사로 '그 결과 너희는 죽는다'라는 의미입니다. '멜레테'는 '멜레'의 2인칭 복수 현재시제로 '멜로'는 '이제 바야흐로 ~하려고 하다'는 의미이며, 본문처럼 현재부정사와 함께 쓰여 '확실히 ~하다' '틀림없이 ~하다'라는 의미입니다. 그래서 '틀림없이 죽는다'는 의미가 됩니다. 이것은 변경할 수 없는 필연적인 사실을 말하는 것입니다. 여기서 죽음의 범위가 어디까지인가에 대하여 J. 머레이는 가장 넓은 범위로 이해해야 한다고 말합니다. 즉 영적인 죽음, 육체적인 죽음에 그치지 않고 하나님으로부터 영원히 분리되는 종국적인 죽음까지도 포괄한다고 말합니다.[79]

성령을 모신 심령이 성령님과의 친밀한 교제에는 관심이 없고 다른 것에 눈을 돌리면, 그 마음에 점점 다른 것들이 자리를 차지하게 되는 것입니다. 우리 마음의 주인은 예수님이요, 성령님이십니다. 그러나 주인이 없는 빈집은 매우 위험한 것입니다.

이에 가서 저보다 더 악한 귀신 일곱을 데리고 들어가서 거하니 그 사람의 나중 형편이 전보다 더 심하게 되느니라 ·눅11:26

예수님은 성령으로 거듭나는 것도 중요하게 생각하셨지만, 거듭난

---

79) 제자원, 『옥스퍼드 원어 성경대전』 (서울: 제자원, 2001), p.598.

성도가 그 마음을 거룩하게 지키는 것도 매우 중요하게 생각하셨습니다. 잠언 4:23에도 "모든 지킬 만한 것 중에 더욱 네 마음을 지키라 생명의 근원이 이에서 남이니라"고 말씀하고 있는 것을 볼 수 있습니다.

성도는 거듭난 마음에 늘 주님이 계시게 해야 하며, 동시에 그 마음 안에 예수님을 닮지 않은 것들은 대적하고 쫓아내야 하는 것입니다. 이것이 '죄 죽이기'인 것입니다. 이스라엘 백성들이 가나안 땅에 사는 죄악으로 가득한 일곱 부족을 진멸해야 했듯이, 성도도 자기 안에 남아 있는 7가지 죄성—교만, 음란, 탐식, 탐욕, 게으름, 분노, 시기—등을 성령님의 도움으로 하나씩 정복해 가야 하는 것입니다[이 부분에서의 영적인 성장에 도움이 되는 책들이 많이 있습니다. 그중에 요한 클리마쿠스의 『거룩한 등정의 사다리』(은성출판사)라는 책을 읽어보시길 권해 드립니다].

그리고 더 깊은 영성을 지향할수록, 우리는 반드시 더욱 주님을 가까이 해야 합니다. 앞에서 인용한 로렌스 형제의 말을 다시 인용합니다.

영혼은 보다 높은 완성을 지향할수록 보다 높은 은총에 의지하게 되고 매순간 하나님의 도우심이 좀 더 필요하게 된다. 하나님의 도우심이 없이는 아무것도 할 수 없기 때문이다. 세상과 자연과 악마는 힘을 합해 강력하고 지속적인 싸움을 걸어오므로, 매순간 도움을 구하고 겸손하게 의존하지 않는다면 영혼은 막무가내로 끌려가고 말 것이다. 이렇듯 하나님께 전적으로 의존한다는 것은 인간의 본성으로는 어려운 일이지만, 은총은 그런 영혼 가운데 기쁘게 임하신다.

그러면 성령으로 거듭난 성도가 죄 죽이기를 실행하지 않아 성장하지 않고 혹 실족하면 버림을 받는가? 하고 생각하는 분들이 있을 것입니다. 성경에는 구원에 대한 분명한 확신의 말씀(요10:28, 롬8:39)이 있음에도 불구하고 그럼에도 성도는 성령을 근심시키거나 소멸하지 않도록 조심해야 할 말씀(살전5:19, 갈3:3, 엡4:30, 엡5:3-5)과 무서운 경고의 말씀(히6:4-6, 히10:26-31)도 있다는 것을 알고, 성도가 성령을 소멸하지 않도록 조심해야 할 것은 두말할 필요도 없을 것입니다. 그리고 이 두 가지 견해에 균형을 잘 잡는 것이 신앙생활에 큰 도움이 될 것입니다. 한쪽으로 지나치게 치우치다 보면, 이단적인 주장으로까지 발전하게 될 것이니, 조심해야 할 것입니다. 그러므로 거듭난 성도는 구원의 분명한 확신을 가지되, 자신을 쳐서 복종시킨다는 사도 바울의 말씀을 기준으로 삼으면 될 것입니다. 자신을 쳐서 복종시키는 것이, 죄 죽이기요, 자기 부인입니다. 존 오웬은 그의 저서 『죄 죽이기』에서 "성도가 죄 죽이기를 실천함으로써 지상에 살 동안에는 영적인 활력을 얻고, 내세에서는 영생을 얻을 것이다." 라고 말하고 있습니다.[80]

🕊 자기 부인

　구원받은 성도에게는 두 측면의 싸움이 있습니다. 하나는 자기를 부인하고 자기 십자가를 지는 자기와의 싸움이요, 또 하나는 공중 권

---

80)　존 오웬, 서문강 역, 앞의 책. p.32.

세 잡은 사탄과 그의 졸개들인 악령들과의 싸움입니다. 성도에게는 이 싸움, 즉 영적인 전쟁은 피할 수 없는 것입니다.

> 끝으로 너희가 주 안에서와 그 힘의 능력으로 강건하여지고 마귀의 간계를 능히 대적하기 위하여 하나님의 전신갑주를 입으라 우리의 씨름은 혈과 육을 상대하는 것이 아니요, 통치자들과 권세들과 이 어둠의 세상 주관자들과 하늘에 있는 악의 영들을 상대함이라 그러므로 하나님의 전신 갑주를 취하라 이는 악한 날에 너희가 능히 대적하고 모든 일을 행한 후에 서기 위함이라 •엡6:10-13

이 영적인 싸움에서 승리하기 위해서도 성도들은 성령으로 충만을 받아 하나님의 전신갑주로 무장해야 하는 것입니다. 특히, 내적인 자기 부인의 싸움은 더욱 중요합니다. 사탄은 우리의 죄성을 부추기면서 공격하기 때문에 그렇습니다. 그래서 내적 싸움에서 승리한 성도가 외적인 전쟁에서도 쉽게 승리할 수 있는 것입니다. 이미 앞에서 언급했듯이 사도 바울은 "너희가 육신대로 살면 반드시 죽을 것이로되 영으로써 몸의 행실을 죽이면 살리니"(롬8:13)라고 말씀했습니다.

자신 안에 있는 이런 죄성과의 싸움에서 승리하려면 자신의 마음을 성령으로 충만하게 가득 채워야 합니다. 그리고 또 한 측면으로는 자기를 부인하는 삶을 살아야 합니다. 성령으로 거듭난 성도는 자아가 얼마나 끔직한 존재인 줄을 잘 압니다. 그래서 기꺼이 자기 부인의 길을 걷는 것입니다.

존 웨슬리는 '자아'에 대하여 다음과 같이 말했습니다. "나는 나의 가장 악한 원수인 내 안의 적이 두렵다." 찰스 스펄전도 다음과 같이 말했습니다. "어떤 사람보다 자기 자신을 주의하라. 최악의 원수는 내 안에 있다." D. L. 무디도 다음과 같이 말합니다. "나는 내가 만났던 다른 어떤 사람들보다 D. L. 무디와 더 많은 분란을 겪었다."

존 오웬도 성도가 하나님을 최선으로 추구할수록 더욱 강한 저항에 부딪힌다고 말했습니다. 성도에게 있어 가장 강력하게 저항하는 것은 '자아'입니다. 그만큼 우리의 자아는 잘 죽지 않습니다. 그 끈질김은 지독한 것입니다. 그래서 이 자아를 죽이는 것까지 전적으로 포기하는, 전적인 내어 맡김이 있는 '전적 항복'이 우리에게 필요한 것입니다. 그리고 우리가 전적 항복을 원한다고 되는 것은 아닙니다. 하나님의 주권적인 긍휼로 인한 하나님의 역사로 성령으로부터의 세례를 통한, 깊은 자아의 죽음이 임하는 것입니다. 그리고 또 이 자아의 죽음은 계속해서 반복되어져야만 하는 것입니다.

오스왈드 챔버스는 말합니다.

내어 맡김이란 외적인 삶을 내어 맡기는 것이 아니라 의지를 내어 맡기는 것이다. 이렇게 될 때, 모든 게 이루어진다. 삶에서 위기란 게 거의 없다. 큰 위기라면 의지를 내어 맡기지 않은 것이다.

세례 요한의 말처럼, 예수 그리스도가 흥하게 하려면, 반드시 자신(자아)은 쇠하여져야(요3:30) 하는 것입니다. 둘 다 흥할 수는 없는 것입니다.

성도의 마음이 성령으로 가득차면, 그는 성령의 지배를 받고 육신의 죄성을 이기기가 쉬워집니다. 그런데 한편 성령으로 충만하려면, 자아가 죽어야 합니다. 자아에 대해서는 죽고, 예수님을 더욱 믿고 바라보며 예수님의 은혜의 지배를 받으려고 간구해야 합니다. 그래서 사도 바울은 다음과 같이 말씀했습니다.

그러므로 형제들아 내가 하나님의 모든 자비하심으로 너희를 권하노니 너희 몸을 하나님이 기뻐하시는 거룩한 산 제물로 드리라 이는 너희가 드릴 영적 예배니라 •롬12:1

'산 제물'로 자신을 하나님께 드린다는 것은, 자아를 번제의 제물로 올려놓는 것을 말합니다. 이것은 구약 시대의 번제물을 죽여서 불에 태워 하나님께 올려드렸듯이 너희의 몸을 그렇게 번제물로 태워 죽이는 것과 같은 '전적인 헌신'을 하라는 말씀입니다. 그러면서 그것이 영적인 예배라고 사도 바울은 말씀합니다. 예수님도 자신을 믿고 따르는 자들에게 전적으로 자기를 부인하며 나를 따르라고 요구하셨습니다.

누구든지 나를 따라오려거든 자기를 부인하고 자기 십자가를 지고 나를 따를 것이니라 누구든지 제 목숨을 구원하고자 하면 잃을 것이요 누구든지 나를 위하여 제 목숨을 잃으면 찾으리라 •마16:24, 25

예수님을 믿는다면 자기를 부인하고 따르라는 것입니다. 물론 자기 부인이 쉬운 길은 아닙니다. 그러나 앞에서도 언급했듯이 성령으로 거듭난 성도는 자아라는 끔찍한 죄인 된 존재를 발견했기에 이 자아를 죽이고 싶도록 미워지는 것입니다. 동시에 그 심령 안을 거룩하고 사랑이 풍성한 하나님의 영으로 가득 채우고 싶은 갈망이 생기는 것입니다. 여기에 두 측면이 작용하는 것을 볼 수 있습니다. 죄인 된 자기를 부인하는 것과 그리스도로 자신을 채우는 두 측면이 작용하는 것입니다. 위의 주님의 말씀은 실제 육신의 죽음을 각오하고 주님을 따라야 한다는 뜻도 있지만, 주님을 따르는 자는 자기의 내면에서

왕 노릇하는 '나–자아'를 죽이고, '그리스도–주인'으로 삼아야 한다는 말씀이기도 한 것입니다(물론 이러한 일이 마음에서 일어나는 내적인 변화가 중요합니다. 바리새인들은 외적인 헌신은 있었으나 내적인 마음의 변화가 없었으므로 예수님은 그들을 거부하셨습니다).

에스겔 선지자를 통해서 하나님께서는 '새 마음, 새 영'을 주시겠다는 '새 언약'을 약속하셨습니다. 그리고 하나님의 영으로 새 마음을 받았을 때, 생기는 결과 중의 하나에 대하여 이렇게 말씀하셨습니다.

그때에 너희가 너희 악한 길과 너희 좋지 못한 행위를 기억하고 너희 모든 죄악과 가증한 일로 말미암아 스스로 밉게 보리라 ·겔36:31

사도 바울의 다음 고백은 위의 말씀–'스스로 밉게 보리라'는 말씀이 실제로 그에게 이루어졌음을 증거합니다(1부에서 언급한 위대한 성도들의 자신의 죄성에 대한 깨달음도 위의 말씀대로 이루어졌음을 알 수 있습니다).

내 속 곧 내 육신에 선한 것이 거하지 아니하는 줄을 아노니 ·롬7:18

자신에 대하여 사도 바울과 같이 자신의 육신에 선한 것이 없다는 결론을 내린 사람은 더 이상 자기를 위해서 살 수 없습니다. 하나님과 연합하여 그 마음 안에 성령을 모신 성도는 자신의 전적으로 부패한 본성에 대하여 절망할 수밖에 없는 것입니다. 이사야 1:5, 6절에서 하나님이 말씀하신 것처럼 자신에 대하여 느끼게 되는 것입니다.

(나의) 온 머리는 병들었고 온 마음은 피곤하였으며 발바닥에서 머

리까지 성한 곳이 없이 상한 것과 터진 것과 새로 맞은 흔적뿐이거 늘 그것을 짜며 싸매며 기름으로 부드럽게 함을 받지 못하였도다.

그래서 욥처럼 "내가 주께 대하여 귀로 듣기만 하였사오나 이제는 눈으로 주를 뵈옵나이다. 그러므로 내가 스스로 거두어들이고 티끌 과 재 가운데에서 회개 하나이다"(욥42:5, 6)라고 고백하게 되는 것입니 다. 그러나 하나님 앞에서 자신의 죄인 됨을 깨닫지 못한 사람에게는 이런 자기 부인이 없는 것입니다. 그래서 성령으로 새 마음을 받아 거 듭난 성도는 한편으로는 예수님의 영으로 충만을 구하면서 한편으로 는 자기 부인과 죄 죽이기를 쉬지 않는 것입니다. 그리고 이것은 그에 게 큰 기쁨이 되는 것입니다. 그래서 성령으로 늘 충만했던 사도 바 울도 이렇게 고백하고 있는 것입니다.

나는 날마다 죽노라 •고전15:31

내가 그리스도와 함께 십자가에 못 박혔나니 그런즉 이제는 내가 사는 것이 아니 요 오직 내 안에 그리스도께서 사시는 것이라 이제 내가 육체 가운데 사는 것은 나를 사랑하사 나를 위하여 자기 자신을 버리신 하나님의 아들을 믿는 믿음 안 에서 사는 것이라 •갈2:20

예수님이 '날마다' 자기를 부인하고 따르라고 말씀하신 것에 사도 바울은 정확하게 '나는 날마다 죽노라'고 응답하고 있는 것을 볼 수 있습니다. 우리도 그래야 하는 것입니다.

기도 응답을 5만 번이나 받았다는 조지 뮐러의 사역의 비밀을 묻는 사람에게 그는 이렇게 대답했습니다.

"내가 죽은 날이 있었습니다."

그렇게 말하면서 그는 몸을 수그렸는데, 그의 머리가 마루에 닿을 정도로 수그리며 그는 말을 이어갔습니다.

"조지 뮐러에 죽고, 그의 의견에 죽고, 그의 기호와 취미와 뜻에 죽었습니다. 세상의 인정과 비난과 함께 세상에서 죽었습니다. 나의 형제들이나 인정이나 비난에 대해서도 죽었습니다. 그 이후 나는 나 자신을 하나님께 인정된 자로 나타나기 위하여만 몰두했습니다."

물론 성숙해 가는 성도에게는 이런 자기 부인의 측면만이 있는 것은 아닙니다. 자신의 죄인 됨을 철저하게 깨달은 성도에게는 하나님의 긍휼과 사랑이 한없이 부어지는 것입니다. 하나님과의 사랑의 친밀한 관계가 날로 더욱 깊어지는 것입니다. 그래서 그는 하나님께 더욱 영광을 돌리게 되는 것입니다.

🕊 그리스도의 십자가에 참여함

자기 부인과 자기 십자가는 같은 의미입니다. 그리고 십자가는 자기를 힘들게 하는 자기 부인의 도구가 되기도 합니다. 그런데 여기서 자기 십자가를 따로 논하는 것은, 성도들이 그리스도의 십자가를 바라보는 것도 중요하지만, 또한 성도들이 그리스도의 십자가에 참여해야 함을 강조하기 위해서입니다. 성도로 하여금 죄를 깨닫게 하시고 우리 안의 죄를 미워하게 하며, 사악한 죄의 지배에서 벗어나고 싶은 간절한 소원을 주시는 분은 성령님이십니다. 바로 그 성령께서 우리의 죄를 감당하신 분, 구세주이신 예수 그리스도를 계시해 주십니다. 그뿐 아니라 성령께서는 우리로 하여금 머리되신 그분에게까지 자라나게 하십니다.[81] 성도는 예수님과 신비적으로 연합함으로 예수님과 한 몸으로 접붙임을 받은 사람입니다. 그래서 예수 그리스도에게 붙어 있기에 예수님의 생명이 성도들에게 흘러들어오는 것입니다. 그래서 예수님의 생명이 곧 성도들의 생명이 되는 것입니다. 다시 말해 그리스도와 성도는 예수님의 포도나무 비유처럼 신비적인 연합함으로, 즉 하나가 됨으로, 그리스도의 생명에 참여하는 자가 되는 것입니다.

> 내 안에 거하라 나도 너희 안에 거하리라 가지가 포도나무에 붙어 있지 아니하면 스스로 열매를 맺을 수 없음같이 너희도 내 안에 있지 아니하면 그러하리라 나는 포도나무요 너희는 가지라 그가 내 안에, 내가 그 안에 거하면 사람이 열매를 많이 맺나니 나를 떠나서는 너희가 아무것도 할 수 없음이라 •요15:4, 5

성령님은 성도를 그리스도와 접붙이시는 역할을 하십니다. 그래서 참된 회심은 성령으로 거듭나서 그리스도와 연합하는 것이라고 할 수 있습니다. 성도는 예수님을 흉내 내는 사람이 아니라, 그리스도의 신성한 성품에 참여하는(벧후1:4) 사람인 것입니다.

그런데 그리스도와 연합한다는 말은, 그의 생명에도 참여하지만, 그의 십자가에도 함께 참여한다는 뜻도 있습니다. 다시 말해 그리스도와 함께 십자가에 못 박혀 죽는다는 뜻입니다. 성도는 예수님의 십자가에 참여함으로 하늘의 생명을 얻는 것입니다.

---

81) F. J. 휘걸, 서문강 역, 「십자가와 나」 (서울: 생명의말씀사, 2014), pp.28-29.

나를 위하여 자기 목숨을 잃는 자는 얻으리라 •마10:39

사도 바울은 그리스도의 죽음에 참여하고서도 여전히 살아 있었습니다. 그는 갈라디아서에서 그것을 이렇게 표현했습니다.

내가 그리스도와 함께 십자가에 못 박혔나니 •갈2:20

바울은 살아 있었습니다. 그러나 한편으로는 옛사람은 십자가에서 예수님과 함께 못 박혀 죽은 것입니다. 오늘날 교회가 약한 이유 중에 하나는 성도들이 예수님만 십자가에 못 박아 놓고, 자신도 그리스도와 깊이 연합하여 자아를 예수님과 함께 십자가에 못 박지 않고 있기 때문입니다. 인간을 지배해 오던 옛 아담적인 성품─자아─를 끝장을 내려면, 그리스도와 연합하고 그리스도의 십자가에 참여하는 길뿐입니다. 그러므로 성도는 성령님과 신비적인 연합 가운데서 자아를 십자가에 못 박아야 하는 것입니다.

그런데 이런 신비적인 연합이 없이 자기를 십자가에 못 박는 것과 같은 자기 부인은 성경에서 가르치는 것이 아닙니다. 성경의 자기 부인은, 불교에서 자기를 비운다는 말과는 전혀 다른 것입니다. 하나님의 영, 곧 성령으로 자기를 더욱 채우기 위해서, 성령의 능력으로 자아를 부인하는 것이며, 성령의 능력으로 그리스도와 연합하여 자아를 십자가에 못 박는 것입니다. 그리고 못 박힌 자는 죽은 자입니다. 그래서 자아가 죽은 자에게는 놀라운 평강이 임하는 것입니다.

그런데 사도 바울의 '나는 날마다 죽노라'는 말씀에도 보듯이, 자아가 날마다 살아나기에 날마다 죽어야 하는 것입니다.

그래서 우리도 날마다(특히 새벽에) 말씀과 기도로 그리스도와 연합한 가운데 그리스도와 함께 자아를 죽이고, 그리스도의 생명으로 살아나야 하는 것입니다.

그리스도와 신비적으로 연합하지 않으면, 자아가 얼마나 혐오스러운 존재인가를 깨달을 수 없습니다. 이미 앞에서 거듭난 성도들이 자아가 얼마나 끔찍한 존재인가를 고백한 것을 소개했습니다. 여기서 앞서 소개했던 아빌라의 데레사와 조나단 에드워드의 고백을 다시 소개합니다. 아빌라의 데레사는 자신을 가리켜 "가장 약하며 가장 악한 자", 그리고 "바로 내 자신이 악마의 바다"라고 불렀을 정도입니다. 다음은 조나단 에드워드의 고백입니다.

> 만일 하나님께서 나에 대해 죄를 표시한다면, 나는 인간들 가운데 가장 커다란 죄인으로 나타날 것이다. 창세로부터 나와 같이 지옥의 낮은 자리에 처하게 될 사람은 없을 것이다. 나의 사악함은 내가 지금 처해 있는 것처럼 말로 할 수 없을 만큼 완벽하게 보여 졌고, 마치 나의 머리 위에 홍수나 산들처럼 나의 모든 생각과 상상을 삼키고 말았다. 나는 나의 죄를 무한 위에 무한히 쌓았고, 무한에 무한을 곱하는 것 이상 달리 어떻게 표현해야 할지 모르겠다.

이렇듯이 자아가 혐오스러운 것을 모르니, 이 자아를 예수님과 함께 십자가에 못 박는 일도 없는 것입니다. 그러나 거듭난 성도는 자신이 하나님 앞에서 어떤 존재인지를 아는 것입니다. 그러므로 거듭난 성도들도 날마다 선택해야 합니다. 다시 자아의 지배를 받을 것인가?

아니면 그리스도의 지배를 받을 것인가? 다시 예수 그리스도를 십자가에 못 박을 것인가? 아니면 나의 이 자아—죄성, 자기 생명, 육적인 생명, 혼, 아담적인 옛사람—를 예수님과 함께 십자가에 못 박고 그리스도와 더욱 깊이 연합하여 그리스도의 부활 능력으로 살 것인가? 선택해야 합니다.[82]

> 그리스도 예수의 사람들은 육체와 함께 그 정욕과 탐심을 십자가에 못 박았느니라 •갈5:24

> 스스로 속이지 말라 하나님은 업신여김을 받지 아니하시나니 사람이 무엇으로 심든지 그대로 거두리라 자기의 육체를 위하여 심는 자는 육체로부터 썩어질 것을 거두고 성령을 위하여 심는 자는 성령으로부터 영생을 거두리라 •갈6:7, 8

그리스도와 연합하여 자아를 십자가에 못 박고, 그 심령 안에 하나님의 진리의 말씀과 성령을 풍성히 심는 자는 그 진리의 말씀대로 성령으로부터 영생을 거둘 것입니다. 그러므로 자아를 부인하고, 자아를 십자가에 못 박는 일은, 성령으로 거듭난 성도가 '날마다' 해야 할 일인 것입니다.

그런데 이렇게 말하는 사람들이 있습니다. "많은 사람들은 그리스도를 믿는 믿음의 문을 통해 생명으로 나아간다. 그런 다음 소수의 사람들만 더 깊은 봉사를 위해 십자가의 좁은 문으로 들어간다." 그러나 이것은 사람을 속이는 것입니다. 예수님의 말씀을 부인하는 것입니다. 예수님은 '자신을 따르는 모든' 사람들에게 '날마다' 자기를 부

---

82) F. J. 휘걸, 앞의 책, p.51.

인하고 '자기 십자가'를 지고 '나를 따르라'고 말씀하셨습니다. 예수님을 믿고 따르는 성도라면, 누구든지 날마다 자기 십자가를 지고 주님을 따라가야 하는 것입니다.

이 엠 바운즈 목사는 "자기 부인은 기독교의 뿌리다." 그리고 "현세를 버리고 내세를 얻는 원칙이다"라고 말했습니다. 그는 오늘날 기독교에는 "자기 부인이 결핍되어 있으며 자기 부인이 없는 곳에는 영적인 죽음이 도사린다"고 말했습니다.

20세기의 선지자로 불리는 A. W. 토저 박사는 '옛 십자가'와 오늘날 교회에서 가르치는 '새 십자가'가 다르다고 질책합니다. 그는 오늘날 교회 안에 새 십자가가 들어왔는데 옛 십자가와 표면적으로는 같으나 근본적으로는 다르다며 다음과 같이 말합니다.

> 옛 십자가는 세상과의 거래가 없다. 아담의 교만한 육체에 대해, 옛 십자가는 그 여정이 끝났음을 의미했고, 시내산에서 선포된 율법의 판결을 실행에 옮겼다. 반대로 새 십자가는 우리의 육체를 반대하지 않는다. (중략) 새 십자가는 아담이 아무런 방해 없이 살게끔 해준다. (중략) 새 십자가는 새로우면서도 전혀 다른 복음주의적인 접근법을 권장한다. 전도자는 새 생명을 받아들이도록 먼저 옛 생명의 항복을 요구하지 않는다. (중략) 새 십자가는 죄인을 죽이지 않고 죄인에게 새로운 지침을 제시한다. 더 깨끗하고 더 쾌활한 삶의 방법을 갖게 해서 그가 자존심을 지키도록 인도해 준다. 자기주장이 강한 자들에게 "와서 그리스도를 위하여 너 자신을 주장하라"고 외친다. 이기주의자들에게는 "와서 그리스도를 위하여 너를 과시

하라"고 말한다. 무언가 짜릿함을 찾는 자에게는 "와서 그리스도를 통한 성공의 전율을 즐기라"고 외친다.[83]

오늘날 교회에서 전하는 십자가가 성경에서 말하는 십자가와 다르다는 요지의 말입니다. 그러면 우리는 어떻습니까? 그리스도와 한 몸이 되었습니까? 예수님의 포도나무 비유처럼 그리스도와 연합하셨습니까? 그래서 예수님으로부터 하늘의 생명을 받아 누리고 있습니까? 그리고 예수 그리스도와 비교하여 자아가 얼마나 혐오스러운가를 깨달았습니까? 그래서 기꺼이 그리스도를 내 안에 더욱 풍성하게 거하게 하기 위하여 날마다 자아를 부인하는 자기 십자가를 지고 주님을 따르고 있습니까? 사도 바울의 고백처럼 날마다 자아를 십자가에 못 박아 죽이고 있습니까? 만약 그렇다면 예수님의 다음의 약속의 말씀이 저와 당신의 것이 될 것입니다.

누구든지 제 목숨을 구원하고자 하면 잃을 것이요 누구든지 나를 위하여 제 목숨을 잃으면 구원하리라 ・눅9:24

그러면 자기를 부인하지 않으면 어떻게 될까요? 요한 아른트는 솔로몬의 잠언(잠30:7, 8)에서 구한 두 가지를 빗대어, 성도는 다음의 두 가지를 구해야 한다고 말합니다.

내가 두 가지 일을 구하오니, 나로 하여금 자아에 대하여 죽게 하시며, 세상에 대해 죽게 하소서.

---

83) 데이비드 레이븐 힐, 하영화 역, 『제발 좀 성장하라』, (서울: 순전한 나드, 2010), pp.53-55 재인용.

그리고 그는 이 두 가지가 없이는 참 성도가 될 수 없고, 단지 위선자로서 주님으로부터, "나는 너를 알지 못하노라"는 말을 들을 수밖에 없는 거짓 행위에 불과하다고 말합니다.[84]

그리고 클레보의 버나드는 다음과 같이 말했습니다.[85]

"하나님의 뜻에 의해 향기롭게 지배를 받지 않는 자, 곧 자신에 의하여 지배를 받으면 처벌된다: 그리고 쉬운 멍에와 사랑의 가벼운 짐을 벗어던진 자는 견딜 수 없는 자기 의지의 짐을 짊어져야 한다."

🕊 자기 부인(십자가) 너머에 있는 영광을 보는 기쁨

자기를 부인하며 자기 십자가를 지고 주님을 따르는 것에는 고통이 있습니다. 그러나 고통만이 있는 것은 아닙니다. 십자가는 예수님도 피하고 싶었던 무서운 형벌임에 틀림이 없습니다. 그럼에도 자기 부인과 자아를 십자가에 못 박는 일은 기쁨이 넘치는 일이기도 합니다. 왜냐하면, 자기 부인은 사람이 스스로 고안해낸 것이 아니라 하나님의 감동과 인도를 따른 것이기 때문입니다. 사실, 자아가 자아를 쫓아낼 수 없고, 자아가 자아를 부인할 수 없습니다. 오직 성령님의 능

---

84) 요한 아른트, 앞의 책. p.116.

85) 레슬리 멕스웰. 홍성철 역. 「거듭나서 십자가에 못 박히다」 (서울: 세복, 2013), p.145 재인용.

력으로만 자아를 십자가에 못 박을 수 있습니다.

이사야가 하늘 보좌의 성전에서 영광의 하나님을 뵈었을 때는, 그의 일생에 있어 영적인 큰 전환이 있는 최고의 순간이라고 할 수 있습니다. 그러나 영광의 하나님을 본 그의 반응은 어떠했습니까?

그때에 내가 말하되 화로다 나여 망하게 되었도다 나는 입술이 부정한 사람이요 나는 입술이 부정한 백성 중에 거주하면서 만군의 여호와이신 왕을 뵈었음이로다 하였더라 •사6:5

그것(제단 숯불)을 내 입술에 대며 이르되 보라 이것이 네 입에 닿았으니 내 악이 제하여졌고 네 죄가 사하여졌느니라 하더라 •사6:7

이사야는 영광의 하나님의 임재 앞에 자신의 부정함을 느꼈습니다. 이 역설(逆說)을 잘 이해해야 합니다. 그가 부정함을 느꼈다는 것은 그가 거룩한 하나님의 임재 아래에 있었기에 가능했던 것입니다. 하나님의 거룩한 임재 앞에서 자신을 '부정하다'고 느끼는 사람만이 자신을 '정결하게' 하고 싶어지는 것입니다. 그래서 이사야의 이 갈망을 정결케 해 줄 '제단 숯불'을 스랍 천사가 가지고 와서 그의 부정한 입술에 대었던 것입니다. 그래서 그는 정결해 진 것입니다.

이렇듯이 하나님께서 우리의 부정함을 보여주시는 것은, 결코 우리를 정죄하기 위한 것 아니라, 우리에게 은혜를 베풀어 우리를 정결하게 하기 위한 것입니다. 하나님께서 우리의 부정함을 보여주시는 것이 우리를 망하게 할려는 것이었다면, 하나님께서는 우리의 더러운 성품을 하나님은 쳐다보지도 않았을 것이고, 바로 지옥 불에 던졌을 것입니다. 물론 사탄의 정죄는 하나님이 인도하시는 것과는 정반대입니다. 사탄은 우리를 정결하려는 것이 아니라, 우리를 낙담하게 하여 죽이고 멸망시키려는 것입니다. 그래서 하나님께서 우리의 더러운 죄성을 보여주실 때에도 절대로 정죄함이 없습니다. 우리의 죄인 됨에도 불구하고, 참으로 놀라운 사랑으로 우리를 감싸는 것입니다. 그래서 우리는 하나님의 거룩한 임재 앞에 자신의 부정함을 느끼면서도, 동시에 하나님의 정죄함이 없는 말할 수 없이 큰 사랑과 용서를 누리는 것입니다.

그래서 우리는 하나님의 아들을 죽여야만 구원을 받을 수 있는 끔찍한 우리의 죄에 대한 인식과 함께 동시에 우리를 사랑하사 그 아들을 희생하기까지 사랑하시는 그 큰 사랑과 용서, 우리는 이 둘을 균형 있게 취해야 합니다. 그래야 우리는 하나님에게는 용서가 쉬운 것이라는 경박한 생각이 없을 것이며, 또한 우리의 죄를 사하시는 그 사랑이 부족하거나 모자란다고 말할 수 없을 것입니다.

그리고 우리 자신의 죄를 가볍게 여기지도 않을 것이며, 하나님의 은혜 역시 값싸게 여기지 않을 것입니다. 우리는 이 둘 어느 쪽으로도 치우치지 말아야 합니다. 21세기의 C. S. 루이스라고 불리는 팀 켈러는 그의 책 『기도』에서 다음과 같이 말합니다.[86]

> 어느 쪽이든 영적으로 아주 치명적인 해악을 끼친다. 값으로 환산할 수 없이 소중한 은혜를 받았다는 사실을 통감하지 못하면 마음의 변화가 뒤따르지 않는 피상적이고 형식적 고백에 그친다. 삶 또한 달라지지 않을 것이다. 반면에 값없이 용서를 베푸셨다는 측면

86) 팀 켈러, 최종훈 역, 『기도』 (서울: 두란노, 2015), pp.288-289.

을 놓치면 죄책감과 수치심, 자기혐오에서 벗어나기 어렵다. 어디서도 위안과 안식을 찾지 못한다. 지극히 소중한 용서를 값없이 베풀어 주셨음을 정확하게 인식해야만 삶을 지배하는 죄의 권세에서 벗어날 뿐 아니라 죄책감으로도 해방될 것이다.

이렇듯 하나님의 크신 은혜와 함께 자신의 부정함을 깨닫지 못한 사람은, 자신을 십자가에 못 박을 수 없습니다. 그럴 필요도 느끼지 않습니다. 자신을 깨끗하다고 생각하는 사람은 씻을 필요를 느끼지 못하는 것과 같은 이치입니다(이 말에 오해가 있을 것 같아 말씀을 드립니다. 여기서의 씻음은 성령으로 거듭나는 것을 말하는 것이 아닙니다. 성령으로 한번 거듭난 성도는 다시 씻을–거듭날– 필요가 없습니다. 그러나 태어난 아이가 자라야 하듯이 성령으로 거듭난 성도는 남아 있는 죄성과의 싸움은 있는 것입니다. 여기서는 이 싸움을 말한 것입니다).

세상 사람들은 자신이 지옥에 가기에 충분할 정도로 사악한 죄인인 것을 전혀 알지 못합니다. 그들은 죄라는 말은 그저 사람 사이에 일어나는 좋지 못한 일 정도로 생각합니다. 그러나 인간의 진짜 문제는 흠도 티도 하나 없는 거룩하신 하나님 앞에서 추악한 죄인이라는 사실입니다. 성령으로 거듭난 성도는 이것을 깨달은 사람인 것입니다. 그리고 이 추악한 죄가, 값으로 환산할 수 없는 고귀한 하나님의 아들 예수 그리스도의 십자가에 흘린 피로서 씻어졌다는 것을 깨닫는 사람인 것입니다.

그래서 예수님의 고귀한 보혈로 죄 사함을 받아, 성령으로 거듭나서 하나님과 친밀한 관계가 회복된 성도는, 자신이 하나님의 아들의 피로 죄 사함을 받았다는 것과 동시에 자신의 끔찍한 죄성이 여전히 자신의 마음 안에 남아 있다는 것을 깨닫는 것입니다. 그래서 그는 하나님의 한없는 사랑과 인간의 끔찍한 죄성을 동시에 느끼면서 그는 '경건한 슬픔'을 느끼는 것입니다. 또한, 그는 '죄인 됨에도 불구하고 나를 사랑하시는 하나님의 한없는 위로'를 누리는 것입니다. 그래서 그는 자신에 대해서도 '하나님의 큰 용서를 받아 의인이 된 죄인'이라는 치우침이 없는 균형감각을 가지게 되는 것입니다.

그래서 그는 한편으로는 하나님의 임재를 더욱 사모하며 더욱 예수님을 닮아가려는 한편, 또 한편으로는 성령의 권능으로 자신 안에 있는 죄성을 십자가에 못 박아 죽이는 것을 기뻐하게 되는 것입니다. 마치 이사야가 하나님의 영광의 임재 앞에 자신의 부정함을 깨달은 후에, 천사가 가져온 제단 숯불로 자신이 정결케 되는 거룩한 체험을 하는 것과 같은 체험을 사모하게 되는 것입니다. 그리고 하나님께서도 자신의 죄인 됨을 깨닫게 하신 성도로 하여금 더욱 자신의 죄성으로 인하여 애통하게 하시고, 그를 더욱 정결케 하시고, 그를 거룩한 사랑의 잔치 자리로 초대하시는 것입니다. 그래서 자기 십자가를 지고 자기를 부인하는 성도들에게는, 놀라운 하나님의 나라-천국-의 위로가 점점 더 깊이 크게 임하는 것입니다.

하나님의 나라는 먹는 것과 마시는 것이 아니요 오직 성령 안에 있는 의와 평강과 희락이라 •롬14:17

성령 안에 있는 의와 평강과 희락은 이 세상의 어느 것과도 비교할 수 없습니다. 사실 앞에서 소개했던 예수 그리스도를 만난 성도들은 누구나 이런 체험을 고백했습니다. 물론 그 체험의 정도는 각자 다를 수 있습니다. 그리고 이런 체험을 한 성도는 동시에 자신의 비천함을 뼈저리게 깨닫기에 기꺼이 자기를 부인하며 하나님의 임재를 더욱 바라보게 되는 것입니다. 예수님도 참된 성도들은 이런 영광을 체험할 것을 말씀하셨습니다.

> 아버지여 내게 주신 자도 나 있는 곳에 나와 함께 있어 아버지께서 창세전부터 나를 사랑하시므로 내게 주신 나의 영광을 그들로 보게 하시기를 원하옵나이다 • 요17:24

사실, 예수님의 제자들은 이전에 이미 예수님의 영광을 체험한 적이 있습니다. 물론 그곳은 모세와 엘리야를 만난 변화산에서의 체험이었습니다.

> 엿새 후에 예수께서 베드로와 야고보와 그 형제 요한을 데리시고 따로 높은 산에 올라 가셨더니 그들 앞에서 변형되사 그 얼굴이 해 같이 빛나며 옷이 빛과 같이 희어졌더라 • 마17:1, 2

물론 예수님은 그 본체가 하나님이십니다. 변화산에서 그 영광의 모습의 일부를 제자들에게 보여주셨습니다. 오늘날도 예수님을 만나는 성도들은 예수님을 만남으로 예수님의 영광을 체험합니다. 그러면 왜 예수님은 성도에게 예수님의 영광을 보여주실까요? 그것은 성도의 복락과 유익 때문입니다. 청교도 신학자 존 오웬은 이렇게 말합니다.

이 세상에 태어나 영원한 세계에 이르기까지 신자들이 누리는 최고의 특권과 진보가운데 하나는 그리스도의 영광을 보는 것이다.[87]

예수 그리스도를 인격적으로 만난 성도들은 한결같이 예수님의 영광을 체험하고 그 영광을 찬양했습니다. 예수님을 만난 제자들과 사도 바울과, 수 많은 성도들이 다 그런 체험을 한 사람들입니다. 기독교는 살아계신 하나님을 만나는 체험의 종교입니다. 그래서 하나님을 만난 성도들의 체험과 하나님의 말씀하신 것을 기록한 것이 성경인 것입니다. 하나님이 살아계시니, 진실로 회개하고 믿는 사람은 예수 그리스도가 누구인지 체험하여 인격적으로 알게 되는 것입니다. 그러므로 삼위 하나님의 영광을 체험한 성도는 그 영광을 노래하게 되는 것입니다. 구약의 시편 기자들처럼 말입니다.

여호와 우리 주여 주의 이름이 온 땅에 어찌 그리 아름다운지요 주의 영광이 하늘을 덮었나이다 •시8:1

내가 여호와를 항상 내 앞에 모심이여 그가 나의 오른쪽에 계시므로 내가 흔들리지 아니하리로다 이러므로 나의 마음이 기쁘고 나의 영도 즐거워하며 내 육체도 안전히 살리니 −중략− 주께서 생명의 길을 내게 보이시리니 주의 앞에는 충만한 기쁨이 있고 주의 오른쪽에는 영원한 즐거움이 있나이다 •시16:8, 9, 11

여호와는 나의 목자시니 내가 부족함이 없으리로다 −중략− 주께서 내 원수의 목전에서 내게 상을 차려주시고 기름을 내 머리에 부으셨으니 내 잔이 넘치나이다 •시23:1, 5

87) 존 오웬, 서문강 역, 「그리스도의 영광」 (서울: 지평서원, 2011), p.47.

신약 시대에도 마찬가지입니다. 그리스도를 만난 사람은 그리스도의 영광과 자신을 비교하기에 기꺼이 자기를 부인하고 더욱 그리스도를 추구하게 되어 있습니다. 대표적인 성도가 사도 바울입니다. 사도 바울은 예수 그리스도를 만난 후, 그는 자신의 자아는 온전히 죽고 오직 예수 그리스도로만 충만해지기를 소원했습니다. 그리고 그는 거의 그런 경지에 도달한 것을 알 수 있습니다.

> 내가 그리스도와 함께 십자가에 못 박혔나니 그런 즉 이제는 내가 사는 것이 아니요 오직 내 안에 그리스도께서 사시는 것이라 이제 내가 육체 가운데·사는 것은 나를 사랑하사 나를 위하여 자기 자신을 버리신 하나님의 아들을 믿는 믿음 안에서 사는 것이라 ·갈2:20

그는 자신의 몸에서 그리스도가 존귀하게 되는 것을 목표로 삼았습니다. 심지어 죽어서 예수님과 함께 있는 것이 자신에게는 유익하다고 할 정도였습니다.

> 나의 간절한 기대와 소망을 따라 아무 일에든지 부끄러워하지 아니하고 지금도 전과 같이 온전히 담대하여 살든지 죽든지 내 몸에서 그리스도가 존귀하게 되게 하려 하나니 이는 내게 사는 것이 그리스도니 죽는 것도 유익함이라… 내가 그 둘 사이에 끼었으니 차라리 세상을 떠나서 그리스도와 함께 있는 것이 훨씬 더 좋은 일이라 그렇게 하고 싶으나 내가 육신으로 있는 것이 너희를 위하여 더 유익하리라 ·빌1:20-24

이렇게 자기 몸에서 그리스도가 존귀하게 되는 것이 그의 간절한 소망이었음을 알 수 있습니다. 그런데 그가 자아를 기꺼이 죽일 수 있었던 것은 예수님의 영광이 얼마나 놀랍고 복된 것인가를 깨달았기 때문입니다. 동시에 그 영광 앞에 자아의 비천함을 깨달았기 때문입니다. 그래서 그는 주님을 닮아가기 위해 "나는 날마다 죽노라"(고전 15:31)고 했던 것입니다. 사도 바울은 자신 안에 오직 고귀한 그리스도로 충만하길 원했기에 그는 예수 그리스도 안에 머물면서 날마다 자기를 기꺼이 부인하는 길을 걸을 수 있었던 것입니다. 물론 그는 주의 복음을 전하기 위한 육체적인 고난의 길도 걸었습니다. 그러나 그의 개인적인 목표는 그의 인격에서 자아가 죽고 그리스도가 그의 안에 충만히 사는 것이었습니다.

그리스도의 영광을 본 사람은 과거처럼 살 수 없습니다. 그의 마음이 그리스도로 거듭난 사람은 이제 자아라는 죄의 노예로 과거처럼 살 수 없는 것입니다. 그러므로 성도는 자아를 십자가에 못 박아 죽이는 것을 기뻐하게 되는 것입니다. 성도가 이런 십자가를 지고 자기 부인의 길을 갈 수 있는 것은, 거듭난 성도의 마음 안에 있는 성령의 역사 때문입니다. 반복해서 말씀을 드리지만, 자기 부인은 성령님의 도움이 없이는 불가능한 것입니다.

그리고 사도 베드로도 성도는 "영혼을 거슬러 싸우는 육체의 정욕을 제어하라"(벧전2:11)고 권면합니다. 사도 야고보도 "시험을 참는 자가 복이 있다"(약1:12)고 하면서, "오직 각 사람이 시험을 받는 것은 자기 욕심에 끌려 미혹됨이니 욕심이 잉태한즉 죄를 낳고 죄가 장성한즉 사망을 낳느니라"(약1:14, 15)고 말씀합니다. 성령으로 거듭난 성도에게도 영혼을 거슬러 싸우는 육체의 정욕이 있고, 성도를 미혹하게 하는 욕심이 있다고 말씀하고 있는 것입니다. 그리고 성도는 당연히 그것들과 싸워야 한다고 말씀하고 있습니다. 이를 보아도 성도는 거듭난 후에 자신 안에 있는 죄성을 미워하고 오직 그리스도가 자신의 마음을 지배하기를 원하는 사람임을 알 수 있습니다(물론 그렇다고 성도가 죄를 전혀 짓지 않는 완전한 존재가 되었다는 것은 아닙니다. 죄를 지었을 때 하나님은 그의 사랑하는 자녀의 유익을 위해 당연히 징계하십니다).

성도의 마음 안에 남아 있는 옛 아담적인 육적인 죄성이, 성령의 능력으로 그리스도와 함께 십자가에 못 박고 죽은 것을 보는 일은, 자신의 죄성을 미워하는 성도에게는 얼마나 즐겁고 기쁜 일이 되겠습니까? 그리고 예수님도 십자가를 악하고 고통스러운 것으로만 보지 않으셨습니다.

> 믿음의 주요 또 온전케 하시는 이인 예수를 바라보자 그는 그 앞에 있는 기쁨을 위하여 십자가를 참으사 부끄러움을 개의치 아니하시더니 하나님 보좌 우편에 앉으셨느니라 •히12:2

구약에도 십자가를 진 후의 큰 기쁨을 약속하고 있었습니다. 이사야 53장은 예수님의 십자가를 예표하는 장입니다.

> 그가 찔림은 우리의 허물 때문이요 그가 상함은 우리의 죄악 때문이라 그가 징계를 받음으로 우리는 평화를 누리고 그가 채찍에 맞으므로 우리는 나음을 받았도다 •사53:5

그런데 그 십자가 사역을 한 후의 기쁨을 다음과 같이 말씀하고 있습니다.

> 그가 자기 영혼의 수고한 것을 보고 만족하게 여길 것이라 나의 의로운 종이 자기지식으로 많은 사람을 의롭게 하며 또 그들의 죄악을 친히 담당하리로다 그러므로 내가 그에게 존귀한 자와 함께 몫을 받게 하며 강한 자와 함께 탈취한 것을 나누게 하리니 •사53:11, 12

예수님도 십자가를 앞두고 이런 말씀을 하셨습니다.

인자가 영광을 얻을 때가 왔도다 내가 진실로 진실로 너희에게 이르노니 한 알의 밀이 땅에 떨어져 죽지 아니하면 한 알 그대로 있고 죽으면 많은 열매를 맺느니라 •요12:23, 24

그리고 요한복음 12장 16절에도 보면, 예수님의 나귀타고 예루살렘에 입성한 것을 성경의 예언의 성취임을 제자들이 깨닫지 못하다가 예수님이 영광을 얻으신 후-예수님이 십자가에 돌아가신 후-에야 깨달았다고 말씀하고 있는 것을 볼 수 있습니다. 여기서도 예수님이 지신 십자가는 곧 예수님이 '영광을 받은 일'로 기록하고 있습니다. 또 누가복음 24장에 보면, 엠마오로 가는 제자들과 동행하는 부활하신 예수님의 이야기가 있습니다. 그때 예수님은 자신의 십자가 사역을 이렇게 제자들에게 설명합니다.

이르시되 미련하고 선지자들이 말한 모든 것을 마음에 더디 믿는 자들이여 그리스도가 이런 고난을 받고 자기의 영광에 들어가야 할 것이 아니냐 하시고 •눅 24:25, 26

십자가의 고난이 곧 영광으로 들어가는 통로라는 말씀입니다. 그리고 베드로의 죽음을 통해 하나님께 영광을 돌린다고 말씀하고 있는 것을 볼 수 있습니다.

이 말씀을 하심은 베드로가 어떠한 죽음으로 하나님께 영광을 돌릴 것을 가리키심이러라 •요21:19

그리고 사도 바울도 고난을 통해 영광을 이루는 것임을 깨달았습니다.

우리가 잠시 받는 환난의 경한 것이 지극히 크고 영원한 영광의 중한 것을 우리에게 이루게 함이니 •고후4:17

그러므로 하나님의 영광을 사모하는 성도가 자기 부인의 십자가를 지지 않는다는 것은 있을 수 없는 일입니다. 그리고 하나님의 영광을 바라보며 마음에서부터 자기 부인의 삶을 시작한 성도는 실제로 개인적인 고난과 박해를 감수하는 데까지 이르는 것입니다. 그래서 성도에게는 이 세상에서의 고난조차도 영광에 이르는 길인 것입니다(그렇다고 십자가가 결코 쉽다고 말씀을 드리는 것은 아닙니다. 예수님도 십자가를 앞두고 심히 고뇌하셨습니다).

예수님도 제자들에게 "의를 위하여 박해를 받는 자는 복이 있나니 천국이 그들의 것임이라"(마5:10)고 말씀하셨습니다. 성도에겐 이렇게 고난과 박해만 있는 것이 아니라, 천국도 있는 것입니다. 그리고 또 "내가 진실로 너희에게 이르노니 나와 복음을 위하여 집이나 형제나 자매나 어머니나 아버지나 자식이나 전토를 버린 자는 현세에 있어 집과 형제와 자매와 어머니와 자식과 전토를 백배나 받되 박해를 겸하여 받고 내세에 영생을 받지 못할 자가 없느니라"(막10:29, 30)고 말씀하셨습니다.

성도는 예수님 때문에 박해도 받고 잃어버리는 것도 있지만, 영생이 기다리고 있는 것입니다. 사도 바울도 "무릇 그리스도 안에서 경건하게 살고자 하는 자는 박해를 받으리라"(딤후3:12)고 말씀했고, 베드로도 "오히려 너희가 그리스도의 고난에 참여하는 것을 즐거워하라 이는 그의 영광을 나타내실 때에 너희로 즐거워하고 기뻐하게 하려 함이라"(벧전4:13)고 말씀했습니다. 이렇게 자기를 부인하며 예수님과 동행하는 경건한 삶에는 고난도 있지만, 그 고난과 비교할 수 없는 놀라운 영광의 보상이 있는 것입니다. 교회사에 보면, 사도 바울처럼 그리스도를 닮은 성도들이 있었습니다. 그중에 한 사람이 인도의 선다 싱입니다. 그가 이런 말을 남겼습니다.

그리스도를 위해 죽는 것은 쉽다. 그를 위해 사는 것은 어렵다. 죽는 것은 단 한두 시간밖에 안 걸리지만, 그리스도를 위해 산다는 것은 매일 죽는 것을 의미한다.

프랑수아 페넬롱은 하나님을 위하여 자아를 포기하는 기쁨을 다음과 같이 말했습니다.

완전히 하나님의 것이 되는 것을 두려워하는 것은 얼마나 어리석은 일인가요? 그것은 너무 행복해질까 두려워하는 것과도 같습니다.[88]

이렇게 자아를 날마다 십자가에 못 박는 것은 고통스러운 것만이 아닙니다. 자아 부인의 너머에는 주님의 영광을 보는 기쁨이 있는 것입니다. 그러므로 내면적으로는 자아를 부인하고, 외적으로는 예수님 때문에 오는 고난도 기쁨으로 감수하는 단계가 청년의 단계(어쩌면 성

---

88) 프랑수와 페넬롱, 이상원 역, 「그리스도인의 완전」 (서울: 크리스찬다이제스트, 1998), p.84.

숙한 아비의 단계일 것입니다)라 할 수 있을 것입니다.

신앙의 선배들이 가르쳤던 "십자가가 없으면 영광도 없다(No Cross, No Crown)"라는 말 그대로 그리스도를 위해 자기 십자가를 지는 것이 영적 성숙의 원리인 것입니다(사실 이것을 모르는 성도는 거의 없을 것입니다. 그러나 대가를 지불하는 성도는 적을 것입니다).

다음은 영적 거장인 조나단 에드워드의 일기 중 일부입니다. 그가 어떻게 자기를 부인하는 대가를 지불했는가를 살펴보면 우리의 영적인 성장에 도움이 될 것입니다.

"내가 아무리 실패하더라도 내 안에 있는 부패와의 싸움을 절대로 포기하지도 말고 조금도 긴장을 풀지도 말자."
"죄를 크게 죽여 본 사례를 갖는 것은 죄의 몸에 깊은 상처를 주는 것이다. 또한, 죄에 강타를 퍼부어서 비틀거리게 하고 주춤거리게 하는 것이다. 그렇게 해서 우리는 죄와 싸울 수 있는 튼튼한 기반과 발판을 얻게 되며, 죄는 쓰러지기 직전이 되고, 다음번에 우리는 죄와 더 쉽게 싸울 수 있게 된다. 죄는 점점 겁을 먹게 된다. 그리고 우리는 쉽게 죄를 굴복시킬 수 있으며 적어도 죄와 싸우는 것이 쉽다는 것을 깨닫게 되며 마음대로 죄를 죽일 수 있다. 죄를 크게 죽여 본 사례들과 자기를 부인해 본 경험 없이 살아가는 동안에는 옛사람이 계속해서 자기 자리를 잡고 있다. 옛사람은 억세고 끈질기기 때문에 작은 타격에는 요동도 하지 않을 것이다. 의심할 여지 없이 이것이 왜 수많은 성도들이 은혜 안에서 민감하게 성장하지 못하는가 하는 가장 큰 이유 가운데 하나다. 가장 크게 죄를 죽이고 난 후에 나는 언제나 가장 큰 위로를 체험한다." (1723년 1월 14일)

"먹고 마시고 잠자는 것을 절제하는 문제에 있어, 몸과 정신 양면에 걸쳐 매일 아침마다 해야 할 일과 내가 넘어지기 쉬운 유혹이 무엇인지를 생각하고 하루 중에 내가 짓기 쉬운 죄를 생각하고 하루를 어떻게 잘 보낼 것인가를 결심하고, 그런 죄를 피하는 것이 유익하다고 생각한다." (1723년 1월 10일)

"하나님을 나의 전부로 받아들이며, 그 밖의 것은 가지지 못한다 하더라도 만족하리라 새롭게 다짐했다. 그것이 무엇이든지 간에 다른 사람들은 잘 되고 있는데 나는 그렇지 못한 것이 있다 하더라도 나는 불평하지도 슬퍼하지도 않겠다. 최근 나는 이와는 반대로 행동했다." (1723년 2월 17일)

조나단 에드워드의 "가장 크게 죄를 죽이고 난 후에 나는 언제나 가장 큰 위로를 체험한다"라는 그의 고백이 저와 여러분들의 고백이 되길 바랍니다. 이처럼 자기 부인은 결코 고통만이 있는 것이 아닙니다. 그는 또 이렇게 말합니다.

"죄의 회개가 있습니다. 하나님은 죄에 대한 깊은 슬픔을 구원의 필수품으로 요구하시지만, 그 슬픔은 필연적으로 기쁨을 암시합니다. 죄의 회개는 하나님의 탁월함과 자비를 보는 데서 비롯되는 슬픔이지만, 탁월함과 자비에 대한 이해는 필연적이고 불가피하게 보는 사람의 마음에 기쁨을 낳습니다. 누구든지 자신에게 탁월하게 보이는 것을 보면서 즐거워하지 않는다는 것은 불가능하며, 하나님의 자비와 사랑을 느끼고 우리에게 자비를 베푸시며 우리를 사랑하시려는 그분의 의지를 느끼면서도 이것을 생각하며 즐거움을 느끼지 않는다는 것은 불가능합니다. 그러나 이것이 진정한 회개를 낳는 감정입니다, 아무리 심한 역설로 보이더라도, 회개는 달콤한 슬픔이기에 이 슬픔이 커질수록 기쁨도 커지는 것이 사실입니다.[89]

그러므로 회개, 더 깊은 회개와 자기 부인, 더 깊은 자기 부인에는 하나님의 영광을 보는 더 큰 기쁨이 있는 것입니다. 성숙한 성도는 이 역설을 이해하고 따르는 성도인 것입니다.

🕊 더 큰 성장통(成長痛)을 지나면 더욱 성숙해진다

교회사를 보면 하나님께 크게 쓰임을 받은 성도들이 있는데, 이들의 특징이 성령 충만이었고, 자아가 깊이 깨어지는 성장통(成長痛)을 겪었다는 것입니다. 사도 바울도 3년간 아라비아 사막에서 성숙의 시간을 보내야 했고, 제자들도 오순절의 성령의 불을 받기까지 3년 반이라는 시간을 지나야 했습니다(물론 그 후에도 그들은 계속 기도하고 말씀을 전했습니다).

쉽게 말해 성숙에는 대가가 있다는 것입니다. 구원은 전적으로 하나님의 은혜이지만, 성숙에는 어느 정도 우리가 치러야 할 몫도 있는 것입니다. 물론 그것은 이미 앞에서 언급한 '죄 죽이기, 자기 부인, 자기 십자가를 지기' 등을 통한 대가인 것입니다.

여기서는 더욱 큰 성장을 위해 큰 대가를 지불한 성숙한 성도들을

---

89) 존 파이퍼, 전우의 역, 『하나님이 복음이다』 (서울: IVP, 2006), pp.127-128에서 재인용.

살펴보고자 합니다. 그들이 성숙을 위한 대가를 치르면서 겪은 고통은 안일한 우리에게 큰 도전을 줄 것입니다(그러므로 반복되는 점이 있더라도 이해해 주시기 바랍니다).

인도의 선교사이며 '봄베이 가디언'지의 편집장이었던 조지 보엔 목사는 그가 자신이 체험하지 못한 경지가 있다는 것과 그 경험을 영원히 지속할 수 있다는 것을 발견했습니다. 그리하여 그에게 하나님의 충만한 계시가 새롭게 임했고, 이제까지 그가 받았던 것을 능가했습니다. 그의 학식과 재능은 높았지만, 그가 추구했던 모든 문학적 야망, 언어학적 업적, 사회적인 명성을 제단 위에 바쳤으며, 그에게 그런 경력이 있는 것조차 잊은 듯했습니다. 그때부터 그의 활동은 왕성해졌고, 그의 삶은 눈에 띄게 거룩해졌으며, 그래서 마침내 '인도의 백인 성자'로 불리게 되었다고 합니다. 성령 세례라는 큰 은혜를 체험한 그가 그것을 사모하는 성도들에게 주는 조언입니다.[90]

여러분은 성령의 한 개념을 즐겁게 여기면서 성령을 간구합니다. 그리고 성령의 영향이 여러분이 형성하고 있는 관념과 같다고 생각합니다. 예를 들면, 여러분은 성령이 여러분에게 위로의 영이 되어주고 여러분을 영적인 천국의 향취로 감싸주길 기대합니다. 여러분은 성령께서 축복받은 섬의 시적인 환상이 여러분의 좌측과 우측을 비춰주는, 속세를 초월한 천상의 영역으로 여러분을 끌어 올릴 것으로 생각합니다.

그러나 성령은 진리이며, 따라서 진실한 성품을 나타내야 합니다.

---

90) 로이드 존스, 정원태 역, 『성령세례』 (서울: 기독교문서선교회, 1999), pp.215-216에서 재인용.

그렇지 않다면 성령은 아무것도 아닌 것입니다. 여러분은 성령의 역사를 간구했으며 그것은 취소될 수 없습니다. 그러나 성령이 여러분의 손을 잡을 때에 여러분은 천국을 향한 환희의 도약을 준비하지만, 결국 그것이 여러분을 깊고 어두운 감옥과 상상의 방으로 인도하기 위함이었음을 발견할 때 여러분은 얼마나 놀랍니까? 여러분은 떨면서 물러서려고 하지만, 아무런 소용이 없습니다. 여러분은 성령이 얼마나 단단히 여러분을 붙잡고 있는가를 발견할 뿐입니다. 성령은 여러분이 그러한 숨겨진 영상을 보고, 그것이 얼마나 여러분의 과거의 모습을 잘 나타내 주고 있는가를 보기 원할 뿐입니다.

한 가지 보기 흉한 형상은 이기심이라는 것인데, 그 높은 바탕은 완전히 날이라는 비문이 새겨져 있습니다. 여러분이 여러분의 안내자이신 성령의 강권하심에 따라서 이러한 날들을 볼 때에, 여러분은 여러분의 과거에 있어서 가장 아름답고 가장 신성했다고 여겼던 시간들조차도 그 가운데 포함되어 있음을 발견할 때에 매우 놀랍니다.

탐욕이라고 불리는 또 다른 혐오감을 일으키는 형상이 있는데, 여러분은 "나의 날에 그것이 새겨져 있지 않습니다."라고 크게 말합니다. 그러나 그러한 날이 많이 있습니다. 또한, 여러분이 여러분 자신을 천국과 연결시켜 주었던 귀한날이라고 생각했던 것이 실제로는 성냄, 분노, 악의였던 것입니다. 이러한 가증스런 괴물들은 그들의 자리에서 여러분을 마치 잘 알고 있는 친구인 것처럼 눈짓하고 있습니다. 여러분은 과거의 이러한 발판으로 말미암아 얼마나 더럽혀졌습니까? 여러분의 얼굴은 불신자처럼 보였고 찡그린 얼굴은 여러분이 그를 모르고 있음을 말해 줍니다. 그러나 여러분의 잘못이 무엇이었든지 간에 여러분은 결코 불신자는 아니었습니다. 성령은 여러분이 여러분의 모든 과거에 대한 불신자들의 주장-이 주장이 옳은데-을 듣도록 강요하십니다.

근본적인 수치심과 사무치는 슬픔이 여러분의 마음을 점령하고 있습니다. 여러분은 거짓이라는 환상의 반대편에 서서 적어도 나는 거짓말쟁이가 아니며 모든 거짓을 증오한다고 말합니다. 그러나 하나님의 영은 여러분에게 치명적인 증거를 지적합니다. 여러분이 그 날들을 살펴볼 때에 여러분은 겸손하고 낙심하고 양심에 찔린 마음으로 여러분의 진정한 마음이 이러한 깊고 어두운 방 속에 있으며, 무서운 환상 가운데 놓여 있음을 깨닫게 됩니다. 여러분은 성령을 환영했던 생각을 부끄러운 마음으로 기억하고 그의 발아래 엎드려 여러분의 모든 어리석음을 고려하게 됩니다. 그때에 주님은 여러분을 일으키고 축복된 천국의 열린 문 안으로 인도하며 여러분은 여러분에게 허락된 한 수레가 성령의 옆에 있는 여러분의 자리를 차지하고 땅 위에 있는 기쁨의 장소로 여러분을 인도하는 것을 발견하게 됩니다.

간단히 말해 거듭난 성도가 더욱 큰 하나님의 은혜를 받기 전에 성령께서는 성도의 자아의 흉악한 모습을 보게 하시고 깊은 회개로 먼저 인도하신다는 보엔 목사의 말입니다. 그런 후에 낮고 겸손해진 마음에 큰 은혜가 임하신다는 것입니다. 거듭난 성도라고 할지라도 여전히 자신 안에 깊게 자리 잡고 있는 죄 된 성품이 있음을 깨닫게 하시고, 성령께서는 이 죄악을 먼저 깊이 깨닫게 하신 후에 더욱 큰 은혜를 허락하신다는 백인 성자로 불리는 보엔 목사의 말입니다.

그러므로 우리는 이런 큰 은혜를 받은 분들이 아무 대가 없이 이런 은혜를 받은 것이 아니라는 것을 우리도 깨닫고, 우리도 약속의 말씀을 붙들고, 끈질긴 기도를 통해서 성령님의 도우심으로 자기 깨어짐의 대가, 또한 사탄의 방해를 물리치는 대가를 지불하여 이들과 같은 은혜를 받기를 소망해야 할 것입니다. 이런 과정을 존 뉴턴은 이렇게 노래했습니다.

　　나는 주께 구했네.
　　믿음과 사랑과 모든 은혜 속에서
　　더 성장하고 그의 구원 더 알도록
　　그리고 더욱 간절히 그의 얼굴을 구했네.

　　그는 내게 기도를 가르쳤고
　　나의 기도에 응답하셨네.
　　그러나 그것은 나를 인도하여
　　깊은 절망의 길을 통과한 후였네.

　　난 그것을 축복된 시간에 구했고
　　즉시 주님은 응답하셨네.
　　그리하여 그의 강권하는 사랑의 능력으로
　　나의 죄 정복하고 내게 자유 주셨네.

　　축복 대신에 그는 내게 알려 주셨네.
　　내 마음에 숨겨진 죄악을
　　지옥의 성난 권세가
　　내 영혼 구석구석 찔렀네.

　　친히 그 손으로
　　나의 탄식 가중시키고

내 모든 계획을 거스려
내 희망 부수시고 나를 낮추셨네.

"주여 어찌하여" 나는 울부짖었네.
"당신의 벌레를 죽이려 하나이까?"
"이것이 길이다." 주님 응답하셨네,
은혜와 믿음의 기도 이제 응답하노라.

내가 보낸 이 시험은
자아와 교만에서 자유 주기 위한 것
세상의 기쁨 부수고
내 안에서 모든 것 구하기 위함이라.

그리고 믿음의 사도라고 불리는 스미스 위글스워스는 자신이 큰 사역으로 쓰임을 받기까지 '하나님께서 자신을 천 번도 넘게 깨뜨렸다'고 간증하고 있습니다.

우리는 영적인 잠에서 깨어나 하나님을 추구해야 합니다. 제가 이 자리에 서기까지 하나님께서는 천 번도 넘게 저를 깨뜨리셨습니다. 그래서 저는 많이 울었습니다. 때로는 신음소리도 내었습니다. 하나님께서 저를 깨뜨릴 때 수많은 밤들을 고통으로 지냈습니다. 하나님께서는 여러분들을 가지치기 하십니다. 하나님의 가지치기를 할 때 우리는 고통을 느낍니다. 하나님의 가지치기로 인한 고통을 맛보지 않은 사람은 다른 사람들의 고통에 진정으로 동참할 수 없습니다. 하나님이 주시는 신적 능력이 아니고서는, 은사도 제대로 사용할 수 없고 기적도 일으킬 수도 없습니다. 우리는 하나님만이 모든 것을 다 할 수 있으시다는 사실을 믿어야 합니다. 그렇게 할 때 우리는 믿음에 굳게 설 수 있습니다.[91]

그는 성령으로 거듭난 후에도 '천 번은 더 깨어졌다'고 말합니다. 하나님의 가지치기는 고통을 느끼게 하며, 동시에 다른 사람들도 이런 자아에 속박되어 있다는 깊은 공감을 느끼기에 그는 '다른 사람의 고통에 진정으로 공감할 수' 있었던 것입니다. 이렇게 하나님 임재 앞에서 자기를 부인하고 자기를 깨뜨리는 것이 성도의 믿음의 성숙과도 깊은 관계가 있는 것을 알 수가 있는 것입니다. 그의 성숙의 정도를 가늠해 볼 수 있는 재미있는 일화를 하나 소개합니다.[92]

1922년 스미스 위글스워스는 뉴질랜드 웰링턴에서 사역할 때, 11명의 영적 리더와 함께 하는 특별기도 모임을 열었다. 각 사람이 기도한 후에 위글스워스가 일어나서 하나님을 구하자 하나님의 임재가 방을 가득 채우기 시작했다. 하나님의 영광이 점점 강렬하게 나타나 너무나 환해지고 너무나 뜨거워졌다. 사람들은 더 이상 견디지 못하고 모두 그 방을 떠났다. 오직 스미스 위글스워스만이 쉐키나(하나님의 영광) 안에 계속 머물 수 있었다.

한 목사가 이 이야기를 듣고서 다음에는 하나님의 임재가 아무리 강하다 해도 끝까지 남아 있기로 결심하고 그 모임에 참석했다. 또다시 하나님의 거룩한 임재가 방 안 가득히 임하더니 점점 더 견딜 수 없게 밝은 영광이 나타났다. 위글스워스와 그 목사를 제외한 모

91) 스미스 위글스워스, 박미가 역, 『성령의 은사』 (서울: 순전한나드, 2006), pp.122-123.

92) 조이 도우슨, 김세라 역, 『삶을 변화시키는 하나님의 불』 (서울: 예수전도단, 2008), pp.301-302에서 재인용.

든 사람이 그 자리를 떠났다. 그는 주의 놀라운 임재에 압도되거나 쫓겨 가지 않으려고 마음을 다잡았다. 그러나 의지로 감당할 수 있는 일이 아니었다. 위글스워스가 성령에 사로잡혀 거룩한 불로 빛나고 있었고, 그는 그 강렬함을 견딜 수 없었다. 결국, 얼마 되지 않아 그 목사도 방을 나가고 말았다.

스미스 위글스워스가 그렇게 큰 사역을 할 수 있었던 것과 그가 하나님의 영광의 임재 속에 오래도록 머물 수 있었던 것은, 그의 말대로 하나님께서 그를 천 번도 넘게 그를 깨뜨리셨기 때문입니다. 그는 하나님께서 자신을 가지치기하는 자기 부인의 고통, 자신을 정결케 하는 연단의 고통을 기꺼이 천 번도 넘게 감수했던 것입니다. 우리는 그의 사역에 나타난 하나님의 영광의 뒷면에는 그가 치른 대가가 있었던 것입니다.

다음은 인도의 조지 밀러로 불렸던 에이미 카마이클의 시입니다. 주를 위해 전적으로 자아를 죽이고 헌신하고자 하는 그녀의 강한 열망을 읽을 수 있습니다.

주님께 불어 닥치는 세찬 바람을
내게는 막아 달라는 기도에서,
열망 대신 싹트는 두려움에서,
더 높이 오르지 않는 주춤거림에서,
오 주여, 호사스런 자아에서
벗어나 군사로 주 따르게 하소서.

편안하고 소소한 사랑에서,
쉬운 선택과 연약함에서
(그것은 영혼을 견고케 하는 길도,
주께서 십자가를 지신 길도 아니기에)
갈보리를 흐리게 하는 모든 것에서,
하나님의 어린양이여, 건져 주소서.

제 길을 이끌어 줄 사랑을,
무엇에도 놀라지 않는 소망을,
불처럼 타오르는 열정을 주소서.
납덩이처럼 가라앉지 않게 하소서.
불꽃이신 주여, 저를 주의 연료 삼으소서.

이 시처럼 그녀는 십자가를 지지 않으려는, '호사스런 자아에서 벗어나 주의 군사로 주를 따르기를 소망하고, 십자가의 길로 가지 않기를 바라는 자아에서 건져지기'를 바랐습니다. 다음의 기도도 그녀의 자아에 대한 인식을 잘 보여주고 있습니다.

"하나님, 내 자아와 싸우는데 나를 강하게 하소서.
나는 애처러운 목소리를 가진 겁쟁이
편안함과 안식과 기쁨을 갈망하는 자이다.
내 자아는 나 자신에게 가장 큰 반역자
나의 가장 속 빈 친구
나의 가장 무서운 적
내가 가는 모든 길을 막는 장애물"

성도는 세상과도 싸우고, 악의 영들과도 싸우며, 또한 자아를 죽이기 위해 성령님의 도움으로 자아와도 싸우는 사람입니다. 그래서 성도의 마음 안에는 자아가 깊이 못 박힌 십자가의 상처가 있는 것입니다. 마음 안에서 자아—나의 죄성—는 날마다 십자가에 못 박히는 상처가 있어야 합니다. 그래서 날마다 자아는 쇠하고 예수님은 날마다 흥해야 합니다. 이것은 영적으로 성숙해 가는 믿음이 자라야 하는 성도가 반드시 잊지 말고 실천해야 할 중요한 원칙입니다.

"영적 성장의 원리: 성령(성령의 불)으로 자아를 죽임"

영적으로 성장하려면 반드시 자기를 부인하고 자기 십자가를 지고 예수님을 따라가야 합니다. 즉, 나의 자아는 쇠(衰)하고 주님은 성(盛)하는 원리를 따라가야 합니다. 사실, 이 원리는 자신에게서 돌이켜 예수님을 믿음으로 따라가는 신앙의 처음부터 시작되는 원리입니다. 회개가 무엇입니까? 자기 중심성에서 하나님 중심으로 돌아서는 것이 아닙니까? 거듭남이 무엇입니까? 회개와 믿음의 결과 자신 안에 새 생명이신, 성령님이 내주하시는 것이 아닙니까? 그래서 주님의 큰 은혜와 함께 자신이 끔찍한 죄인 됨을 깨닫고, 더욱 그리스도를 닮고, 성령으로 충만하기 위해서 자아를 부인하는 길을 걷는 것이 성화의 길이 아닙니까? 그러면 하나님의 은혜는 더욱 역사하시어, 성도로 하여금 죄 된 자아를 더 죽이게 되고, 성도는 성령으로 더욱 충만해지고자 하는 열망이 생기는 것입니다. 그래서 더욱 말씀을 묵상하고 기도에 힘쓰게 됩니다. 위에서 소개한 스미스 위글스워스의 간증 그대로 기꺼이 성령의 가지치기로 인해 천 번도 더 기꺼이 깨어지는 것입니다(그는 깊이 깨어지기를 거부하고 적당히 믿음 생활을 할 수도 있었습니다. 그러나 그러지 않았습니다). 하나님은 우리의 죄성의 뿌리인 자아를 드러내시고 그리고 그 '자아'를 깊이 죽이기를 원하십니다. 그래서 더 큰 성숙에는 더 큰 성장통을 통과한-자아의 죽음-이 있는 것입니다.

A. B. 심프슨은 다음과 같이 말합니다.[93]

> 욥은 하나님께서 탐조등을 비추고 외과 수술용 탐침을 그에게 대기 전까지는 그는 아주 의로운 사람으로 보인다. 그러나 하나님께서 그에게 감찰하시는 빛을 비추시자 인간적인 다른 모든 것과 마찬가지로 그는 완전히 무너지면서 타락한 우리 인간성의 약함과 무가치함을 그대로 드러낸다. 우리가 욥에게서 발견할 수 있는 최악의 것은 바로 욥 자신이다. 하나님은 그에게 명백한 어떤 죄를 깨닫게 하려고 하신 것이 아니라, 그의 자만, 자기 의, 자기 자신을 깨닫게 하려고 하셨다. 우리가 부인해야 할 것은 자아이다. 우리가 그 실체를 알아보고 십자가에 못 박기 가장 어려운 것이 바로 자기 과신이며, 완고함이다. 우리는 고통스러운 사건과 마음을 낮추게 하는 많은 실패를 겪고 나서야 그것을 깨닫고 충분히 인정하게 된다.

"우리가 욥에게서 발견할 수 있는 최악의 것은 바로 욥 자신이다"는 그의 말을 묵상해 보시길 바랍니다. 그리고 우리 자신에게 적용해 봅시다. 욥은 하나님도 인정하는 의인이었지만, 그러나 그가 하나님을 만나고 나서 그는 '자아'에 대하여 죽음으로 다시 살아난 사람이 되었습니다. 이것을 A. B. 심프슨은 "구약의 형태로 된 부활의 생명이다"

---

93) A. B. 심프슨, 「성령론」(서울: 크리스챤다이제스트, 2005), p.122.

라고 말합니다. 하나님께서 인간들에게 찾아내려 하시는 것은, 모든 사람들 속에 꼭꼭 숨어 있으며, 수많은 모습으로 변장하고 있으며, 결코 죽으려 하지 않으며, 더디 죽는 교묘한 자아의 추악한 생명을 찾으시고 그리고 그것을 죽이시는 것입니다. A. B. 심프슨은 재미있는 예를 듭니다. 하나님은 우리를 맨 밑으로 내려가게 하신 후, 그곳에서 엘리베이터를 태워서 맨 꼭대기로 올리신다고 합니다. 이것이 변하지 않는 하나님의 방법이요, 원리입니다. 이것이 욥의 이야기이며, 예수님의 이야기입니다. 진정한 모든 생명의 이야기이며 또한 성도의 이야기입니다.

예수님은 이것을 밀알의 비유로 말씀하셨습니다.

> 내가 진실로 진실로 너희에게 이르노니 한 알의 밀이 땅에 떨어져 죽지 아니하면 한 알 그대로 있고 죽으면 많은 열매를 맺느니라 자기 생명을 사랑하는 자는 잃어버릴 것이요 이 세상에서 자기의 생명을 미워하는 자는 영생하도록 보존하리라 •요12:24, 25

성도는 성령 충만을 사모합니다. 성령 세례를 사모합니다. 그런데 물 세례나, 성령의 불 세례는 죽음을 상징합니다. 물에 잠기는 세례(침례)는 그의 '옛사람의 죽음'을 상징합니다. 그리고 물에서 일으킴으로 '새 사람'으로 살게 하는 것입니다. 물론 성도는 거듭남으로 '새 사람'이 되었습니다.

그럼에도 성도의 심령에 남아 있는 '자아'라는 뿌리 깊은 죄성을 깊이 죽이며 더욱 그리스도를 닮은 성화의 길을 걸어가야 합니다.

우리는 성령으로 거듭날 때, 하나님과 나 사이를 가로막고 있던 죄가 허물어져 하나님과 화평케 되었습니다. 그래서 하나님과 친밀해졌습니다. 그리고 이 친밀함 속에서 하나님은 우리의 죄성의 추악함을 드러내어, 그것을 미워하며 기꺼이 죽는 것을 기뻐하는 길로 우리를 인도하시는 것입니다. 그래서 성도는 한편으로는 성령의 풍성한 은혜를 사모하고, 한편으로는 죄성의 뿌리인 자아를 깊이 죽이면서, 농시에 그것을 이루시는 성령의 불 세례를 날마다 사모해야 하는 것입니다.

예수님이 거듭남에 대하여 말씀하실 때, 구약의 민수기의 놋 뱀을 말씀하셨습니다. 왜 예수님은 인자가 놋 뱀처럼 들려야 한다고 말씀하셨을까요? 이것은 인간의 죄성–자아는 뱀과 같다는 뜻입니다. 자기 안에 뱀이 살고 있는 것을 발견한 사람이 그 뱀을 죽이지 않을 수가 있을까요?

레슬리 멕스웰은 그의 『거듭나서 십자가에 못 박히다』는 책에서 이 '자아'에 대하여 다음과 같이 말합니다.[94]

> 자아가 하나님의 보좌를 찬탈하였는데, 그 찬탈자는 결코, 퇴위하지 않는다. 자아는 인간이 정착한 새롭고 거짓된 본거지이다. 그는 해 아래에서 무엇보다도 자신을 사랑한다. 그의 가장 훌륭한 행위조차도 은밀한 자아라는 세련된 모습이요 더러운 넝마에 불과하다. 그는 언제나 자기만족이라는 왼손이 알게끔 오른손으로 행한다. 윌리엄 로는 "자아는 타락한 신분에서 나오는 모든 악의 뿌리요, 가지이며, 나무이다"라고 말한다.

---

94) 레슬리 멕스웰, 앞의 책. p.72.

그리고 그는 반문합니다. "왜 하필 뱀인가? 왜 백합화나 장미가 아닌가? 그것이 우리의 왕과 구속의 사역을 상징한다면 왜 사랑스러운 어떤 것이 아닌가?"

인간의 자아가 곧 뱀입니다. 그래서 성도에게는 그 뱀이 죽는 것이 고통스럽기도 하지만, 한편으로는 그렇게 기쁜 일도 없는 것입니다.

요한 웨슬레가 가장 위대한 신앙인 중의 한 사람이라고 찬사를 보냈던 마카리우스는 인간의 마음 심연에 있는 독사를 죽여야 한다고 말합니다.[95]

> ...단순히 악한 일을 삼가는 것이 완전함이 아닙니다. 당신 자신의 황폐한 마음속으로 들어가 생각들의 표면 밑에 숨어 있으면서 영혼의 은밀한 방에 잠복하여 당신을 살해하는 독사를 죽일 때에만, 그 독사를 죽이고 당신의 심연과 같은 내면에 있는 모든 부정한 것을 쫓아낼 때만 당신은 성인(聖人)이 될 수 있습니다.

여러분은 여러분 안에 있는 이 독사를 발견하셨습니까? 발견하셨다면 반드시 죽여야 하는 것이 아니겠습니까?

그런데 이 자아의 죽음의 과정은 서서히 일어나는 것입니다. 거룩

---

95) 마카리우스, 최대형 역, 『마카리우스의 신령한 설교』 (서울: 은성, 2015), p.214. 마카리우스에 대하여는 그가 누구였는지 여러 설이 있습니다. 요한 웨슬레는 마카리우스의 '신령한 설교'를 읽고 큰 은혜를 받고 '가장 위대한 신앙인 중의 하나'라고 찬사를 표했고 그가 편집한 〈기독교문고〉의 제 1권에 마카리우스의 설교를 발췌하여 싣기도 했습니다. 김영한 저, 『안토니우스에서 베네딕트까지』 (서울: 기독교학술원, 2011), p.180.

한 삶을 살았던 프란시스 살레[96]는 다음과 같이 말합니다.

"양복처럼 이미 만들어진 완제품을 입으려고 하는 것은 망상이다; 아무런 갈등도 지불하지 않는 거룩을 추구하는 것도 망상이다. 물론 그런 거룩은 본성과 크게 다를 바 없을 것이다. 우리는 성결한 삶의 비결을 찾을 수 있다면 빨리 그리고 손쉽게 성도(Saints)가 되려고 생각한다."

그리고 이것은 또한 모든 성도들이 짊어져야 할 '그리스도의 남은 고난'이기도 합니다.

나는 이제 너희를 위하여 받는 괴로움을 기뻐하고 그리스도의 남은 고난을 그의 몸 된 교회를 위하여 내 육체에 채우노라 •골1:24

물론 이 '남은 고난'은 그리스도의 십자가의 고난이 부족했다는 뜻은 절대로 아닙니다. 그리스도의 십자가는 우리를 구원하는 데 충분합니다. 열린 교회의 김남준 목사도 그의 저서인 『교회와 그리스도의 남은 고난』에서 사도 바울이 말하는 그리스도의 남은 고난을 내 육체에 채운다는 말을, 그리스도께서 신적 지혜 가운데 성도들과 함께 감당하기로 작정 남겨 놓으신 고난, 즉 그리스도의 교회를 온전하게 하기 위하여 성도들이 받으며 성숙한 자로 자라가는 고난을 사도 바울 자신도 자신의 죄된 육체 안에 채워 자신도 온전한 신자가 되어 가겠

---

96) 프란시스 살레는 16세기 프랑스인으로 카톨릭의 성자 중의 한 사람으로 추앙되는 사람입니다. 그의 정신을 본받는 수도회가 많이 세워졌는데, 그중에 하나가 돈 보스코가 세운 "성프랑시스코 살레시오회"입니다.

다는 고백을 하는 것이라고 말합니다. 그래서 육체에 그리스도의 고난을 채운다는 말은, 자신의 부패한 본성 안에 있는 죄된 성향에 죽음으로 채운다는 의미로, 자신 안에 있는 죄된 성향이 죽음을 경험하게 된다는 것입니다.[97] 그리고 그는 이 죽음은 죄된 본성을 죽이는데 그치는 것이 아니라, 그리스도의 죽으심과 부활의 실재화(實在化)가 되어 '실재적으로 그분의 죽음과 부활이 우리 속에서 현실화되어 작용한다'고 그는 말합니다. 이 '실재화'를 경험하는 것이 '옛 성품을 죽이는 길이다'라고 말합니다. 그렇습니다. 하나님의 영이신 성령께서 우리 안에서 우리의 죄성을 죽임으로 우리를 그리스도의 부활의 생명으로 '실재로' 살아가게 하는 것입니다. 이것이 구원받은 성도의 '실재적인' 성화의 삶인 것입니다.

다음은 자아를 십자가에 죽여 부활의 생명으로 살아야 한다는 것을 노래한 T. C. 어팜의 시를 소개합니다.[98]

나의 생명에서 진정으로 살아 있는 힘을 찾지 말라.
자아만을 사랑하며 고난과 죽음을 두려워하는 나,
당신이 뿌려진 씨앗에서 나온 곡물을 찾을진대,
죽음을 통과한 생명으로 살고 있는 삶을 구하라.

그러면 그것을 사형시켜라, 나를 십자가에 못 박음으로;
그러면 당신은 손실로 보이는 것에서 무한한 보물을 찾으리라;
왜냐하면, 씨가 땅에 뿌려지지 않았더라도,
거기에서 새로운 부활의 싹이 발견될 것이기에.

---

97) 김남준, 『교회와 그리스도의 남은 고난』 (서울: 생명의말씀사, 2015), pp.113-149. 그리스도의 남은 고난에 대한 이야기는 주로 이 책에서 참고했음을 밝힙니다.

98) 레슬리 멕스웰, 앞의 책. p.90에서 재인용.

그리고 A. B. 심프슨은 이 자아가 죽고 예수로 사는 기쁨을 다음과 같이 노래합니다.

아, 예수와 함께 죽는 일이 얼마나 즐거운지!
세상에 대해, 자아에 대해, 죄에 대해 죽는 일이.
아, 예수와 함께 사는 일이 얼마나 즐거운지!
예수께서 내 안에 살고 통치하시니.

다음은 십자가의 요한의 시입니다.[99]

오, 살아 있는 사랑의 불꽃이
내 영혼에 부드럽게 상처를 입히네.
가운데 깊숙이! 이제
당신이 더 이상 억압적이지 않으니.
이제 다 태워버리소서! 당신의 뜻이 그러하다면,
이 달콤한 만남의 베일을 찢어버리소서!
오, 달콤한 뜸이여,
오, 사랑스런 상처여!
오, 부드러운 손이여! 오 부드러운 손길에
영원한 생명의 맛이 나고
모든 빚을 다 갚아 주네
죽임으로써 당신은 죽음을 생명으로 바꾸어 놓았습니다.

---

99) 리차드 포스터, 앞의 책. pp.455~456에서 재인용.

하나님의 사랑은 죄인의 마음에 사랑의 상처를 남기지만, 그 상처는 달콤하며, 사랑스러운 것입니다. 그리고 자아가 죽음으로 그리스도의 생명으로 바꾸어지는 것입니다. 죄 된 나는 죽고, 거룩한 그리스도가 사는 거룩한 생명의 놀라운 교환이 일어나는 것입니다. 다음은 중세의 신비가인 귀용 부인의 말입니다.

"어떤 사람도 주님께 완전히 헌신되지 않고 완전히 주님의 것이 될 수 없다. 그리고 어떤 사람도 환란을 겪어 보지 못하고 완전히 헌신되었는지 알 수 없다. (중략) 사랑하는 영혼이여, 잠깐 왔다가 가는 위로도 있으나, 참되고 지속적인 위로도 있는데 그런 위로는 당신이 완전히 포기되거나 십자가를 사랑하는 그런 사랑 안에 있을 때만 찾을 수 있다. 십자가를 환영하지 않는 사람은 하나님을 환영하지 않는다."[100]

"십자가를 환영하지 않는 사람은 하나님을 환영하지 않는다"는 그녀의 말에 참된 성도라면 마땅히 귀를 기울여야 할 것입니다. 그리고 이런 경지가 깊어지면, 자신의 죽음조차 기쁨이 되며, 그리스도 안에서 죽음이 곧 영생이요, 부활임을 알게 되는 것입니다. 그래서 그는 사도 바울처럼, "사망아, 너의 승리가 어디 있느냐? 사망아 네가 쏘는 것이 어디 있느냐?"(고전15:55) 라고 담대하게 외치게 되는 것입니다. 이 경지를 노래한 시인의 시를 소개합니다. 존 던의 '거룩한 소네트' 중에 나오는 시입니다.

---

[100] 웨슬리 맥스웰, 앞의 책, p.145에서 재인용.

죽음이여 뽐내지 마라. 어떤 사람은 그대를 강하고
무섭다고 말하지만, 실은 그렇지 않다.
그대가 넘어뜨렸다고 생각하는 자들은
죽은 것이 아니다. 가련한 죽음이여, 그대는 나도 죽일 수 없다.
그대의 그림자에 불과한 휴식과 수면으로부터도
많은 즐거움이 흘러나온다면, 그대로부터 더 많은 즐거움이 흘러나
오리라.
우리들 중 가장 착한 자가 가장 먼저 그대와 동행하지만,
그것은 육체의 안식이요 영혼의 구원이다.
그대는 운명과 우연과 군왕과 절망자들의 노예이며,
독약과 전쟁과 질병과 함께 산다.
아편이나 마술도 그대의 칼날보다 더욱 잘 우리를
잠들게 할 수 있으니, 그대가 뽐낼 이유가 무엇인가?
짧은 한 차례의 잠이 지나면 우리는 영원히 깨어 있으리니,
죽음은 다시 없으며, 죽음 그대는 죽으리라.

그렇습니다. 내 자아가 죽는 것은, 내게 죽음을 가져오는 자의 죽
음인 것이며, 죄의 뿌리인 죄성의 죽음이며, 그래서 자아의 죽음은
곧 그리스도의 부활로 사는 것입니다.

이제 마지막으로 당대의 성자로 불리는 존 플레쳐를 소개합니다.
그를 두고 아이작 테일러는 이렇게 말했습니다.[101] "적어도 플레쳐는
당대에 찾아보기 힘든 성자였다." 또 당시 훌륭한 감리교의 목사인
딕슨 박사는 "사도 시대로부터 오늘에 이르기까지 플레쳐는 아마 지

---

101) 제임스 로슨, 김동준 역, 『위대한 신앙의 사람들』 (서울: 홍성사, 1994)

상에서 가장 거룩한 성자일 것이라고 나는 생각한다"고 말했습니다. 그리고 감리교의 창설자인 웨슬레도 80년에 걸쳐서 모든 면에서 영미(英美)에서 가장 성결한 사람은 플레쳐라고 생각한다고 말할 정도였습니다. 그리고 웨슬레는 그를 감리교의 계승자로 택하기도 했습니다. 그는 원래 스위스 태생으로 훌륭한 교육을 받았고 제네바 대학에서 우등을 차지할 정도로 명석하기도 했습니다. 그는 처음에는 전도자가 될 생각도 있었으나, 그는 그토록 무거운 직책을 감당하기에는 자신이 부족하다고 생각하고, 또 예정설이 마음에 들지 않아 친구의 권유를 따라 군대에 들어가기로 했습니다. 대위 계급으로 포르투칼을 위해 브라질과 싸우려고 했으나 하나님의 섭리로 인한 사고로, 배가 떠나기 전날 하녀가 차탕관을 발에 엎질러 떠나지 못했고, 그 뒤에도 숙부의 권유로 대령이 되어 네덜란드 전쟁에 참여하려 했으나, 숙부의 죽음과 전쟁이 끝남으로 그의 군대 입대는 좌절되었습니다. 그리고 1752년에 플레쳐는 영어를 배울려고 영국에 가서, 토마스 힐의 두 아들의 가정교사가 되었습니다. 그 동안 그의 신앙이 돈독해졌습니다.

그 때 그가 무시무시한 최후의 심판의 꿈을 꾸었는데. 그 꿈은 그를 타락한 자리에서 일깨워주었습니다. 그러다가 그는 '밤낮 기도 밖에 모르는 감리교파' 이야기를 듣고, 그들을 만났습니다. 그는 그들의 설교를 듣고, 자신이 신앙의 본질에 대한 이해가 모자랐다는 것을 알게 되었습니다. 하나님께서는 그에게 죄인 된 실상을 밝히 보게 하셨습니다. 그래서 그는 1755년 1월 12일자 일기에 이렇게 썼습니다.

"내가 자랑삼은 모든 의라는 것은 결국 한갓 더러운 누더기 같은 것들이었다. 비록 나는 애송이기는 하지만 아주 못된 놈이므로, 내가 거듭나 새사람이 되지 못한다면 내 분깃은 지옥이 되고 말 것이다."

그는 고뇌 끝에 하나님을 만났습니다. 그때부터 그는 주님의 길을 걸었으며, 한 주에 이틀 밤은 꼬박 독서와 기도와 명상으로 지새우는 것을 철칙으로 삼았습니다. 그는 겸허한 사람이었기에 자신에 대한 일을 많이 말하지 않았습니다. 그래서 그의 신앙 체험의 내용들을 낱낱이 알기는 힘듭니다. 그러나 그의 미망인의 글을 통해 어느 정도는 알 수 있습니다. 그녀의 말입니다.

"그 뒤 그는 더 깊은 하나님의 사랑을 체험한 것 같은데, 그 작용이 너무 강했기 때문에, 그는 마치 영과 육이 분리되어 있는 것처럼 느껴졌다고 했습니다. 그의 모든 욕망은 귀하신 주님을 섬기는 일에 헌신되어 져야 한다는 한 가지 초점에 집중되어, 그 일을 가장 잘해 내려면, 성직을 맡음으로 할 수 있다고 생각했습니다."

1781년에 있었던 어느 모임에 있었던 그녀의 이야기입니다.

"그는 시를 읽고 난 뒤, 온 심령을 기울여 가르치고 기도하고 찬미 했는데 그의 입에서 나오는 한 마디 한 마디가 하늘로부터의 신비 스러운 힘에 이끌려 발해지는 것 같았습니다."

그의 겸손 때문에 신비로운 하나님과의 교제의 내용은 알 수 없습니다만, 그의 부인의 말에 의하면 그의 신앙의 깊이를 어느 정도나마

짐작할 수 있습니다. 그는 극히 보기 드문 성자들처럼 주님과 같이 걸었고, 주님과 같이 말했고, 주님처럼 살았습니다. 그는 선전이나 인기나 논쟁과는 인연을 멀리하였고, 사람들 앞에 나서기를 수줍어 한 사람이었습니다.

그는 예언서를 연구한 학자였으며, 그리스도의 재림을 확신했습니다. 또한, 그는 철저한 절식가요, 소식가로 채소와 버터와 우유만을 먹었다고 합니다. 그의 모든 시간은 보람 있는 일에만 쓰여졌고, 그리스찬의 문제에 관한 문제 이외는 별로 말한 일이 없었다고 합니다.

그는 1757년에 영국교회 목사 안수를 받았고, 뒤에 웨슬레의 최대의 조력자요, 동역자가 되었습니다. 3년 동안 그는 굉장한 영력으로 복음을 전했으며 하나님은 도처에 그에게 문을 열어주었습니다. 그의 설교는 죄악에 대하여 담대하게 공격하는 것이었는데, 모두 깜짝 놀라곤 하였습니다. 그는 웨슬레, 휘필드, 그리고 헌팅턴의 백작 부인과 친근한 사이였습니다. 헌팅턴의 백작 부인은 그의 설교를 "모두 그의 설교에 깊은 감동을 느꼈으며, 그의 설교는 진정 사도적인 설교였다"고 기록하고 있습니다.

그가 40세에 그의 고향 스위스를 방문한 적이 있는데, 거기에서도 놀라운 영력으로 설교하여 어디를 가나 거의 초인처럼 여겨졌습니다. 어떤 늙은이는 그를 오래 붙들어 둘 수 없음을 한탄하여 눈물을 흘리며 이렇게 말했습니다.

"아, 이는 우리나라에 얼마나 불행한 일입니까! 내 평생에 천사다운 분을 꼭 한 분 만났는데, 이제 이 분을 우리는 놓쳐야 할 운명이니 이 얼마나 안타까운 일입니까!"

그는 한때 헌팅턴의 백작 부인이 설립한 트레바카 대학의 학장 일을 맡아보았는데, 그는 거기서도 천사처럼 존경을 받았습니다. 그 대학의 수석교수였던 밴슨은 다음과 같이 말했습니다.

"그는 하나님의 천사처럼 존경을 받았습니다. 우리 모두가 그를 얼마나 존경했는지 우리 모두의 둔한 입으로써는 형언할 수 없습니다."

그러나 플레쳐가 거룩한 사람이었다고 해서 연단이나 시험이 없을 것이라고 생각해서는 안 됩니다. 그는 웨슬레에게 사탄은 몇 번이나 자신의 목숨을 끊도록 시험했는지 모른다고 말한 적이 있을 정도입니다. 또 그는 마룻바닥에 엎드려 밤을 새워가며 자신의 성질을 극복하고 승리하게 해 달라고, 번뇌와 슬픔을 이기고 승리하게 해 달라고 간절하게 기도한 일이 한두 번이 아니었다고 합니다.

아마 그는 사도 바울처럼 날마다 죽었을 것이고, 조지 뮬러처럼 자아에 대하여 죽는 날이 있었으며, 스미스 위글스워스처럼 천 번도 더 깨어졌을 것입니다. 조나단 에드워드처럼 하나님의 은혜 가운데 죄인된 자아를 철저히 부인하는 경건한 삶을 살았을 것입니다.

이렇듯 신앙의 성숙에는 지름길이 없습니다. 더욱 그리스도를 바라보고 믿음으로, 그리고 날마다 성령의 권능으로 자아를 깨뜨리고 자아를 전적으로 죽여, 그리스도로 온전히 충만해지는 길 외에 다른 길이 없는 것입니다.

자아에서 해방되는 것은 오직 하나님의 강력한 주권적인 은혜로만 가능하다는 것을 노래한 존 던의 다음의 시로 이 글을 마무리 합니다. 아무쪼록 하나님이 친히 저와 여러분을 꺾으시고, 온전히 지배하시기를....!

내 가슴을 치소서 삼위일체의 하나님이시여, 지금까지는
두드리고, 입김을 불어넣고, 비추이고, 고쳐주려고 하셨지만,
이제는 내가 일어나 설 수 있도록 나를 넘어뜨리고,
당신의 힘을 기울여 나를 깨뜨리시고 불태우시고 새롭게 하소서.
나는 약탈당한 도시처럼 남의 소유물이 되었기에
당신을 받아들이려고 노력하지만, 오, 소용이 없습니다.
내 속에 있는 당신의 대리자인 이성은 나를 방어해야 하지만,
오히려 포로가 되고 힘이 약하여 믿을 수가 없습니다.
아직도 나는 당신을 지극히 사랑하며, 또 사랑을 받고 싶습니다.
그러나 나는 당신의 원수와 약혼한 몸입니다.
나를 이혼시켜 주시고 다시금 그 매듭을 풀거나 끊어주소서.
나를 당신에게로 데려가 투옥시켜 주소서. 당신이
나를 사로잡지 않으면, 나는 결코 자유로울 수 없습니다.
당신이 나를 겁탈하지 않으면 나는 정숙할 수 없습니다.

너희가 '바른 믿음' 안에 있는가

초판 1쇄 2016년 12월 15일

지은이 하창길
발행인 박남훈
책임편집 이유정

발행처 도서출판 세컨리폼
등록번호 제 2014-000003호
주소 48238 부산광역시 수영구 망미로30번길 23 (망미동) 삼성아파트 7동 404호
전화 070-8865-3386
팩스 051-558-3309

가격 13,000원
ISBN 979-11-952540-1-9 93230

CIP제어번호 CIP2016028461
이 도서의 국립중앙도서관 출판시 도서목록(CIP)은 e-CIP 홈페이지(http://www.nl.go.kr/ecip)에서 이용하실 수 있습니다.